변방이 중심이 되는
동북아 신 네트워크

**변방이 중심이 되는
동북아 신 네트워크**

1판 1쇄 발행 2014년 4월 15일

지은이 이창주
펴낸이 강수걸
편집주간 전성욱
편집 양아름 권경옥 손수경 윤은미
펴낸곳 산지니
등록 2005년 2월 7일 제14-49호
주소 부산광역시 연제구 법원남로15번길 26 위너스빌딩 203호
전화 051-504-7070 | 팩스 051-507-7543
홈페이지 www.sanzinibook.com
전자우편 sanzini@sanzinibook.com
블로그 http://sanzinibook.tistory.com

ISBN 978-89-6545-246-1 94340
ISBN 978-89-92235-87-7(세트)

*책값은 뒤표지에 있습니다.
*이 도서의 국립중앙도서관 출판시도서목록(CIP)은 e-CIP 홈페이지
(http://www.nl.go.kr/ecip)에서 이용하실 수 있습니다.
(CIP 제어번호: CIP 2014008676)

아시아총서 10

변방이 중심이 되는
동북아
신 네트워크

산지니

책을 펴내며

커다란 스케치북이 있다. 사람들은 자꾸 스케치북의 작은 공간에 파란색과 빨간색을 덧칠한다. 스케치북 위의 작은 부분에 집착하며 색을 칠하다 보니 색과 색이 겹쳐 결국 그곳은 검정색이 되어 어떤 것도 그릴 수 없는 포화상태가 되었다. 조금만 눈을 돌려 다른 공간을 바라본다면 넓은 스케치북 위에 큰 그림을 그릴 수 있을 텐데, 한곳에만 시선을 가두는 모습이 필자는 아쉬웠다. 사람들은 열심히 한국의 서울, 중국의 베이징, 일본의 도쿄, 러시아의 모스크바만 바라본다. 이 도시들은 분명 각 국가의 중심이지만, 그 국가의 전부는 아니다. 각 국가에는 중심이 아닌 변방도 있다. 하지만 사람들은 변방을 인식하지 못하고 중심을 전부라고 여기며 작은 그림만 그린다. 필자는 이 책에서 국제무대의 소외된 행위자와 변방에 머물러 있는 공간이 새로운 연결을 통해 이루는 새로운 동북아 네트워크를 그려보고자 한다.

필자는 이런 '중심'과 '변방'에 대한 개념을 EBS〈지식채널e〉의 '소행성 94400'편과 신영복 교수님의 『변방을 찾아서』라는 책을 통해 이해했고 새롭게 해석했다. 먼저, EBS〈지식채널e〉의 '소행성 94400'은 조선시대 실학자 홍대용에 관한 영상이다. 필자는 이 영상을 보는 내내 커다란 전율을 느꼈다. 이는 홍대용의 천문학에 관한 견해 속에 담긴 놀라운 철학을 발견했던 필자의 반응이었다. 다음은 〈지식채널e〉에서 인용한 부분이다.

오직 이 지구만이 하늘의 중심에 있다는 것은 있을 수 없는 일,

각기 스스로 중심이 되어

주변의 여러 별을 잡다한 세계로 삼고 있다.

 (의산문답/1773년)

크든 작든 밝든 어둡든 모든 별이 우주의 중심,

모든 별들은 돈다. 공평하다. 중심이 없다.

어떤 별이든 중심이 될 수 있다.

(홍대용의 무한우주론)

　18세기 조선 실학자 홍대용의 말대로, 지구에 있는 사람은 지구가 우주의 중심이다. 마찬가지로 우주라는 범위를 지구로 좁혀서 바라보면 한국 사람에게는 한국이 세계의 중심이고, 미국 사람에게는 미국이 세계의 중심이다. 또 중국 사람에게는 그들의 국명이 그러하듯 자신이 소속된 국가가 세계의 중심이라 여긴다. 즉, 모든 국가는 각기 스스로 중심이 되어 주변의 여러 '국가'들을 잡다한 세계로 삼고 있다. 하지만 크든 작든, 밝든 어둡든 모든 국가가 세계의 중심이다. 공평하고 중심이 없으며, 또한 어떤 국가든 중심이 될 수 있다.

　이를 국가 내부에서의 중심과 변방의 이야기로 다른 각도로도 볼 수 있다. 한국에서는 서울이 그 중심이고 그 이외의 지방은 변방이다. 중국에서는 베이징이 정치의 중심이고 상하이가 경제의 중심이지만, 지린(吉林)성을 포함한 그 이외의 지역은 여전히 변방이다. 러시아의 경우도 모스크바와 상트페테르부르크가 각각 중심 역할을 하지만 극동지역의 블라디보스토크는 여전히 변방이다. 국가 내부에도 각기 크

고 작은 지방이 있지만 스스로 중심이라 생각하며, 자신 주변을 잡다한 세계로 삼고 있다. 이렇듯 필자는 국제사회 · 국가 · 지방의 세 가지 차원에서 홍대용의 무한우주론을 통해 중심-변방의 철학을 찾았다.

홍대용의 무한우주론을 통해 중심과 변방의 관계를 이해했다면 신영복 교수의 저서 『변방을 찾아서』는 변방의 동학(動學)에 대한 설명으로, 필자가 그리고자 하는 신 네트워크에 철학적 힘을 보태주었다.

> 인류사는 언제나 변방이 역사의 새로운 중심이 되어 왔다.
>
> ― 신영복, 『변방을 찾아서』, 돌베개, 2006, p.25.

> 문명도 생물이어서 부단히 변화하지 않으면 존속하지 못한다.
> 모든 살아있는 생명은 부단히 변화한다.
> 변화하기 때문에 살아있는 것이다.
> 중심부가 쇠락하는 가장 큰 이유는 변화하지 못하기 때문이다.
> 변방이 새로운 중심이 되는 것은 그곳이 변화의 공간이고,
> 창조의 공간이고, 생명의 공간이기 때문이다.
>
> ― 신영복, 『변방을 찾아서』, 돌베개, 2006, p.26.

신영복 교수는 '변방의 동학(動學)'을 통해 변방이 가지고 있는 '변화, 창조, 생명'을 강조했다. 이러한 신영복 교수의 변방에 대한 견해와 홍대용의 하늘과 우주에 대한 이치는 서로 비슷한 부분이 있다. 기존의 틀에서 보면, '나'라는 존재는 '내'가 중심이 되어 사고를 하고, '자극-지각-인지-판단-반응'의 기제를 운용하며 바깥 환경과 호흡하고 대화한다. 여기서 '나'는 내가 속해 있는 지방, 국가, 대륙, 인류 등을 중심으로 여긴다. 다시 말해 자신의 페르소나에 따라 그 중심성의

범위는 달라질 수 있으나 그 축은 여전히 자신이 위주라는 것이다. 그러나 이런 자기중심적 사고를 깨는 것이 신영복 교수가 강조하는 '변방의 동학'이며, 유한한 우주 속의 한 행성에 자리 잡아 모든 만물이 자신을 위주로 회전한다고 믿는 인간에게 우주는 무한하고 모든 별이 중심이 될 수 있다고 말한 홍대용의 '무한우주론'이다. 필자는 이러한 '변방과 중심의 관계'와 '변방의 동학'을 근간으로 생각의 틀을 만들어 갔으며, 동북아의 새로운 네트워크를 그려보기 시작했다.

이 책의 제목은 『변방이 중심이 되는 동북아 신 네트워크』이다. "변방이 중심이 되는"에서 '변방'이란 한 국가의 수도(首都)가 아닌 지방정부를 의미한다. 특히 다른 국가와 국경을 마주하고 있거나 해외로 나가기 쉬운 항구도시가 그 대표적인 예이다. 필자가 이 글을 쓰기 전에 먼저 관찰했던 것은 '국내무역화물초국경운수(內貿貨物跨境運輸)'에 의거하여 2011년 1월 14일 중국 동북3성의 석탄 1만 7천 톤이 중국 훈춘시를 통과해 북한 나선특별시로 육로 운송된 후 나진항을 기점으로 동해를 거쳐 상하이로 운송되었다는 소식이었다. 이 소식은 동해의 진출권을 상실한 중국이 북한과 러시아의 경계를 맞대고 있는 국경도시 훈춘을 대외전진기지로 삼고, 북한 나진항의 사용권을 얻어 바다를 통해 해양 네트워크를 확장시킨 하나의 중대한 사건이었다. 필자의 모든 생각과 상상은 바로 여기에서 시작되었다.

필자는 이 분야에 대해 자세히 연구하고 싶다는 생각이 들었다. 단순히 정치 분야만을 생각하는 것이 아니라, 공간을 기반으로 둔 새로운 네트워크를 그리고 싶었다. 그래서 더 깊은 연구를 통해 창지투 개발계획(창춘 · 지린 · 두만강 일대 개발계획)에 대해 알게 되었다. 다음으로 중국 동북3성 전체 개발계획인 3종 5횡 개발계획에 대해 살펴보았다. 더 나아가 중국이 왜 이 지역 개발에 박차를 가하는지, 북중경협을 왜 더 적극적으로 추진하는지 등의 의문을 갖고 연구하기에 이르렀다. 이러한 문제 인식의 과정 속에서 다시 '공간(空間)'과 '네트워크(Network)'라는 개념을 재정립하였고, 그 의미에 맞게 동북3성 지역을 재해석하며 새로운 동북아 네트워크를 구상하기에 이르렀다.

마뉴엘 카스텔(Manuel Castells)은 그의 저서『네트워크 사회 도래(The Rise of Network Society)』에서 공간(空間)이란 시간의 결정체(結晶體)라고 했다. 필자는 이 공간의 의미에 따라 중국 동북지역의 지정학적 의미가 무엇인지 궁금하기도 했고, 이 지역의 공간이 향후 어떻게 활용될 수 있는지를 고민해보았다. 그 과정에서 세 가지 '간(間)', 즉 공간(空間)·시간(時間)·인간(人間)이 어떻게 서로 유기적으로 엮여 있는지를 분석해보고 싶었다. 이러한 노력으로 살펴본 것이 물류 네트워크였다. 물류 네트워크는 지리적 공간 위에 물자가 이동하며 각인해둔 선의 조합이며, 공간 위에 인간이 시간의 궤적을 그린 '산업의 화석(化石)'이다. 필자는 이런 물류 네트워크의 개념과 함께 국제사회에서 행위자와 행위자 간의 관계를 네트워크화한 복합 네트워크를 연구하여 두 네트워크 간의 관계를 규명하였다. 이러한 네트워크 간의 구조를 통해 중국 동북지역과 동아시아 내의 '변방이 중심이 되는 동북아 신 네트워크'를 모색하기에 이르렀다.

동북아의 지도를 바라보았다. 이어 한반도의 지도를 바라보았다. 분단된 국가, 정치적 섬 국가로 전락되어 있는 남한, 그리고 중국과 러시아와 국경을 마주하고 양면이 바다인 북한. 필자는 이 동북아 지도 위에 그림을 그리기 시작했다. 네트워크를 그리기 시작했다. 각 노드를 잡고 실현 가능할 그림을 그려보았다. '산업의 화석'이자 '산업의 혈류(血流)'인 물류 인프라 네트워크를 기반으로 그렸다. 제레미 리프킨(Jeremy Rifkin)이『3차 산업혁명(The Third Industrial Revolution)』에서 사회기초시설에 대해 새로운 정의를 내렸듯, 필자는 필자가 그린 네트워크를 단순히 사람과 물자가 왕래하는 공간이 아니라 정치·경제·문화가 이어지는 교량(橋梁)으로 보았다.

이러한 네트워크 위에서 전개할 수 있는 새로운 한반도 통일 전략도 마련하였다. 필자는 한반도 전체를 감싸는 새로운 해양 네트워크가 형성될 것임을 확신하고 '삼각축 해양 네트워크'라는 개념을 제시했다. 삼각축 해양 네트워크(Triangular Marine Network, 三角軸網絡)란, 부산을 이 네트워크의 정점(頂點)으로 하고, 다롄(大連)-단둥(丹東)을 좌측 날개로 하며, 나선특별시-블라디보스토크-훈춘(琿春)을 우측 날개로 삼는 네트워크 라인을 의미한다. 필자는 남북의 직접적인 교류를 포함하여 중국·러시아·일본을 망라한 복합적 네트워크(물류·구조 혼합형 네트워크)를 삼각축 해양 네트워크 틀 안에서 형성해야 하고, 삼각축 해양 네트워크가 동북아 네트워크와 한반도 네트워크를 이어주는 새로운 축이 되어야 한다고 주장한 것이다.

이러한 필자의 생각을 언어로만 표현하여 독자와 교류하기 어려운 부분이 있어서 직접 그림을 그려 견해를 표현하기도 했다. 이 책은 필자의 2011년 8월 한국외국어대학교 국제지역대학원의 논문을 더 발전시키고 추가하여 펴낸 것이다. 필자는 논문을 쓰고 나서, 베이징에서 근무하고 상하이에서 박사과정을 밟는 동안 중국 내 관련 지역을 다니면서 생각을 정리했다. 그리고 이 책의 전신인 필자의 논문을 들고 전문가들의 많은 고견과 고언을 구하여 다듬었다.

1장에서는 이론적 논의를 통해 분석의 틀을 설명하고, 2장에서는 중국이 동해에 진출하게 된 배경에 대해 설명하였다. 특히 동해의 근현대사적 의미와 중국의 해양 전략 속에 중국 동해 진출은 어떤 의미가 있는지 조명해보았다. 3장에서는 중국 동해 진출의 핵심 지역인 나진항의 지리적 특징을 살펴보고, 중국 동해 진출 교두보인 창지투 개발 선도구 지역과 광역두만강개발계획(GTI)를 연계하여 살펴보았다. 4장은 중국 동해 진출에 대한 각 층위별 전략 함의를 분석해보고, 5장에서는 네트워크 세계정치 이론을 더 심화시켜 필자가 주장하는 '삼각축 해양 네트워크'와 이에 연결되는 주변부의 네트워킹에 대해 설명하고 통일 전략을 제시하였다. 끝으로 6장에서 결론 및 전망을 제시하며 책을 마무리 짓고자 하였다.

변방의 중심에서

이창주

차례

4장 중국의 동해 진출에 대한 층위별 전략 함의 분석

5장 변방이 중심이 되는 동북아 신 네트워크

6장 결론 및 전망

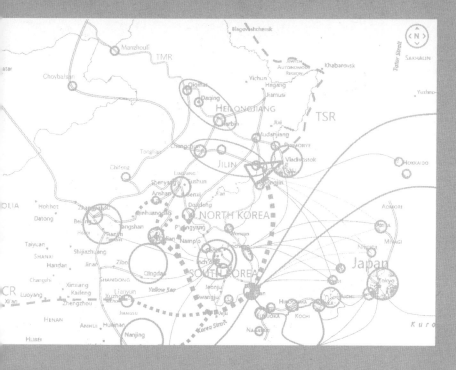

1장

1. 이론적 논의

1) 네트워크 세계정치이론[1]

기존의 국제정치 이론은 세계정치 무대에서 국가만을 유일한 행위자로 본다. 즉, 국가라는 행위자를 단순 네트워크의 노드(Node)로 보고, 단순 시스템(simple system) 분석에만 그친다. 이렇듯 기존의 현실주의를 중심으로 한 국제정치이론은 국가라는 행위자와 상이한 국가들 간의 구조를 분석할 틀만 제공하고 있을 뿐, 다양한 영역에서 발생하고 있는 복합적인 현상의 분석틀은 제공하지 못하고 있다. 기존의 국제정치이론은 국가를 단단한 당구공으로 비유하여 내부를 분석할 수 없는 하나의 행위자로 보았던 것이다. 하지만 네트워크 세계정치이론은 이런 기존의 이론을 비판하며 하나의 '인간'이 그 자체로 하나의

---

[1] 국제정치학에서의 네트워크 이론의 적용은 서울대학교 교수 김상배의 시론에 의해 시작되었다. 네트워크 세계정치이론(Network Theory of World Politics)을 논문에 적용하기에 앞서, 네트워크 세계정치이론을 소개하는 장에서 김상배의 논문을 토대로 핵심 개념을 설명함을 밝힌다. 김상배, 「네트워크 세계정치이론의 모색: 현실주의 국제정치이론의 세 가지 가정을 넘어서」, 『國際政治論叢』 제48집 4호, 한국국제정치학회, 2008; 김상배, 「네트워크 권력의 세계정치: 전통적인 국제정치 권력이론을 넘어서」, 『한국정치학회보』 제42집 제4호, 한국정치학회, 2008; 김상배, 「스마트 파워의 개념적 이해와 비판적 검토: 중견국 네트워크 권력론의 시각」, 『國際政治論叢』 제49집 4호, 한국국제정치학회, 2009; 민병원, 「네트워크의 국제관계: 이론과 방법론, 그리고 한계」, 『國際政治論叢』 제49집 5호, 한국국제정치학회, 2009.

'우주'이듯, 국가를 그 내부에 여러 별(Node)들이 여러 질서(표준)를 이루고 있는 '네트워크 국가'로 정의하고 있다. 네트워크 세계정치이론은 '네트워크 국가'들이 그 자체로 네트워크가 되기도 하고 노드가 되기도 하면서 다른 행위자들과 복합 네트워크를 만든다고 주장한다.

네트워크 세계정치이론에서 논하는 네트워크 개념은 우리가 흔히 접할 수 있는 '단순 네트워크' 개념이 아닌 '복합 네트워크'의 개념이다.[2] 카스텔은 네트워크를 노드가 상호 연결되어 있는 집합으로 정의 내리며, 노드는 커브가 교차하는 점 그 자체라고 정의한다.[3] 노드와 노드가 연결하여 링크(Link)가 되고, 다수의 노드가 서로 연결하면서 네트워크가 형성된다. 이런 네트워크는 '단순 네트워크'이다. 노드들과 링크의 내용에 따라 여러 가지 네트워크 형태가 발생하고, 네트워크와 다른 영역의 네트워크나 노드가 연결되며 새로운 네트워크가 형성되기도 한다. 이는 '복합 네트워크'이다.

김상배가 주장하는 네트워크 세계정치이론을 살펴보면 "단순 네트워크 형태의 '조직'은 위계적 질서를 갖고, 어느 노드와 링크가 잘려나가면 붕괴되는 시스템이라 하면, 복합 네트워크는 아키텍처나 작동 방식이 수평적이고, 각 구성 요소는 상대적 자율성을 갖는다"[4]고 본다. 더 나아가 복합 네트워크는 어느 노드와 링크가 잘려나가도 네트워크 자체가 붕괴되지 않는다고 본다. 카스텔은 네트워크가 환경과의 대화에 있어 유연하고(flexible), 규모의 조절이 가능하며(scalable), 재생 가능

---

2 김상배, 「네트워크 세계정치이론의 모색: 현실주의 국제정치이론의 세 가지 가정을 넘어서」, 『國際政治論叢』 제48집 4호, 한국국제정치학회, 2008, p.39.

3 Manuel Castells, 「Informationalism, Networks, and the Network Society: A Theoretical Blueprint」, in Manuel Castells, ed., *The Network Society: A Cross-cultural Perspective.* (Cheltenham, UK: Edward Elgar, 2004), p.3.

4 김상배, 앞의 논문, 같은 쪽.

한(survivable)한 아메바와 같은 동태적 과정을 주목하면서, 상술한 복합 네트워크의 속성을 뒷받침하고 있다.[5] 예를 들어 미국과 중국 간의 관계를 분석할 때 단순 시스템의 경우, 양국 간의 연결라인이 하나이기 때문에 그 연결라인이 잘리는 순간 모든 관계가 단절된다. 하지만 네트워크 세계정치이론이 주장하는 복합 네트워크는 네트워크 국가 내의 노드들이 상대 네트워크 국가 내의 노드들과 다양한 관계를 맺기 때문에 두 국가 간의 링크 하나가 끊긴다고 해도 양국 간에 다소의 영향을 미칠 뿐 단절되거나 네트워크 자체의 붕괴를 일으키지는 않는다.

네트워크 세계정치이론의 시론을 펼쳤던 김상배는 네트워크가 외연과 내포의 경계가 모호한 개념이라고 설명하면서, 네트워크란 자기조직화(autopoiesis)의 특징을 갖는 "메타 행위자(meta-actor)" 또는 "행위자-네트워크(actor-network)"라고 정의하고 있다. 즉, 네트워크는 특정한 경계를 갖는 노드와 링크의 집합을 의미하며, 네트워크 그 자체가 '분석의 단위'이자 '행위의 단위'라는 것이다.[6] 네트워크 이론에서는 네트워크의 개념을 행위자 · 과정 · 체제의 세 가지 분석 수준에서 이해하고 있다. 네트워크는 '네트워크를 구성하는 노드 그 자체, 노드가 모여 조직된 노드의 그룹, 네트워크 단위'가 '행위자'이고, 상호 간 부단한 '흐름(Flows)'을 통해 노드와 노드가 이어지며 링크가 만들어지는 '동태적 과정'이며, 노드 집합의 행위 패턴인 동시에 관리 양식, 즉 일종의 '구조', 그리고 노드와 구조 간의 상호작용을 통한 '체제'라고 정의한다.[7] 즉, 네트워크의 개념은 "행위자, 과정, 구조, 체제" 등의 모든 층위

5　Manuel Castells, *The Rise of the Network Society*.(Oxford: Blackwell, 2000)(재인용: 김상배, 앞의 논문, 같은 쪽)

6　김상배, 앞의 논문, p.40.

7　김상배, 「네트워크 권력의 세계정치: 전통적인 국제정치 권력이론을 넘어서」, 『한국정치학회보』 제42집 제4호, 한국정치학회, 2008, p.389.

를 엮어서 이해해야 한다는 것이다. 네트워크 세계정치이론은 이런 네트워크의 개념을 분석의 틀로 국제정치를 분석한다.

이러한 네트워크의 개념과 함께 네트워크 세계정치이론은 권력 개념의 변화를 주장하고 있다. 기존 국제정치의 권력은 주로 국제사회의 주요 노드인 국가가 보유한 물질적 자원, 특히 군사력이나 경제력을 정의해왔지만 네트워크 사회의 출현으로 기존의 노드에 대한 정의와 더불어 국제정치적 권력의 의미가 변화되고 있음을 주장한다. 다시 말해 네트워크 세계정치이론은 국제정치적 권력을 정치·경제 등의 기존 권력과 함께 '기술·정보·지식·문화' 등의 비물질적 권력 자원의 중요성 역시 중시해야 한다는 것이며, 조지프 나이(Joseph S. Nye Jr.)의 소프트 파워에 대한 정의는 네트워크 세계정치이론의 위와 같은 권력 정의 변화에 관한 주장을 뒷받침한다.[8]

여기서 주의할 점은 네트워크 세계정치이론이 기존의 현실주의적 관점을 배제하거나 부정하는 것은 아니라는 것이다. 네트워크 시대에도 여전히 국가는 네트워크상에 존재하는 복합 형태의 행위자들의 이해관계를 조율하는 "네트워크 중심성(network centrality)"을 갖고 있으며, 국가는 국가 내 네트워크의 조정자 역할을 맡고 있다.[9] 이와 함께 기존의 국가는 위계적 조직의 형태를 가지고 있었다. 복합형 네트워크 형태는 다방향의 관계 형성을 의미하는 것이기는 하지만 국가의 기존 위계적 형태의 흐름을 부정하는 것은 아니며, 네트워크 국가는 이러한 위계적인 질서를 수용하기도 한다고 설명하고 있다. 네트워크 세계정

8 김상배, 「스마트 파워의 개념적 이해와 비판적 검토: 중견국 네트워크 권력론의 시각」, 『國際政治論叢』 제49집 4호, 한국국제정치학회, 2009, pp.8-11.

9 김상배, 「네트워크 세계정치이론의 모색: 현실주의 국제정치이론의 세 가지 가정을 넘어서」, 『國際政治論叢』 제48집 4호, 한국국제정치학회, 2008, p.49.

치이론이 국제정치의 현실주의 기본 가정을 모두 부정하지 못하는 이유는 비물질적 권력 자원의 중요성과 함께 물질적 권력 기제가 네트워크 세계정치에도 중요한 축으로 여전히 존재하고 있기 때문이다.

이러한 의미에서 네트워크 세계정치이론은 기존의 국가를 국제정치 무대의 유일한 노드로 간주했던 것에 벗어나 국가라는 노드 또한 네트워크화되어 '전통적인 국제정치'와 '네트워크 간의 정치' 사이에 벌어지는 복합적 네트워크 시스템, 즉 "망제정치(網際政治)"로 변모하고 있다고 주장한다.[10]

네트워크 세계정치이론의 이해를 돕기 위해, '전통적인 국제정치'에 해당하는 현실주의의 기본 흐름을 먼저 간단히 설명하고 네트워크 세계정치이론이 제시하는 개념에 대해 설명하고자 한다. 국제정치 이론 중 현실주의는 국제사회를 무정부상태(Anarchy)로 보고 그 국제사회 안에 국가만이 유일한 행위자로 규정한다. 각 국가는 어둠 속의 정글 같은 국제사회에서 스스로를 보호(Self-help)하기 위해 무장하고, 이로 인한 상호 간의 군비경쟁(Security Dilemma)은 결국 크고 작은 힘의 균형 (Balance of Power)을 이루며 국제사회를 형성한다고 주장한다.

현실주의는 국제사회를 무정부상태로 규정한다. 네트워크 세계정치이론에서는 국제사회를 네트워크아키(Networkarchy) 상태라 설명한다. '네트워크아키의 가정'에 대해 살펴보면, 네트워크 세계정치이론은 알렉산더 웬트(Alexander Wendt)가 주장하는 기존의 무정부상태를 토대로 네트워크아키를 설명한다. 즉, 네트워크 세계정치이론은 웬트가 기존의 무정부상태를 세계정부의 부재에 따른 필연적 관계로 보지 않고 국가들이 사회적으로 구성해낸 결과로 본다고 파악함으로써, 네트

---

10 김상배, 앞의 논문, p.53.

워크아키는 네트워크 국가들이 사회적으로 어떠한 형태의 결과를 구성해내는지를 나타내는 것이라 설명한다.[11] 국제정치이론에서 "체제(system)-사회(society)-공동체(community)"의 스펙트럼[12]을 자주 논하는데, 신 현실주의에서는 국제 '체제'에 방점을 두고, 국민국가들 간의 단순 구조 시스템으로 구조를 바라본다. 하지만 네트워크 세계정치이론은 네트워크 국가들이 세워가는 세계질서를 단순계로서의 '체제'와 더불어 규범을 공유하는 '사회'의 중간에서 창발(創發)하는 '복잡계로서의 체제'로 보고 있다.[13]

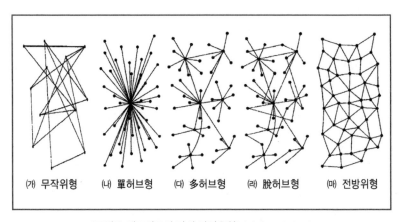

(가) 무작위형   (나) 單허브형   (다) 多허브형   (라) 脫허브형   (마) 전방위형

〈그림1〉 네트워크의 다섯 가지유형(김상배; Paul Baran)

복잡계로서의 시스템을 이해하기 위해 필요한 것은 네트워크아키의 '메타질서(meta-order)'를 파악하는 것이다. 네트워크 세계정치이론은 복잡계로서의 네트워크아키가 '질서들의 질서' 또는 '네트워크들의 네트워크'라는 차원에서 이해되는 메타질서의 개념이라 설명하고 있

11 김상배, 앞의 논문, p.52.
12 김상배, 앞의 논문, 같은 쪽.
13 김상배, 앞의 논문, 같은 쪽.

다.[14] 〈그림 1〉은 네트워크 질서를 이해하기 위한 네트워크의 다섯 가지 종류를 형상화한 것이다. 다섯 가지 중에 주로 세 가지의 허브형 네트워크가 현재 국제사회에 다양한 모습으로 존재하고 있다. 단(單) 허브형은 하나의 제국이 노드를 관리하는 전형적인 모습을 띠고 있다. 다(多) 허브형은 현재의 국민국가가 보이는 모습으로, 국가가 네트워크 중심성을 제공하는 형식으로 다른 국가와 연결되어 대외정책을 펼치는 모습을 형상화한 것이다. 탈(脫) 허브형의 경우는 국가의 네트워크화가 가속화되어 국가 단위의 노드를 넘어서 국제사회에 완전한 새로운 행위자들이 출현하고 있음을 보여준다. 네트워크 세계정치이론은 네트워크아키가 이런 상이한 세 가지 허브형 네트워크가 복합적으로 이어져 있는 메타질서[15]라고 설명하며 그 개념을 정의하고 있다.

다음으로 네트워크 세계정치이론의 '네트워크 권력의 가정'을 살펴보면, 〈표 1〉에서 보는 것과 같이 행위자(actor) · 과정(process) · 체제(system)의 세 가지 메커니즘으로 설명하고 있다. 네트워크 권력의 개념은 네트워크 내에 존재하는 노드 혹은 노드그룹(群)인 '행위자'가 발휘하는 권력이다. 또 네트워크 내에서 노드 혹은 노드그룹이 상호작용 '과정'에서 나타나는 권력뿐만 아니라, 노드를 제약하는 구조로서 그 권력이 발휘될 수 있다. 또 외연과 내포의 개념의 경계가 결정되지 않은 네트워크의 특성상 네트워크 행위자와 구조를 모두 포괄하는 체제 차원의 권력 개념을 설명할 수 있다.

---

14 김상배, 앞의 논문, pp.54-55.
15 김상배, 앞의 논문, 같은 쪽.

	행위자	과정	구조 / 체제
관련 이론	Actor network theory	Social network theory	Organizational network theory
권력	네트워크로부터 나오는 권력 (power from the network)	네트워크 위에서 발휘되는 권력 (power on the network)	네트워크 자체 내에서 행사하는 권력 (power of the network)
특징	'群,集' - 勢	通	網
주요 내용	노드의 수, 네트워커의 권력 자원	스위처(Switcher)의 역할, 노드의 위치 · 기능, 링크의 형태, 권력환경	프로그래머에 게임의 규칙, 권력구조
기타	네트워크 외부성, 규모의 경제, 사회자본으로서의 네트워크	스위처의 종류 (문지기, 변환기, 중개인, 해석자)	표준설정 기능 (Standards-setting)
형태			

〈표 1〉 네트워크 세계정치이론의 개념 정리

우선 세 가지 메커니즘 중에서 행위자 차원의 네트워크 권력을 살펴보면, 네트워크 권력은 '네트워크로부터 나오는 권력(power from the network)'으로 이해할 수 있다. 이는 전통적인 권력 개념과 맥이 닿는 것으로 '군(群)'과 '집(集)'을 통해 '세(勢)'를 얻는 권력을 뜻한다. 이 권력은 행위자로서의 네트워커가 갖는 힘이고, 노드의 수나 네트워커가 보유하고 있는 권력 자원을 통해 발휘되는 것이다. 쉬운 말로 권력자원을 보유한 노드가 주변의 노드를 끌어들여 그 세력을 확장시킨다는 개념이다. 전통적 국제정치에서 말하는 군사적 위협과 경제적 제재를 활용할 수 있는 하드파워뿐만 아니라 소프트파워에 해당하는 매력을 통해 노드와 노드 간의 상호작용으로 세력을 확장한다는 것이다.

다음으로 '과정' 차원의 네트워크 권력은 '네트워크상에서 발휘되는 권력(power on the network)'[16]으로 이해할 수 있다. 하나의 전체 네트워크 혹은 둘 이상의 네트워크 간의 형태로부터 나오는 권력을 뜻하는 것으로, 네트워크 내의 노드가 차지하는 위치나 노드 간 링크의 수 또는 모양 등으로 발생되는 권력을 의미한다. 즉, 네트워크상에서 스위처(Switcher)[17]로서 통(通)하게 해주는 권력을 의미한다. 네트워크 세계정치이론은 이러한 특정 노드를 두고 자신의 권력자원에 의한 권력이라기보다는 주어진 권력환경이나 구도에 그 역할을 부여받았기에 가치를 갖는 것이라 보면서, 스위처가 발휘하는 권력은 정보와 지식변수를 기반으로 하기 때문에 자신의 커뮤니케이션 능력이 중요하다고 주장한다.[18] 스위처는 네트워크 상호 간에 '상호작동성(interoperability)'만을 제공하는지, '호환성'까지 제공하는지에 따른 기준과 상호작용의 '형식'을 바꾸는 것인지, 상호작용의 '내용'을 바꾸는 것인지에 따라 그림과 같이 그 유형을 "문지기, 변환기, 중개인, 해석자"[19]로 나눌 수

---

16 김상배, 「네트워크 권력의 세계정치: 전통적인 국제정치 권력이론을 넘어서」, 『한국정치학회보』 제42집 제4호, 한국정치학회, 2008, p.397.
17 스위처의 유형, 김상배, 앞의 논문, p.398.

	같은 종류의 스위칭	다른 종류의 스위칭
형식의 스위칭	문지기(gatekeeper)	변환기(transformer)
내용의 스위칭	중개인(broker)	해석자(interpreter)

18 김상배, 앞의 논문, 같은 쪽.
19 김상배, 앞의 논문, 같은 쪽.

있다. 네트워크 세계정치이론에서 언급한 네 가지의 스위칭 유형은 네트워크 사회가 발생하기 이전에 패권국가가 발휘했던 네트워크 파워로서, 지배 네트워크로의 통로를 차지한 스위처(패권국가)가 자신을 지나가는 노드 사이에 링크의 호환성을 조절하는 권력을 가지면서 발휘하는 중요한 권력이라 할 수 있다.

끝으로 체제 차원의 네트워크 권력은 '네트워크 자체가 행사하는 권력(power of the network)'[20]으로서, 네트워크 체제에 상호작용의 규칙을 만들고 관리하는 프로그래머 역할이라 할 수 있다. 이러한 네트워크의 체제는 네트워크를 통제하려는 프로그래머의 의도가 개입되기 마련이다. 체제 차원의 네트워크 권력은 '망(網)' 자체가 행사하는 권력을 의미하는 것으로, 비인격적인 형태로 존재하는 이 권력은 프로그램 내의 노드들을 자유롭게 보이도록 하지만, 노드들이 프로그램의 규칙에 의해 어쩔 수 없이 선택하도록 하는 특징을 가진다.[21] 또한 이러한 프로그래머의 권력은 기술적 차원에서 '게임의 규칙'에 해당하는 기술 표준이나 프로토콜 장악, 사회적·제도적 차원에서 네트워크상의 상호작용을 규제하는 제도나 법 제정, 문화적 차원에서 사회규범이나 세계관의 형상과정에서 발생된다.[22]

네트워크 세계정치이론은 이런 세 가지 차원의 네트워크 권력이 분리되어 있는 것이 아니라고 주장한다. 중심이 되는 노드가 끌어당기는 매력을 통해 세(勢)를 모으고, 요점 지역을 차지하고 연결하면서 자신

---

20 김상배, 「네트워크 세계정치이론의 모색: 현실주의 국제정치이론의 세 가지 가정을 넘어서」, 『國際政治論叢』 제48집 4호, 한국국제정치학회, 2008, p.48.

21 김상배, 앞의 논문, 같은 쪽.

22 김상배, 『정보화시대의 표준경쟁: 윈텔리즘과 일본의 컴퓨터산업』, 한울, 2007; Manuel Catells, *The Power of Identity*, 2nd edition, Oxford: Blackwell, 2004(재인용: 김상배, 앞의 논문.)

을 통(通)하게 하여 스위처의 권력을 가지며, 그러한 체제를 형성하여 망(網)을 관리하는 프로그래머의 역할을 하게 된다. 체제를 조율하는 프로그래머는 상호작동성과 호환성, 정체성을 제공하며 표준을 설정하고, 다시 세(勢)를 형성하고 스위처의 권력을 가지며, 망을 관리하는 메커니즘을 반복한다.

이러한 네트워크 권력의 속성은 개방성, 호환성, 유연성 등의 속성을 갖는 '표준설정(standards-setting)'[23]의 메커니즘과도 관계가 있다. 표준 설정의 메커니즘은 개방성, 호환성, 유연성 등 세 가지의 속성을 가진다.[24] 첫째, 네트워크의 '개방성'이다. 네트워크의 개방성이란 네트워크 이외의 노드가 그 네트워크에 진입하는 것을 허용하는 정도를 의미하는 것이다. 네트워크의 개방성이 높을수록 네트워크 외의 노드들이 가입하기가 쉬워진다는 것으로, 네트워크로 진입하는 새로운 노드들이 늘어나고 네트워크 자체 규모가 커지면서 '네트워크로부터 나오는 권력'이 발생하는 것을 의미하는 것이기도 하다. 둘째는 네트워크의 호환성이다. 이는 네트워크 내부의 노드가 다른 네트워크와의 상호작용을 허용하는 정도를 의미한다. 네트워크의 호환성이 클수록 하나의 네트워크 안의 노드가 네트워크의 표준을 벗어나도 다른 네트워크에 가입할 수 있는 범위가 늘어나는 것이다. 셋째는 네트워크의 '유연성'이다. 이는 네트워크 체제 자체의 변경을 수용하는 정도를 의미

---

23 김상배는 네트워크의 표준 설정 메커니즘에 대해 네트워크 권력의 차원으로 설명했는데, 권력을 갖고 있는 핵심적 노드가 자신의 체제의 개방성을 높임으로써 새로운 노드의 진입을 종용하고, 호환성과 유연성을 낮춤으로써 자기 체제 내의 노드가 다른 체제로의 호환이나 자신의 게임 규칙이 존재하는 체제의 변화시키는 것을 차단하려 할 것이라면서, 마이크로소프트 사의 윈도우 시스템은 이에 가장 적합한 예라 할수 있다 보았다. 김상배, 「네트워크 권력의 세계정치: 전통적인 국제정치 권력이론을 넘어서」, 『한국정치학회보』 제42집 제4호, 한국정치학회, 2008, p.392.
24 표준 설정의 메커니즘에 대한 설명 참고, 김상배, 앞의 논문, 같은 쪽.

하는 것이다. 이러한 네트워크 세 가지 속성은 서로 독립되어 존재하는 것이 아니라, 네트워크 과정에서 상호 보완하고 견제하는 관계를 유지한다.

이러한 네트워크아키와 네트워크 권력 개념의 배경 속에 네트워크 세계정치이론은 끝으로 '네트워크 국가의 가정'을 제시하고 있다. 네트워크 세계정치이론에서 주장하는 노드의 범위는 이미 언급하였듯이 국가라는 단위를 넘어서서 다양한 행위자의 출현을 포함하고 있다. 그 예로 국가의 상위 개념으로 국제연합을 포함한 국제기구, 유럽연합과 아세안과 같은 지역협력체 등이 있고, 국가의 하위개념으로 지방자치단체, 언론, 다국적 기업, NGO 등의 출현이 이에 해당한다. 국가 이외의 행위자들이 네트워크상에 등장하여 다양하게 상호작용하지만, 주의할 점은 국가의 네트워크 프로그래머로서의 기능은 여전하다는 것이다. 네트워크 세계정치이론은 국가행위의 준거가 합리적 행위자로서 '국가이성(raison d'etat)'을 그 기반에 두고 있음을 인정하면서, 네트워크의 특성이 도드라지는 이 시대에도 국가가 상이한 네트워크 노드들을 조정하고 관리하는 네트워크 중심성(Network Centrality)을 제공한다고 주장한다.[25] 이는 네트워크 세계정치이론이 전통적 현실주의를 배제하지 않고, 비판적으로 수용하고 보완하고 있다는 것을 의미하는 것이다. 이렇듯 네트워크 세계정치이론은 기존의 국제정치와 망제정치 사이에 창발하는 네트워크 상태를 이론화하며 새로운 분석틀을 제공한다.

요컨대 네트워크 세계정치이론은 전통적 현실주의를 비판적이고 보완적으로 받아들여 노드, 링크로 이루어진 네트워크를 행위자, 과

---

25 김상배, 「네트워크 세계정치이론의 모색: 현실주의 국제정치이론의 세 가지 가정을 넘어서」, 『國際政治論叢』 제48집 4호, 한국국제정치학회, 2008, pp.49-50.

정, 체제의 층위로 나누어 분석하였다. 또 '권력추구의 가정', '국가중심의 가정', '무정부상태의 가정'의 세 가지 현실주의적 국제관을 비판적으로 수용하는 네트워크 세계정치이론은 '네트워크아키의 가정', '네트워크 권력(network power)의 가정', '네트워크 국가(network state)의 가정'으로 제안하며, 다변화하는 현대사회를 분석하는 데 부합한 틀을 제공하고 있다. 네트워크 세계정치이론이 주로 국가와 국가체제 간의 관계를 분석하고 있다면, 이 책에서는 [A국가/지방]-[B국가/지방] 사이의 복합적인 네트워크 형성을 중점적으로 관찰하고 분석하여, 관련 주제에 관한 스토리를 펼치고자 한다.

2) 알프레드 마한의 해양력[26]

시간(時間), 공간(空間), 인간(人間) 등 세 가지의 '간(間)' 중에, 본 절에서 소개하고자 하는 이론은 공간(空間, space)에 관한 것이다. 마뉴엘 카스텔은 공간이란 그 자체로 시간이 결정화(結晶化)된 것이며, 역사적으로 그 공간에 형태, 기능, 그리고 사회적 의미를 부여하는 인간을 포함한 형이하학적 물체와 함께 관계를 맺는 다른 물체라고 정의[27]하

---

26 알프레드 세이어 마한(Alfred Thayer Mahan)은 세계적으로 가장 영향력 있는 해군 전략가 중 한 사람으로 '해양력(Sea Power)'이라는 개념을 통해 강대국에게 있어서의 해양의 중요성과 해양력에 영향을 미치는 조건, 해양 전략들을 소개하였고, 미국의 해양 전략에 있어 중요한 역할을 했다. 본 장에서 알프레드 마한의 해양력과 관련 있는 핵심개념과 요소, 전략을 소개함에 있어 마한에 관련한 논문을 요약 정리했음을 밝힌다. 알프레드 마한, 김주식 역, 『해양력이 역사에 미치는 영향(The Influence of Sea Power upon History 1660~1783)』, 책세상, 2010; 김성준, 「알프레드 마한(A.T. Mahan)의 해양력과 해양사에 관한 인식: 그 의의와 한계를 중심으로」, 해운물류연구 제26호, 한국해운학회, 1998; 김창국, 「마한(Alfred.T.Mahan)의 海洋戰略 思想연구」, 국방대학원 학위논문, 1989.

27 Manuel Castells, *The Rise of the Network Society*, 2nd edition, Oxford: Blackwell, 2000,

면서 시간/인간과 공간 사이의 관계를 설명했다. 또, 듀란트 부처(Will Durant & Ariel Durant)는 "지리는 역사의 자궁이요, 역사를 젖 먹이는 어머니이자 역사를 훈육하는 가정이다"[28]라고 논하기도 하였다. 이는 인류의 시간적 흔적인 '역사'와 인류의 공간적 흔적인 '지리학'의 관계를 보여준다.

　이러한 공간 개념과 함께 인류의 역사 속 족적을 살펴보면 인류는 지나치게 육지라는 공간의 역사를 강조해왔다. 물론 인류가 땅에서 생산되는 농축산품을 주식으로 생활해왔고, 풍부한 농산품을 얻을 수 있는 농지와 가축을 기를 수 있는 넓은 초원의 획득을 위해 전쟁을 해왔기 때문에 인류가 육지의 역사를 강조하는 것도 지나치지 않다. 하지만 필자는 지구의 71%를 차지하고, 인류에게 수산업을 통한 식량을 제공하며, 무역 및 통상 등 해운의 터전이고, 그 무역선을 보호하기 위해 해군력이 투사되는 공간이며, 자원의 보고인 해양의 역사를 간과해서는 안 된다는 점을 강조하고 싶다.[29] 해양도 육지와 마찬가지로 인간이 형태 · 기능 · 사회적 의미 등을 부여하는 공간이다. 해양은 기술과 과학의 발전으로 인간이 두 발을 딛고 생활하는 대륙과 대륙 사이를 넘나들 수 있도록 하는 하나의 거대한 네트워크 '공간'이기도 하다. 다시 말해 해양은 도로나 철로 같은 궤도가 정해진 인프라 건설을 하지 않고도 항구나 부두만 건설되면 다른 항구 어디든 닿을 수 있는 공

---

　p.441.

28　W. J. Durant & Ariel Durant, 천희상 역, 『역사의 교훈』, 범우사, 1991, p.20.(재인용: 김성준, 「알프레드 마한(A.T. Mahan)의 해양력과 해양사에 관한 인식: 그 의의와 한계를 중심으로」, 해운물류연구 제26호, 한국해운학회, 1998, p.340.)

29　인간에게 있어 바다의 중요성을 보기 위해서 김성준, 「알프레드 마한(A.T. Mahan)의 해양력과 해양사에 관한 인식: 그 의의와 한계를 중심으로」, 해운물류연구 제26호, 한국해운학회, 1998, pp.340-342 참조.

간이동이 가능한 공간이며, 아직 개발되지 않은 자원의 보고(寶庫)이자 운송과 군사 개념이 동시에 투영된 실재하는 공간이다. 이러한 해양의 가치를 고려했을 때, 대륙과 함께 해양 역시 인류의 흔적이 결정화된 공간이다.

이러한 맥락에서 알프레드 마한은 해양력의 개념을 설명하고 해양력에 영향을 미친 일반적인 조건을 소개하면서, 해양 전략에 대한 중요성을 피력하고 있다. 여기에서는 알프레드 마한이 제시한 해양력의 개념 및 그 범위를 논하고, 해양력에 영향을 미친 조건들과 기본요소들의 개념을 소개하도록 한다.

알프레드 마한은 그의 저서 『해양력이 역사에 미치는 영향』에서 해양력을 "해양에서 또는 해양에 의해서 국민이 위대해지는 모든 경향을 광범위하게 포함하는 힘"[30]이라 정의하고 있다. 마한의 해양력 개념을 인용하는 모든 논문이 주장하듯, 마한이 제시한 해양력 개념에 대한 정의는 모호한 부분이 있다. 일본이나 러시아에서는 해양력을 해석하는 과정에서 '해군력'이나 '해상권력'으로 번역했다가 1970년대에 들어서야 '해양력'으로 정착하게 되었는데, 그만큼 논란의 여지가 많았던 해양력의 개념은 협의의 개념으로서 해군력(Naval Power), 더 나아가 제해권(command of the sea)이고, 광의의 개념으로서는 해운력과 해군력이 결합된 개념으로 보았으며, 세르게이 고르쉬코프(Sergie Gorshkov)는 해양력을 두고 "해양개발력, 해운력, 수산력, 해군력"[31] 등이 결합된 것

---

30 알프레드 마한, 김주식 역, 『해양력이 역사에 미치는 영향(The Influence of Sea Power upon History 1660~1783)』, 책세상, 2010, p.35.

31 중국에서는 알프레드 마한의 "해양력"을 "해권(海權)"이라 번역하고 있다. "Sea Power"의 독일과 일본의 번역과 범위 확장 과정에 대한 자료는, 김성준, 「알프레드 마한(A.T. Mahan)의 해양력과 해양사에 관한 인식: 그 의의와 한계를 중심으로」, 해운물류연구 제26호, 한국해운학회, 1998, pp.340-342 참조.

이라고 보았다.

　마한이 해양력이라는 개념을 제시할 1889년 당시에는 해양력(Sea Power)과 해군력(Naval Power)을 동일시하는 경향이 있었다. 실제로 당시의 해양력 개념은 해상력(海上力)에 더 가까운 개념이었다. 그 이유는 당시의 해양력이 해양 자체의 개념이 아닌 해상의 상선 이용과 상선을 보호하기 위한 해군력으로 해석되었기 때문이며, 또 해운력과 해군력을 하나로 보면서도 활발한 무역을 위한 각 국가의 경쟁은 결국 전쟁으로 귀결된다는 당시의 시대상이 반영되었기 때문이다. 하지만 잠수정의 등장과 해양의 자원화로 해양 자체의 가치가 상승하게 되면서 해양의 범위가 확대되었다. 또 앤서니 소콜(Anthony E. Sokol)은 해양력에서 힘의 개념을 압력(press)이나 폭력(violence)보다는 역량(capability)이나 능력(ability)으로 해석하였다.[32] 해양의 범위 확대와 '힘'의 재해석으로 인해 해양의 범위 확대와 힘의 의미 변화에 따른 해양력 재해석이 불가피하게 되었다. 그러므로 알프레드 마한이 주장한 대로, 우리는 해양력의 개념을 "해상에서 이루어진 것을 포함하여 해양을 매개체로 하여 이루어지는 모든 것, 특히 국민을 이롭게 하는 능력"[33]이라 이해할 수 있을 것이다.

　알프레드 마한은 해양력에 영향을 주는 기본 요소로서, "지리적 요소(geographical position), 물리적 환경(physical conformation), 영토의 크기(extent of territory), 인구(number of population), 국민성(character of people), 정부의 성격(character of the government)"[34] 등을 제시하였다. 주의할 점은

32　김창국, 「마한(Alfred.T.Mahan)의 海洋戰略 思想연구」, 국방대학원 학위논문, 1989, pp.24-25.

33　알프레드 마한, 앞의 책, P.35.

34　알프레드 마한이 주장한 해양력의 기본 요소(지리적 요소, 물리적 환경, 영토의 크기, 인구, 국민성, 정부의 성격) 개념 정리는 필자가 다음의 자료들을 종합하여 정

알프레드 마한이 주장하는 기본 요소의 모든 중심은 '해양'이라는 점이다. 기본 요소를 설명하면서 언급하게 될 지리·물리·영토에 해당하는 부분은 모두 해양과 직접적으로 관련된 것을 설명하기 위한 용어이다. 인구·국민성·정부성격의 요소는 해양과 간접적으로 관련된 요소들이다. 마한은 이 중에 지리적 요소·물리적 환경·영토의 크기·인구·국민성은 선천적 요소로, 이러한 선천적인 조건들이 조화가 된 상태에서 후천적으로 결정 가능한 정부의 성격이 뒷받침되어야 한다고 주장하고 있다. 다음은 알프레드 마한이 주장한 해양력의 기본 요소를 정리한 것이다.

지리적 요소(Geographical position)

마한이 제시한 지리적 위치는 대외적 의미에서 지리정치학적·지리경제학적 위치가 갖는 중요성을 말하는 것으로, 지리적 위치가 해양력에 미치는 영향을 다음과 같이 제시하였다. "어떤 나라가 육지에서 방어할 필요가 없고 또한 육상을 통한 영토 확장을 모색하려는 유혹에 빠질 수도 없는 위치에 있다면, 그 나라는 일부 국경이 육지에 접해 있는 국가에 비해 오로지 해양 지향적인 목표만 가질 수 있는 이점을 보유한다." 마한은 지리적 요소에 대한 예로 영국은 네덜란드와 프랑스에 비해 해양 지향적인 전략을 취할 수 있는 지리적 장점을 갖고 있다고 주장했다. 또 영국과 같이 육지로 연결된 다른 국가의 침범을 걱정하지 않아도 된다는 지리적 이점은 군사력을 해양으로 집중시키기에

리하였다. 알프레드 마한, 김주식 역, 『해양력이 역사에 미치는 영향(The Influence of Sea Power upon History 1660~1783)』, 책세상, 2010, pp.76-143; 김성준, 「알프레드 마한(A.T. Mahan)의 해양력과 해양사에 관한 인식: 그 의의와 한계를 중심으로」, 해운물류연구 제26호, 한국해운학회, 1998, pp.352-362; 김창국, 「마한(Alfred. T.Mahan)의 海洋戰略 思想연구」, 국방대학원 학위논문, 1989, pp.27-35.

용이하고, 중앙위치의 전략적 이점과 가상 적에 대한 작전을 실시하기에 적합하다고 설명한다. 또 마한은 "만약 어떤 한 국가가 공격하기 편리하고 공해로 쉽게 나아갈 수 있으며, 동시에 세계 교통로의 요지 가운데 한 곳을 통제할 수 있는 자연조건을 갖는다면, 그 국가의 위치는 대단한 전략적 가치를 갖고 있다"면서, 스페인이 유럽과 아프리카 대륙의 중간점이며 지중해와 대서양의 출구에 위치한 지브롤터를 영국에게 빼앗기지 않았다면 스페인 또한 전략적으로 해양력을 위한 중요한 가치를 가졌을 것이라 그 예를 들고 있다.

물리적 환경(Physical conformation)

해양력의 두 번째 요소인 물리적 환경은 국내 존재하는 해안선상의 물리적 환경을 중시하는 개념으로, 마한은 그 의미를 다음과 같이 제시하였다. 우선 "해안선을 국경으로 갖고 있는 경우, 그 국경과 접근성이 용이할수록 다른 국가들과 통상을 하고자 하는 국민들의 경향이 커진다"면서, 1648년 스페인-오스트리아의 통치를 받던 벨기에를 그 예로 들었다. 이어서 마한은 "만약 한 국가가 긴 해안선에도 불구하고 항구를 전혀 소유하지 못하고 있다면, 그 국가는 해상무역이나 해운업을 할 수 없고, 해군도 가질 수 없다"며 당시의 벨기에 상황을 예로서 설명하고 있다. 다음으로, 마한은 자연조건이 어떻게 해양력에 영향력을 미치는지를 설명하면서, "수심이 깊은 항구는 부와 힘의 근원인데, 그 항구들이 항해가 가능한 하천의 어귀에 있다면 더욱 그러하다"고 하였다. 마한은 미국의 미시시피 강이 미국에게 막대한 부와 힘의 원천을 제공하였는데, 미국의 남북전쟁 당시에 미시시피 강의 입구를 소홀히 방어한 점과 미국 본토를 통하는 수많은 지류는 오히려 약점이 되기도 했다면서 그 중요성을 강조했다. 끝으로 마한은 물리적 형태는 국가의 기후와 천연자원의 조건과도 관련이 된다면서, 영국의 예를 들고 있다. 영국의 경우, 산업혁명 이전 제조업이 발달하기 이전에 자연조건의 열악함으로 생산시설이 매우 빈약했다. 이러한 조건으로 영국 국민은 오히려 해외로 시각을 돌려 적극적으로 진출하는 계기를 마련하고, 해양력을 확장시키는 효과를 갖게 되었다.

영토의 크기(Extent of territory)

마한이 제시한 세 번째 요소는 '영토의 크기'이다. 마한은 해양력 발전을 생각할 때 반드시 고려해야 하는 것은 흔히 말하는 '한 국가의 주권이 닿는 토지의 총면적'이 아니라 '해양선의 길이와 항구의 성격'임을 강조한다. 특히 마한은 국가를 하나의 요새로 보고, 국가라는 요새는 자신을 둘러싸고 있는 성곽과 조화를 이루어야 하며 이 성곽을 방어할 군사의 수 역시 중요하다고 강조하고 있다. 즉, 성곽이 부실하거나 군사의 수가 적을 경우 이는 국가의 약점이 될 것이고, 그 반대의 경우 국가의 장점이 된다는 것이다. 또 마한은 한 국가의 자연적 지세나 해안이 항구에 적합하고 해양진출에 도움이 되는 지형을 갖고 있다면, 해양력 발전에 직접적인 요인이라고 서술했다.

인구(Number of population)

네 번째 요소는 '인구'이다. 영토의 크기가 단순히 한 국가의 총면적이 아니라 해안선의 길이와 항구의 성격을 포함한 개념이듯, 그 국가의 인구라는 개념 역시 일반적인 영토 내에 머물고 있는 주민의 총수가 아닌 '해사산업(maritime industry)에 종사하는 사람(number following the sea)의 수'를 고려해야 한다는 것을 의미한다. 마한은 특히 '예비전력(reserve force, reserve strength)'이라는 개념을 쓰고 있는데 이는 선박을 운용할 때 선원뿐만 아니라 선박을 건조하고 수리하는 사람, 바다 생활을 하고 해군 군수품을 만들거나 배에 근무한 경험을 가진 사람들이 전시에 부족한 해군 요원을 확충하는 데 빠르게 동원될 수 있는 전력을 의미한다. 즉, 마한은 예비전력으로서의 인구수가 해양력에 미치는 영향력을 강조한 것이다.

국민성(Character of people)

해양력에 영향을 미치는 다섯 번째 기본 조건은 국민성이다. 마한은 해양력이 전시가 아닌 평시에 평화적이고 대규모의 통상을 바탕으로 한다면 국민의 무역을 추구하는 경향이 해양력의 주역 국가들이 두각을 드러낸 특징이었다고 말한다. 그 예로 영국인과 네덜란드인들의 국민성을 들고 있는데, 그들은 타고난 '상인 본능(instinct of the born trader)'으로 사업 및 협상에 능했으며, 해외의 진출을 위한 해양력 증강과 해외 식민지 개척, 해외 시장 확보를 위한 노력을 경주했다. 특히 마한은 영국이 당시 많은 식민지를 확보할 수 있었던 이유를 영국의 국민성에서 찾고 있는데, 영국인들은 식민지에 자발적으로 정착하고자 하였으며, 식민지를 착취하기보다는 개발하려는 모습을 보인 점을 강조했다.

정부의 성격(Character of the government)

마지막으로 마한이 제시한 기본 조건 중에 가장 중요하게 본 것이 바로 '정부의 성격'이다. 그 이유는 위의 다섯 가지 조건이 선천적인 조건이고 변화하기 어려운 기본 요소라면, 마한이 여섯 번째로 제시한 해양력의 기본 요소인 '정부의 성격'은 인간에 의해 변할 수 있는 것이기 때문이다. 마한은 정부의 특수한 형태와 여러 제도, 또 통치자의 성격이 해양력의 발전에 두드러지게 영향을 주는 것을 주목하였다. 마한은 민주적인 정부가 반드시 해양력 발전에 긍정적인 면을 부여한다는 것을 부정하고, 오히려 전제적인 정부가 민주적인 정부보다 더 직접적이고 신속하게 해양력을 성장시킬 수 있다고 말한다. 하지만 마한이 말하는 가장 큰 성공은 정부의 현명한 제도가 국민의 정신에 완전히 스며들고, 또한 정부가 국민의 진정한 성향을 바르게 인식할 때이다.

이상, 마한이 주장한 해양력에 영향을 미치는 요소를 살펴보았다. 이외에도 마한은 네 가지 전략 원칙, 제해권(command of the sea), 집중(concentration), 전략적 위치(strategic points), 해상 교통선(communications)으로 분류하여 제시하고, 식민지에 대한 중요성도 주장하였는데, 이는 전시에는 해군기지로 확보할 수 있기 때문이고, 평시에는 활발한 무역을 위한 통상로 역할을 하기 때문이라며, 식민지는 해외에서 한 국가의 해양력 증강을 뒷받침해주는 수단이라 밝히고 있다.[35] 현대 사회에서는 식민지 개념이 사라진 지 오래지만, 미국의 해양 전략을 살펴보면 '식민지'의 해양기지 역할을 하는 또 다른 개념이 생겼음을 알 수 있다. 특히 이 책에서 살펴보게 될 동북아의 지정학적 정세에서 일본 본토와 오키나와, 타이완, 필리핀, 인도네시아를 잇는 해양상의 '역 만리장성(The Great Wall in Reverse)'은 스마트 파워를 앞세운 미국이 중국

---

35 마한이 제시한 해양 전략 원칙 4가지 중에, 해양 교통선(communications)에 대해 마한은 "군대, 즉 육·해군이 본국의 국력으로 생존을 유지하기 위한 행동선(line of movement)의 통칭"이라고 정의하며, 이에 대해 쉬린(Bertram Shrine)은 "군사력에 의하여 안전이 보장되며, 이를 수행하는 군사력에 대해서도 자유로운 지원이 가능한 항로"라고 정의내리고 있다. 즉, 해양 교통선은 전략적 위치와 모기지(母基地) 간의 군수 및 통신 등 함대의 생존을 위한 항로라고 정의할 수 있다. 김창국, 「마한(Alfred.T.Mahan)의 海洋戰略 思想연구」, 국방대학원 학위논문, 1989, pp.44-63.

위협론을 부각시켜 중국 주변국을 자연스레 세력균형의 프로그램에 넣어 해양 기지 역할을 맡기고, 동시에 통상에 있어 자연스러운 연결점을 형성하고 있는 것을 통해 그 현대적 의미를 찾을 수 있다.

요컨대 마한이 제시한 해양력은 해양의 제해권을 장악하기 위한 해군력뿐만 아니라, 평시에도 평화로운 경제적 무역과 통상, 해운이 활발히 이루어지고 발휘되는 힘을 포함하는 것이며, 잠수정의 개발과 해양의 자원화 현상, 그리고 수산업의 수요 확대로 인한 현대적 의미의 해양력 개념으로 그 범위를 넓혀가고 있다. 마한이 해양력을 주장한 19세기의 상황과 21세기의 현 상황에 많은 차이가 있지만, 그가 제시한 해양력의 개념과 해양력에 영향을 미치는 요소, 해양 전략의 원칙 등은 여전히 유효하며, 특히 불안정한 해양의 도서에 대한 영유권 분쟁이 확장되는 현 시점에 있어, 한 국가의 해양력을 분석하기에 적합한 지역학 이론이다.

2. 분석의 틀

에드워드 카(E. H. Carr)는 정치는 곧 권력정치(power politics)이며, '정치적'이라는 용어는 권력의 갈등을 포함하는 문제에 한정된다고 말했다. 그리고 권력의 갈등이 해소되면 '정치'가 아닌 '행정'의 문제가 된다고 주장한다. 즉, 권력을 떠나 정치를 정의할 수 없고, 권력은 항상 정치의 한 필수 요소라는 것이다. 에드워드 카는 버트런드 러셀(B. Russell)의 권력 요소를 인용하여 군사력, 경제력, 여론에 대한 통제(정보력) 이 세 가지를 국제문제의 정치권력 요소로 보았다. 주의할 점은 이 세 요소가 서로 독립된 것이 아니라 밀접히 연관되어 있고 개념상으로는 구분이 될지라도 실제로는 불가분의 일체라고 설명하고 있다는 것이다.[36]

과학의 발달, 특히 교통과 통신, 금융 분야에서 괄목할 만한 성장을 이루면서 상술한 권력 요소 역시 현대적 의미로 재해석할 필요가 있다. 군사 분야에서는 핵무기의 등장으로 전면전의 가능성은 낮아지고, 핵을 사용하지 않는 범위 내에서 세력 확장을 위한 국지전 형태로 바뀌는 추세이다. 내용면에서는 단순히 영토를 확장하거나 무역대상국 및 식민지 확장을 위한 군사력 사용에서 벗어나 민족주의, 경제영역 확장, 해양, 테러, 종교, 자원 등을 원인으로 하는 군사적 충돌이 일어나고 있다.

경제 분야에서는 단순히 국가의 재원 확충이나 기업들의 이윤 추구 수준의 중상주의적 모습을 넘어서고 있다. 농산품과 어류를 기본으로 하는 1차적 자원이나 광물자원을 추구하던 예전 실물경제에 더해 금융 상품의 출현과 금융망의 세계화는 신자유주의적 조류를 타고 전 세계적으로 상호 의존적인 동시에 상호 자율적인 모습을 보이고 있다. 큰 시장의 보유, 세계 시장으로의 공급능력, GDP, 소비자물가지수, 환율, 외환 보유고 등의 경제력을 중심으로 한 국력은 상대 국가에게 영향을 미칠 수 있는 군사적 요소에 버금가는 권력 요소로 진화해가고 있다.

정보 분야에서는 정보의 독점현상에 따른 새로운 정보형 권력의 등장과 그 반대로 정보를 용이하게 접하고 공유할 수 있는 시스템의 등

---

36 E. H. 카아, 김태현 역, 『20년의 위기』, 녹문당, 2000, pp.133-177.

장을 주목할 필요가 있다. 우선 인공위성의 출현으로 정보 수집 능력이 제고되었고, 외국어 교육의 열풍과 함께 세계 언론이 언어장벽을 극복하고 그 범위를 확장하면서 언론 및 여론의 권력이 중요해지고 있는 실정이다. 이렇듯 정보의 독점과 정보 전달의 수단을 독점함으로써 권력을 발휘할 수 있는 구조가 형성되었다. 특히 경제 분야에서 제기된 조지 애컬로프, 마이클 스펜스, 조지프 스티글리츠의 '정보의 비대칭성(information asymmetry)'은 여론의 장악 능력에 더해 정보력이 얼마나 중요한지 보여주는 하나의 예이다. 다음으로 인터넷과 소셜 네트워크 시스템(SNS)의 출현으로 정보 수집과 공유가 용이해짐에 따라, 정보력은 시공간적 한계를 타파하고 지구라는 행성에 영토를 기반으로 하는 국가의 통제력을 극복하며 그 힘을 발휘하고 있다.

에드워드 카는 국제정치에서의 정치권력 요소가 개념상 구분은 가능하지만 실제로는 유기적인 하나의 메커니즘이라 말했다. 이런 현대적 의미의 세 가지 권력 요소도 의미상 구분이 될 뿐 실제로는 서로 유기적인 메커니즘을 갖고 있다. 이런 현대적 의미의 세 가지 권력 요소의 조합에 따라, 국제사회의 행위자는 비용-편익 분석 계산에 따른 전략에 따라 국제사회의 흐름을 이루고 있다.

이 책에서 사용하게 될 네트워크 세계정치 이론과 해양력 이론은 정치권력 요소의 구분이 없다는 것에서 공통점을 찾을 수 있다. 이론을 소개하면서 밝혔듯이, 네트워크 세계정치이론은 자연과학과 사회과학에서 이미 널리 사용되고 있는 개념으로 정치, 경제, 정보 등의 분야를 넘는 통섭학적 이론이다. 해양력 이론은 해군력뿐만 아니라 통상을 포함한 해양 교통선, 해상을 넘어 해양 자체의 범위로 확장되면서 정치적 이론만으로 설명될 수 없는 부분을 복합적으로 설명해주는 지정학적 이론이다. 필자는 통섭학적 특징을 보이는 이 두 이론을 분석

틀로 삼아 지리적으로는 해양을 배경으로 하고, 구조적으로는 지방정부 간의 연계과정과 국가 간의 관계설정, 동북아 체제 내에서의 네트워크 변화를 설명 및 분석하고자 한다.

다시 말해 에드워드 카의 정치적·경제적·언론적 권력이 어떻게 관계지어지느냐 하는 문제는 필자가 논하고자 하는 구조주의적 이론과 지역학적 이론, 그리고 이 둘을 연결해줄 물류 개념에 대한 상관관계를 유기적으로 엮어준다. 네트워크 세계정치이론은 구조적인 의미에서의 종적 네트워크에서 각각 다른 층위의 행위자 간 복합적 관계를 의미하는 것이다. 물류 네트워크는 말 그대로 재화나 인간이 실재하는 지리상에서 교류하고 거래하며 형성되는 횡적 네트워크이다. 또 구조적 네트워크는 링크 자체가 관계를 의미하는 것이지만, 물류 네트워크의 링크는 그 자체의 이동과 흐름을 의미하는 것이다. 여기에 더해 마한의 해양력은 해양 위에 국민을 이롭게 하는 모든 힘을 의미하며 여섯 가지의 해양력 요소를 주장했다. 이 책에서는 이러한 구조적 네트워크, 물류 네트워크, 해양력 개념을 복합적으로 활용하고자 한다.

중국이라는 국가를 예로 설명해보자. 우선 해양력의 기본 요소에 맞추어 중국의 특성을 도출한다. 중국의 해안선 길이와 각 항구들의 물리적 환경, 그리고 해외로 나아갈 수 있는 지리적 환경, 해양에 대한 정부의 성격 등을 분석해낸다. 그리고 중국이 해양으로 진출하기에 전략적 환경의 어려움이 있다면, '차항출해(借港出海)'나 '저우추취(走出去)' 등의 국가 전략에 따라 타국을 향한 경제 원조 및 항구 건설로 주변과 관계를 맺는다. 중국 네트워크 국가와 그 주변 네트워크 국가 간의 다양한 복합 네트워크(구조 네트워크)가 형성된다. 그 결과물로 중국 네트워크 국가와 주변 네트워크 국가 사이에 실재하는 공간(국경선/해양)이 연결되고, 중국은 주변국과 연결하여 다른 해양(물류 네트워크의 공간)으로 진출한다. 즉, 중국이 다른 나라의 호환성 높은 항구를 빌려 중국 자신의 해양력을 다른 해양에서 발휘할 수 있게 되었음을 의미한다.

이 과정을 종합적으로 설명하면, 유해무양(有海無洋)의 한계를 지닌 중국이 차항출해 전략을 위해 중국 지방정부와 인접국 지방정부 간의 인프라 건설 및 타국 항만 건설 및 경제지원을 약속한다. 여기까지는 중국이 발휘한 경제적 파워이다. 그리고 인접국의 항구가 중국의 해양력을 발휘하는 시발점이 되는데, 그 인접국가가 제시하는 표준과 규범에 따라 그 노드의 개방성과 호환성의 정도가 결정되어 해양력의 성격이 달라진다. 다시 여기까지가 구조적 네트워크에 의한 연결이자 정치적·경제적 권력이 작용되는 범위이기도 하다. 하지만 구미(歐美) 국가는 이러한 중국의 전략이 '진주목걸이 전략'이고, 이 전략은 해양을 향한 군사력 투사를 위한 전략이라고 대형 언론을 통해 방송함으로써 다시 중국 주변 국가들에게 위기의식을 불러일으킨다. 이 자체는 여론과 정보의 파워에 의한 구미 국가의 대 중국 견제라고 하겠다. 그럼에도 중국은 군사적 요소를 배제한 경제적 요소로서만 해당 항구 노드를 활용하게 되고, 해양 물류 네트워크를 새로이 형성하게 됨으로써 주변 국가들과 새로운 상호의존관계를 형성한다. 이는 다시 다른 네트워크 국가들에 영향을 주게 되는 기제를 반복한다.

단순히 중국뿐만 아니라 미국의 경우도 이런 분석틀로 분석할 수 있다. 미국은 유럽과 아시아에 비교적 거리가 먼 아메리카 대륙에 위치하고 있다. 미국은 동북아시아의 일본, 동남아시아의 인도네시아, 유럽의 영국과 긴밀하게 협조하며 각 지역의 핵심 노드로 삼고 있다. 특히 태평양의 경우만 봐도 미국의 하와이, 괌의 경우 관광지로서의 매력뿐만 아니라 해군 군사기지로서의 역할을 하고 있고, 미국의 기준으로 태평양 끝자락에 있는 일본은 미국에 대해 개방성과 호환성을 높여 정치·군사적, 경제적, 언론·정보적 파워의 디딤돌이 되고 있다. 이를 통해 미국은 다시 미국의 해양력을 동북아시아 내에서 발산하는 동력을 이루게 되고, 일본의 노드를 활용하여 구조·물류 복합 네트워크를 활용하는 길을 연다.

이렇듯 구조 네트워크의 의미와 물류 네트워크, 그리고 해양력의 개념은 복합적으로 활용할 수 있다. 이러한 분석틀을 활용하여, 중국이 북한 나진항의 사용권을 확보하여 동해로 나아가게 된 상황을 분석해보고자 한다. 필자는 특히 중국 창지투 개발계획 지역의 해양 진출 계기가 단순하게 발생한 것이 아니라, 중국 창지투 개발구(육지)-북한 나진항-동해(바다)-중국 상하이(육지)로 이어지는 과정에서 발생한 '국내무역'과 이를 인정한 중국의 제도가 어떻게 한반도 정세에 영향을 미칠 것이며, 중국의 해양력이 발휘되고 있는지에 대해 분석해보고자 한다. 이를 위해, 관련 지역의 지리와 역사적 배경을 설명하고, 중국의 해양력을 살펴본 뒤에 해당 지역의 구조·물류 복합 네트워크와 해양력이 어떻게 발산되고 있는지를 소개하고자 한다. 관련하여 이러한 틀로 5장에서 동북아 신 네트워크에 대해 설명하고, 이런 전략적 환경 속에서 한반도가 어떤 통일 정책을 펼쳐야 하는지에 대해 제안하고자 한다.

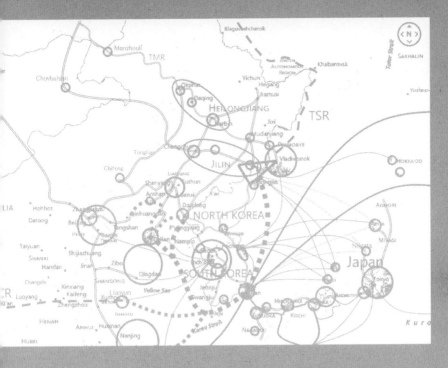

2장   <u>중국 한반도 '동해' 진출의</u>

<u>해양 전략적 배경</u>

1. 근현대 동북아 역사 속 동해의 역사적·지정학적 의미

마크 트웨인(Mark Twain)은 "역사의 반복은 없지만 라임(Rhyme)은 있다"[1]고 말했다. 지리적 요소를 바탕으로 패권적 권력의 유동적인 흐름은 마크 트웨인의 말처럼 반복보다는 라임을 느끼게 한다. 청나라 시기 중국에게는 동해로 나아갈 수 있는 연해주 지역이 있었으나, 해당 지역을 러시아에 빼앗기며 중국은 동해로 진출할 수 있는 핵심 노드를 상실하게 된다. 물리적으로는 그 지형이 남아 있으나 중국의 해양력 요소 중 물리적 요소가 러시아로 넘어가 러시아의 해양력이 동해와 태평양으로 전개될 기회를 맞이하게 된다. 연해주와 동북지역의 '물리적 요소'는 그대로인데 연해주를 점령한 국가의 변화로 관련 지역의 네트워크 형태가 변하게 되니, 이는 공간 위의 역사가 '반복'이 아닌 '라임'을 취하고 있음을 알게 한다. 중국의 동해 진출로가 막혔던 것은 1840년의 아편전쟁을 시발점으로 한, 제국주의 국가들의 식민지 팽창 정책과 시장 개척, 자원 착취 등의 경쟁 속에서 시작되었다. 여기에서는 중국이 동해 진출로를 잃어가는 과정과 함께 구한말 시절 동해의 전략적 중요성을 살펴봄으로써 현재 한반도 동해의 지정학적 가치를 분석하기 위한 근거를 마련하고자 한다.

---

1   Mark Twain said, "history doesn't repeat itself, but it rhymes." Toshi Yoshihara and James R. Holmes, *Red Star Over The Pacific: China's rise and the challenge to U.S. maritime strategy*, Naval Institute Press, 2010, p.44.

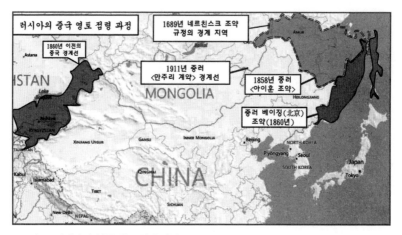

<그림 2> 러시아의 청국 영토 점령 과정(필자 작성, 지도 출처: "bing map", 그림 참조: 鳥有之響)

19세기 초, 유럽을 제패했던 프랑스의 나폴레옹(Napoleon Bonaparte)에 승리한 러시아는 현재 우크라이나가 인접해 있는 흑해를 통해 지중해로 진출하고자 했다. 하지만 러시아는 1853~1856년에 영국과 프랑스와의 크림전쟁(Crimean War)에서 패하면서 영국·프랑스와의 함대 기술 격차를 확인함과 동시에 흑해를 통해 지중해로 진출하고자 했던 계획에 차질을 빚는다. 크림전쟁 이후의 국제정세는 전 세계를 범위로 부동항(不凍港)을 찾는 러시아와 이를 견제하기 위한 영국의 갈등으로 전개되었다. 크림전쟁이 끝날 무렵 러시아는 태평양으로 진출 가능한 극동지역의 부동항 확보에 박차를 가한다. 다시 말해 얼지 않는 '물리적 요소'를 갖춘 항구와 그 항구를 통해 '지리적 요소'를 확보하기 위한 러시아, 그리고 이를 견제하기 위한 영국이 전 지구에 걸친 해양 네트워크 확장 경쟁에 돌입했던 것이다. 이러한 양국의 경쟁적 네트워크 확장 움직임은 단순히 서로 넓은 영토를 점령하기만을 위한 경쟁이 아니었다. 양국이 생산한 상품을 판매할 시장 확보와 그 상품을 운반할

물류 네트워크 핵심 노드 확보, 그리고 약탈한 자원을 본국으로 운반하기 위한 노드 확보 등의 경쟁적 움직임이라 보는 것이 앞으로 전개될 이야기의 전제이다.

17세기 영토 팽창 과정에 청국(淸國)의 국경에 도달했던 제정 러시아는 당시 청국의 군사적 반발로 1689년 네르친스크 조약을 체결하여 〈그림 2〉와 같이 청국과 경계를 확정하였다. 이후 19세기 제정 러시아에 니콜라이 1세(Nikolay I)가 등장함으로써 러시아의 '동방정책(東方政策)'이 탄력을 받았다.[2] 그러나 당시 해양 패권국이었던 영국이 인도의 동인도회사를 통해 적극적으로 아시아의 경제를 잠식하고 식민지의 영역을 넓혀가면서 러시아는 대아시아 무역에 어려움을 겪는다.[3] 이러한 영국과 러시아 간의 경제적 갈등 요인 역시 러시아가 동북아로 진출하는 계기가 되었다.

1847년 러시아의 무라비예프 아무르스키(Murav'yev Amurskii)가 동시베리아 총독에 취임하였고, 1849년에는 '흑룡강문제위원회(黑龍江問題委員會)'[4]가 설립되면서 러시아의 동진은 급물살을 탄다. 1854년, 무라비예프는 1840년에 발생한 아편전쟁으로 발생된 청국의 반영(反英) 정서를 적절히 이용하여 1857년까지 청국의 큰 반발 없이 흑룡강을 항해하며 그 이북 지역에 군사 점령 체제를 강화해나갔다.[5] 크림전쟁을 계기로 러시아가 영국보다 앞서 흑룡강을 점령해야 한다는 것이 그

---

2 김영신, 「러·일의 滿洲 진출과 淸朝의 對應이 瀋陽의 도시발전에 끼친 영향」, 『중국학연구』 제33집, 중국학연구회, 2004, p.601

3 卡巴諾夫, 『黑龍江問題』, 哈爾濱, 黑龍江人民出版社, 1983, pp.133-134.(재인용: 김영신, 앞의 논문, 같은 쪽.)

4 近史所 編, 『四國新檔(道光三十年至同治二年(1850~1863)』, 俄國部, 臺北, 近史所, 1966, p.150.(재인용: 김영신, 앞의 논문, p.602.)

5 江淮, 「中國是如何一步步喪失日本海(東海)的」, 『史設』, 經典閱讀, p.80.

이유였다. 국경획정을 위한 끊임없는 무력시위를 강행했던 무라비예프는 결국 1858년 5월 흑룡강 장군 이산(奕山)과 '중·러 아이훈조약(中俄瑷琿條約)'[6]을 체결하여 〈그림 2〉의 연해주 위에 해당하는 부분인 "아무르군 강 하구로부터 아무르 강 하구까지의 아무르 강 좌안을 러시아 영토"[7]로 하였으며, "우수리 강과 해양의 중간지대는 경계가 다시 획정될 때까지 양국의 공동 관할 지역"[8]으로 결정하였다.

이어 1860년에는 영국·프랑스 연합군이 베이징을 점령한 사건을 러시아가 중재하면서 베이징조약이 체결되고, 청국과 러시아 사이에 '중·러 속증조약(中俄續增條約)'[9]이 체결되면서 러시아는 흑룡강 이북과 외흥안령(外興安領) 이남 지역, 우수리강 이동 지역을 점령하였다.[10] 만주는 원래 만주족이 세운 청국의 성역으로 타민족의 진입을 금지한다는 '봉금정책'을 시행하던 지역인데, '중·러 속증조약(中俄續增條約)'을 통해 만주에 대한 러시아의 영향력이 강해졌으며, 동시에 중국은 동해로 진출할 수 있는 기회를 상실한다.[11]

---

6 梁爲楫, 鄭則民 主編, 『中國近代不平等條約選編與介紹』, 北京, 中國廣播電視出版社, 1993, pp.71-72.(재인용: 김영신, 앞의 논문, 같은 쪽.)

7 김용구, 『세계외교사』, 서울대학교 출판부, 2006, pp.303-304.

8 김용구, 앞의 책, 같은 쪽.

9 梁爲楫, 鄭則民 主編, 『中國近代不平等條約選編與介紹』, 北京, 中國廣播電視出版社, 1993, pp.71-72.(재인용: 김영신, 앞의 논문, 같은 쪽.)

10 김영신, 앞의 논문, p.603.

11 마뉴엘 카스텔은 "공간은 (물리적으로) 사라지지 않지만, 그 공간의 논리와 의미는 네트워크에서 누락될 수 있다(places do not disappear, but their logic and their meaning become absorbed in the network)"고 했는데, 중국이 중러 베이징 속증조약을 통해 동해로 진출하는 통로를 잃게 되면서, 물리적 의미의 장소는 존재하지만, 중국 국가 네트워크 내의 연해주는 상실되었다고 볼 수 있다. 반대로 러시아의 경우에는 해당 지역을 획득하면서 동방정책에 성공하였고, 한반도 동해를 통해 태평양으로 진출할 수 있는 핵심 노드를 확보한 셈이다. Manuel Castells, *The Rise of the Network Society*, Oxford: Blackwell, 2000, p.443.

1861년에 항카호에서 해안선으로 이어지는 러시아와 청국의 접경 지역에 경계비가 설치되었고, 연해주 이남 국경이 두만강까지 내려오면서 러시아와 조선은 국경을 마주하였다.[12] 이후 1884년에 체결된 조러통상조약[13]은 러시아의 근동지역 전략에서 극동지역 전략으로 확대된 하나의 전환점이었으며, 당시 러시아는 동아시아에 상업의 확대를 위한 노력과 태평양 진출에 대한 강한 의지를 보였다. 1884년 조러통상조약 4조는 주로 영토·영해 관련 내용을 담고 있는데 그중 1항은 러시아에게 제물포, 원산, 부산 등의 항구를 개항한다고 쓰여 있으며, 부산항이 불편할 경우에는 부근의 다른 항구를 선택할 수 있다고 규정하고 있다.[14] 즉, 조러통상조약은 조선의 영토와 영해에 관한 불평등 조약이었다.

특히 김영수는 조러통상조약 8조의 원문[15]을 설명하면서 이 조약이 한반도에서 러시아 군함의 활동, 즉 항해의 자유, 관세와 세금의 면제, 해양 상륙 등의 내용을 담고 있다고 설명했다. 이러한 조러통상조약은 서양 열강들 사이에 러시아가 조선의 영흥만을 점령하려 한다는 소문의 근거를 제공했다. 한편, 러시아의 남하를 견제하기 위해

---

12 이항준, 「러시아 연흑룡총독 운떼르베르게르의 조선이주민 인식과 정책 (1905~1910)」, 『역사와 현실』 제64호, 한국역사연구회, 2007, p.266.

13 일본에 수신사로 파견된 박영효는 1882년 11월 주일 러시아 공사 로젠(Poзeн)과의 한러 수교 담판에서 "조선이 완전히 자주적이고 독립적인 국가이며, 서방에서 이해되고 있는 것처럼 자신이 중국의 속국이라 조금도 생각하지 않는다"고 말했다. PГABMФ. Ф.410. Оп.2. Д.4122. ЛЛ.168-171об.(재인용: 김영수, 「1884년 한러조약에 관한 인식 및 분석」, 『러시아의 한국인식 150년-러시아의 한국사 대학교재 분석을 중심으로』 한러 수교 20주년 기념 심포지엄 발표자료, 아태지역연구센터(APRC), 2010, p.21.)

14 김영수, 앞의 논문, 같은 쪽.

15 김영수는 한러조약 8조의 원문을 번역하여 "두 나라의 군함은 통상 항구이건 아니건 아무데나 가는 것을 쌍방이 승인한다"라고 설명하고 있다. 김영수, 앞의 논문, p.34.

1885년 3월 영국의 동양함대가 여수의 거문도를 무단으로 점령했다가 1887년에 회군하는 사건이 발생했다. 당시 영국과 러시아 간의 동북아 세력 확장 경쟁 구도 속에서 중국은 영토적으로 동해를 진출하는 핵심지역을 상실했지만, 1886년 중국-러시아 간에 '중러 훈춘 동계약(東界約)'을 체결하면서 연해주 지역에서의 선박 출해권을 인정받아, 당시 훈춘-원산-부산-니이가타-나가사키로 연결되는 무역을 활발히 진행하기도 했다.[16] 그러나 중국은 일본이 한반도를 거쳐 만주지역으로 진출하면서 중국의 나진항 사용권 획득 이전 단계까지 동해로 진출하지 못하게 된다.

한편 해양력의 요소를 두루 갖춘 일본은 동아시아 후발산업국가로 발전 중이었으나, 이로 인한 국내 인구과잉문제, 자원부족문제, 그리고 실업문제에 직면하고 있었다. 이러한 상황 속에 일본 국내에서 대륙으로 진출하자는 '대륙국가화' 주장이 대두되었고, 이러한 논의 속에 타이완을 향한 남진(南進)과 한반도를 향한 북진(北進) 정책에 대한 내적 논쟁이 있었다.

그중 일본의 북진 정책을 살펴보면, 일본은 침략 대상을 한반도에 국한시키지 않고 한반도를 넘어 아시아 대륙 전체로 보았다. 지정학적으로 한반도를 교두보로 삼아, 1890년 당시 내각 총리대신인 야마가타 아리토모(山縣有朋)는 한반도를 '이익선(利益線)'으로 규정하고 '주권선(主權線) 혹은 생명선(生命線)'인 일본을 지키기 위해 '이익선'인 한반도를 보호해야 한다고 주장하면서 북진 정책을 펼쳤다.[17] 비슷한 시

---

16 이장훈, 「훈춘 개발 돈 쏟아붓는 중국 동북아 거점기지 오랜 꿈 실현」, 주간동아 843호, 2012.06.25.
17 전상숙, 「러일전쟁 전후 일본의 대륙정책과 테라우치(寺內正毅)」, 『사회와 역사』 제71집, 한국사회사학회, 2006, p.122.

기, 러시아 차르 니콜라이 2세(Nikolay Aleksandrovich)가 적극적으로 만주에 대한 영향력을 확보하고, 1897년에 완공된 시베리아 횡단 철도가 만주를 향하게 되었다.[18] 러시아의 만주 장악을 두려워한 일본은 조선의 동학농민운동에 대한 청국의 출병을 이유 삼아, 시베리아 철도 완공 이전인 1894년 청국과 일전을 벌인다. 1895년 일본의 이토 히로부미(伊藤博文)와 중국의 리훙장(李鴻章)은 시모노세키 조약을 통해 조선의 독립 인정, 랴오둥(遼東) 반도, 평후(澎湖)제도, 타이완의 할양, 중경, 소주, 항주 등의 개항과 자유로운 투자, 청의 국가예산 3년분의 배상금을 일본이 획득할 수 있게 한다.[19]

당시 프랑스와 동맹을 맺고 있던 러시아는 독일, 프랑스와 함께 '삼국간섭(1895)'을 통해 청일전쟁으로 이권을 획득한 일본을 견제한다. 삼국간섭 이후, 러시아의 니콜라이 2세는 '동아시아 패권론'을 앞세워 본격적으로 만주 지역의 철도 부설권을 갖고, 다롄(大連)·뤼순(旅順) 항구를 해군 요새화하는 조치를 취했다. 1897년 12월 15일 러시아는 영국함대를 대비한다는 구실로 뤼순을 점령하였고, 1898년 3월 하순에는 청국과 랴오둥 반도 조차조약을 체결하여 25년간 조차하게 되었다. 이후 러시아는 뤼순 군항에 요새를 건설하고, 다롄 항을 외국 무역에 개방함과 더불어 및 요새 건설을 추진하며, 동청철도를 다롄 만까지 연장하였다.[20] 1898년 2월에는 러시아의 적극적인 남하정책을 견제하기 위해, 영국은 청국과 조약을 체결하면서 랴오둥 반도 건너편인 웨이하이웨이(威海衛)에 진출한다. 이처럼 이 시기에는 동북아 내지 태평양으로 끊임없이 나아가려는 러시아와 이를 견제하려는 영국의 거

---

18 마야자키 마사카츠, 오근영 역, 『하룻밤에 읽는 세계사 2』, 랜덤하우스, 2011, p.136.
19 마야자키 마사카츠, 앞의 책, 같은 쪽.
20 김용구, 『세계외교사』, 서울대학교 출판부, 2006, p.355.

시적 국면, 그리고 한반도를 교두보로 삼아 대륙으로 나아가려는 일본과 러시아의 갈등이 복합적으로 점철되어가는 양상이었다.

1900년에는 청국에 의화단 운동이 전개되면서, 러시아가 적극적으로 자국의 국민을 보호한다는 명목으로 만주 지역에 러시아군을 파병하였고, 그 결과 러시아는 만주 및 랴오둥 지역에 대한 영향력을 극대화시켰다. 하지만 영국은 1899년 남아프리카 공화국에서 발발한 보어전쟁(Boer War)으로 인해 병력을 집중시킬 수 없었고, 러시아의 남하를 견제하기 위해 결국 1902년 1월 30일 헨리 랜스다운(Henry Charles Keith Lansdowne) 영국 외상과 하야시 다다스(林董) 주영 일본공사에 의해 영일동맹(英日同盟)이 조인되었다.[21] 러시아와 영국 사이의 경쟁 속에 일본은 영일동맹으로 외교적 고립에서 벗어나고, 이를 바탕으로 일본과 러시아는 한반도와 만주에 걸쳐 외교 전쟁에 돌입한다.

영일동맹이 체결된 뒤에도 1903년 7월 러시아는 니콜라이 2세와 러시아 주요 관직자들이 조선과 만주에 대해 논의를 하고자 뤼순회의를 거행한다. 이 자리에서 우선 북만주에 한하여 러시아가 계속 점령하고, 또 조선 북부 지역 점령은 러시아에 큰 이득이 되지 못한다고 합의하였지만, 이미 남만주 일대에 러시아군이 지속적으로 주둔하고 있었다. 이러한 러시아의 공세적 모습에 일본 내에서는 강경론이 대세를 이루었다. '일본의 팽창주의 노선'과 '러시아 베조브라조프(A. M. Bezobrazov) 일파의 모험주의 노선'이 갈등하여 결국 1904년 2월 8일 일본의 뤼순 항구 공격을 시작으로 러일전쟁이 시작되었다.[22] 이후 국내외적 난관에 부딪혔던 러시아는 결국 패배를 인정하고 포츠머스 강

21 홍웅호, 「러일전쟁 이전 러시아의 동아시아정책」, 『역사와 담론』 제56집, 호서사학회, 2010, p.728.
22 김용구, 『세계외교사』, 서울대학교 출판부, 2006, p.367.

화 조약을 체결하였다. 러시아는 일본이 조선에서 우월권이 있음을 승인하고, 창춘-뤼순의 철도 라인의 특권을 일본에게 넘겨주었으며, 북위 50도 이남의 사할린과 그 부속 도서를 일본에게 할양한다.[23]

러일전쟁을 거치면서 일본은 1904년 제1차 한일협약을 강제해 조선에 고문정치를 단행하고, 1905년 11월 17일에 체결된 을사늑약을 통해 이토 히로부미가 조선에 부임하였다.[24] 일본은 조선에 대한 영향권을 확보하면서 전후 대륙정책 구상을 확대해나갔다. 이때 일본 육군은 조선, 청국, 러시아 국경의 현재 두만강 개발 프로젝트 지대에 해당하는 간도의 중요성을 지각하는데, 간도는 정치적으로 바라보았을 때 조선과 청국 사이의 영유권이 확정되지 않은 상태였고, 또한 간도는 러시아의 남하정책을 저지하기 쉬운 지정학적 중요성을 갖추고 있었다.[25]

일본은 결국 간도 확보가 일본의 대륙국가화에 필수적 요소라 간주하고, '1906년도 일본 제국군대 작전계획'에서 간도 확보방침을 정하였다.[26] 이후 일본은 1907년 4월 최고 국책으로 일본제국 국방방침을 통해 육군의 대륙진출 계획을 확정하였다. 일본은 러시아 해군에 대승을 거두면서 조선과 만주로 권익을 확대하기 위한 전략을 세우는 등 대륙진출에 박차를 가했다. 한편 육군을 주력으로 하고 해군을 보조로 하는 국방정책을 확립하며, 기존의 '수세(守勢)국방론·도제(島

---

23 김용구, 앞의 책, p.377.
24 전상숙, 「러일전쟁 전후 일본의 대륙정책과 테라우치(寺內正毅)」, 『사회와 역사』 제71집, 한국사회사학회, 2006, p.132.
25 전상숙, 앞의 논문, p.135.
26 1906년 간도 실지조사한 한국주차군참모부는 공세를 취해 지린지방으로 진출하기 위해서 간도를 점령해야 한다고 주장했다. 韓國駐箚軍參謀部, 「間道二關スル調査槪要」, 1906.(재인용: 전상숙, 앞의 논문, 같은 쪽.)

2장 | 중국 한반도 '동해' 진출의 해양 전략적 배경   55

帝)국방론'을 극복하고 '공세(攻勢)국방론·대륙제국론'을 제창하며 관철시킨다.[27]

1911년 신해혁명(辛亥革命)으로 청국이 멸하고 중화민국이 들어선 뒤, 1914년 제1차 세계대전이 발발했다. 당시 일본은 독일에 선전포고를 하고 독일이 차지했던 중국의 칭다오(青島)-자오저우 만(膠州湾)을 점령했다.[28] 이에 중국에서는 일본의 철수를 요구하는 여론이 고조되었으나, 일본은 21개조 조약을 제시하였고 위안스카이(袁世凱)는 자신의 권력 유지를 위해 일본의 제안을 받아들였다.[29] 미국이 일본과 독일의 연합을 우려하여 이 상황을 묵과함으로써[30] 일본은 남진 정책에 따른 타이완 해협의 영향력에 이어 중국 동부 연안에서도 영향력을 형성하게 되었다.

이런 배경 속에, 1917년 러시아의 볼셰비키 혁명은 동북아의 새로운 정세를 형성하는 계기가 되었다. 이 혁명으로 러시아가 유럽의 동부전선에서 이탈하면서 독일이 러시아의 자원을 선점하는 것을 우려

---

27 전상숙,「러일전쟁 전후 일본의 대륙정책과 테라우치(寺內正毅)」,『사회와 역사』제71집, 한국사회사학회, 2006, p.135-136.

28 진시원,「동아시아 철도 네트워크의 기원과 역사: 청일전쟁에서 태평양전쟁까지」,『國際政治論叢』제44집 3호, 한국국제정치학회, 2004, p.136.

29 "1915년 5월, '21개조 조약'의 체결로 일본은 뤼순과 다롄 지역의 조차권과 남만주철도와 안봉철도의 반환시기를 각각 99년 연장하게 되었다." 전선의 확장을 두려워했던 미국은 결국 '이시이-랜싱 조약'을 통해 일본의 문호개방을 약속받았고, 전술적 차원의 처방이 내려졌다. 진시원, 앞의 논문, 같은 쪽.

30 1869년 미국은 대륙 횡단철도를 개통하면서 북미대륙에서의 영토 확장을 마무리지었고, 알프레드 마한의 주장대로 태평양으로 그 세력을 팽창하기 시작했다. 미-스페인 전쟁으로 진주만과 괌, 마닐라 등에 해군기지를 건설하면서 동아시아 무대에 미국이 등장하였고, 이미 제국주의 열강들에 의해 빈틈없이 조차된 중국에 세력을 확장하고 싶었던 미국은 1899년 '문호개방통첩(Open Door Notes)'를 발신하는 등 적극적인 동아시아 진출을 시도했다. 진시원, 앞의 논문, p.103.

했던 미국과 프랑스는 일본과 동시베리아 철도를 점령하였다.[31] 이후, 미국·프랑스는 철군을 결정하였으나, 일본은 철군을 거부하면서 군사적 야욕을 드러내기 시작했다. 하지만 1922년 미국 주재로 열린 '워싱턴 회의(1921. 11.~1922. 2.)' 결정에 따라 일본은 영일동맹 파기와 함께 '이시이(石井)-랜싱조약' 폐기, 중국 칭다오-자오저우 만 철군, 시베리아 철군 등의 요구를 받아들일 수밖에 없었고, 이후 일본 내 불만 고조로 온건파 시데하라 기주로(幣原喜重郎) 외상의 시대가 저물고 군국주의적 팽창을 주장하던 강경파 다나카 기이치(田中義一)가 그 뒤를 이으며 만주사변, 중일전쟁, 그리고 태평양 전쟁으로 확장할 수 있는 일본 내 정치적 기반이 형성되었다.[32] 결국 일본은 1931년 류타오거우 사건(榴條溝事件)을 빌미로 만주사변을 일으켰고, 그 결과 1932년 3월에 만주국[33]의 독립을 선언하면서 한반도의 동해·남해·동중국해·타이완해협까지 일본의 내해(內海)로 삼게 되었다.

이러한 시대적 배경으로 일본은 "일본 중부지방의 안쪽 항구~나진·청진·웅기~함경선·도문선(圖們線)~길회선(吉會線)"[34]을 복합적 교통 네트워크로 묶어 조선 북부지방과 동북 만주지역을 연결하였다. 대한지리학회지에 기재된 내용에 따르면 나선시는 1921년 개항되었고

---

31 진시원, 앞의 논문, 같은 쪽.

32 진시원, 앞의 논문, p.138.

33 만주국 건설은 일본에게 세 가지 외교목적을 충족시켰다. "첫째, 일본은 중국의 동북부 지역인 만주 전역을 점령하여 소련과 조선-일본 사이의 군사적 완충지대를 건설했으며, 둘째, 만주 전역 점령으로 중국 혁명의 북벌을 막아내는 전진기지를 설립했고, 셋째, 경제적 식민지를 더욱 넓게 확대했다." 한석정, 『만주국 건국의 재해석: 괴뢰국의 국가효과 1932~1936』, 부산: 동아대학교출판부, 1999.(재인용: 진시원, 앞의 논문, p.140.)

34 정재정, 『일제의 한국철도침략과 한국인의 대응(1892~1945년)』, 서울대 박사학위논문, 1992, pp.104-107.

1932년 북만주로 연결되는 종단항으로서 항만공사와 시가지 건설이 시작되자 인구가 급격히 증가하였으며, 1934년 읍으로 승격된 이후 두만강 하류의 환상(環狀) 철도인 북선선(北鮮線)이 개통되고 항만시설의 완성과 더불어 만주대륙의 최단 종단항으로 기능을 갖추게 되면서부터 급속한 발전을 이루었다.[35] 특히 일본은 경제적 물류라인으로서 일본국-만주국을 연결함에 있어 나진항의 완성을 남만철도의 다롄-선양의 간선과 함께 양대 간선으로 보았다.[36] 그런데 이는 당시 일본이 만주국을 세우면서 만주지역의 전통성 있는 펑톈(奉天, 현 선양, 瀋陽)을 그대로 두고 창춘(長春)을 수도로 선택한 것이 다롄 항 규모 정도의 항구 역할을 나진항이 담당할 것이라 보았기 때문이다.[37] 이로써 일본은 부산을 중심으로 만주국으로 이어지는 다롄과 나진을 좌우 날개 구도로 하고, 남만주 일대의 물자는 선양에 집중하여 다롄 항(선양-다롄)으로, 북만주의 원료는 창춘에서 집중되어 나진항(창춘-나진)으로 집결시켜 부산에서 환적한 뒤 자국으로 운송했다.[38] 이는 〈그림 3〉에 표시된 철도 라인에서 확인할 수 있다.

1941년 일본의 진주만 습격 이후 태평양 전쟁이 막바지에 달하자 미국을 포함한 연합국들은 1943년 '카이로 선언'을 통해 일본이 점령한 만주와 타이완을 중국에게 반환하고, 제1차 세계대전 이후 일본이

35 이기석 · 이옥희 · 최한성 · 안재섭 · 남영, 「나진-선봉 경제 무역 지대의 입지특성과 지역구조」, 『대한지리학회지』 제37권 제4호, 대한지리학회, 2002, p.303.

36 金弘直, 「羅津築港과 兩大幹線主義의 完成」, 『批判』, 2, 9.(1932, 10), pp.13-14.(재인용: 배종렬, 「라선특별시 지정배경과 개발과제」, 『수은 북한 경제 리뷰』, 2010년 여름호, 한국수출입은행, 2010, pp.16-17.)

37 이성우 · 김찬호 · 송주미 · 오연선 · 김성야 · 김형태, 『중국 동북지역 진출 신물류체계 전망-'창지투 개발계획'을 중심으로-』, GNL 동향분석 리포트 2010년 12월 제7호, 한국해양수산개발원(KMI), 2010, p.2.

38 배종렬, 앞의 논문, 같은 쪽..

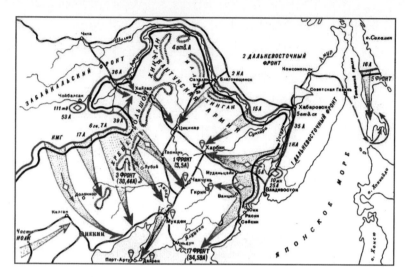

〈그림 3〉 1945년 만주지역과 사할린에 침투하는 소련군의 경로
[Soviet invasion of Manchuria(1945)]

점령했던 태평양 섬들에 대한 지위를 박탈하며, 적당한 시기에 한국을 독립시키겠다고 공포했다. 이어 1945년 2월 11일, 미·영·소 3국의 정상들이 모인 가운데 '얄타협정'을 발표하였고, 1945년 7월 26일 일본 군대의 완전 무장 해제와 일본의 무조건 항복을 촉구하는 내용을 담은 '포츠담 선언'을 발표한다. 얄타협정의 결과는 중국이 받아들이기 힘든 조항이 담겨 있었다. 그러나 1945년 8월 8일 소련이 대일 선전포고를 통해 〈그림 3〉과 같이 만주일대와 현재 북한의 위치인 한반도 이북을 점령하였고, 결국 1945년 8월 14일 중국은 다른 선택의 길 없이 '중소동맹조약'을 체결할 수밖에 없는 상황이 된다.[39]

한편 1948년 북한정부[40]가 수립되면서 그해 12월에 3년간 한반도

---

39 진시원, 앞의 논문, pp.142-144.
40 북한정부 수립 전인 1946년 6월, 중국 내륙에서 국민당에 밀려 수세로 몰린 중국공산군이 북한북부지방을 '은폐된 후방'으로 두고 군사작전을 지원한다는 전략을 실

의 38선 이북에 진주했던 소련군은 철수한다.[41] 중화인민공화국 수립 이후 1949년, 스탈린은 뤼순 항 해군기지 처리 문제에 대해 논하면서 미국이 일본에서 철군하면 소련군도 철군할 것이나, 만약 중국이 원하면 철병하겠다고 제안했다. 하지만 당시 해군이 없었던 중국은 스탈린의 제안에 반대할 여력이 없어 소련해군의 주둔을 받아들일 수밖에 없었다.[42]

그 후, 1949년 말에 마오쩌둥은 소련을 방문한 자리에서 1945년 중소 간의 조약을 폐기한다는 내용의 '중소우호동맹호조조약(中蘇友好同盟互助條約)'을 체결하였으나, 1951년 미일 간의 '안전보장조약'이 맺어지면서 이에 대한 조치로 1952년 9월에 중소 간에 '중국 뤼순항 해군구지 공동 사용 기한의 연장에 관한 교환서(關與延長共同使用中國旅順口海軍基地期限的換文)'를 체결한다. 이를 통해 미일 간 동맹에 대항하였다가, 1955년 3월 7일부터 5월 16일까지 소련군은 중국에서 완전히 철군하였다.[43]

이후 1950년대부터 개혁개방 이전 20여 년간, 중국 동북 지역의 공업생산액은 약 11% 성장하였고, 전국 공업 총생산액에서 차지하는 비

행하기 위해 평양에 판사처(辦公處)를 설립한다. 이후 북한의 나진·남포·신의주·만포 등 분판처(分辦處)를 설립하는데, 이때 당시 중국관내와 북만 간을 왕래하는 주요 해양교통선의 주요 노드가 바로 다롄·나진 노선이었다. 이종석, 『북한·중국 관계 1945~2000』, 중심, 2000, pp.54~62; 김영윤·추원서·임을출, 「라진·선봉지역의 지리적 조건 및 지경·지정학적 의미」, 『라진·선봉지역 물류분야 남북 협력 방안 연구』, 통일연구원, 2010, p.33.

41 정창현, 「정부 수립 선포 초대내각 구성 진주 3년 만에 소련군 철수」, 사진으로 보는 북녘 역사 1948년 2, 『남북해외가 함께 하는 민족21』, 2010, p.139.

42 소련군이 뤼순 항에서 철군하는 과정의 내막을 자세히 보기 위해서는 潘志華, 「蘇聯歸還旅順海軍基地內幕」, 『文史博覽』 2006年 09期, 〈http://wenku.baidu.com/view/b32ba94e767f5acfa1c7cd3b.html〉 참조.(검색일: 2011년 6월 4일.)

43 潘志華, 앞의 논문, 같은 쪽.

중은 16.2%에 달했다.[44] 하지만 1953년 스탈린 사망 이후 흐루시초프
(Nikita Khrushchyov)가 등장하면서 스탈린 격하 운동이 발생하였고, 폴
란드 · 헝가리 등 동유럽 지역에 대한 소련의 무력진압 사건 등이 발생
하면서 중국과 소련 간의 갈등이 싹튼다. 이후 1969년에는 중국과 소
련 사이에 우수리강의 쩐바오다오(珍寶島)에서 군사충돌까지 발생하
면서 중소갈등은 절정에 달하는데, 이로 인해 중국 동북 지역은 중공
업공장 지대에서 소련의 남하를 저지하기 위한 전진기지로 전락하였
고 개발에서 멀어지게 되었다. 1978년 중국 공산당 제11기 3중전회 이
후 덩샤오핑(鄧小平)이 개혁개방 정책을 공표하면서 중국 연해지역 개
발에 투자가 집중되었다. 이와 동시에 중국 동북지역은 상대적으로 더
소외되었고, 냉전적 조류와 미국-일본-남한과 소련-중국-북한의 갈
등 심화로 한반도의 동해 지역은 군사적 요충지이나 경제적 관점에서
보면 상대적으로 낙후한 지역으로 전락하게 된다.[45]

---

44 王勝今 · 吳昊主編, 『中國東北振興與東北亞區域合作硏究』, 吉林人民出版社, 2006.
    (재인용: 우하오(吳昊), 「중국의 지역발전전략과 동북진흥」, 배정호 · 주시엔핑 편
    『중국의 동북지역개발과 한반도』, 2010년도 KINU KOREA-CHINA 민간전략대화
    및 국제적 공동연구 자료, 통일연구원, 2010, p.27.)
45 중소 갈등 이후의 중국 동북지역에 관한 더 자세한 내용은 양운철 · 유현정 공저, 『창
    지투(長吉圖) 개발계획과 동북아 경제협력』, 세종정책총서, 2012-1, 세종연구소,
    2012, p.39 참조.

2. 새로운 미중 관계 속 중국의 거시적 해양 전략과 동해의 전략적 의미

1) 새로운 미중 관계 도래

2012년은 세계의 권력 지도가 바뀐 한 해이다. 세계 경제가 침체의 수렁에 빠진 가운데, 세계 국가 지도층의 변화로 새로운 시대가 열리게 되었다. 2012년 11월 7일, 버락 오바마(Barack Obama) 대통령의 재선은 세계 초미의 관심사였다. 비슷한 시기 2012년 11월 15일, 중국 공산당 제18차 전국대표대회에서 시진핑(習近平)이 새로운 중국의 지도자로 등장한다. 중국의 시진핑은 중국 공산당 총서기, 중국 중앙군사위원회 주석 자리와 함께 2012년 3월 중국 국가 주석에 오르면서, 후진타오(胡錦濤) 전 주석의 뒤를 이어 본격적으로 중국의 지도자로 나서게 되었다. 2012년 3월 4일, 드미트리 메드베데프(Dmitry Medvedev)의 대통령직을 블라디미르 푸틴(Vladimir Putin)이 다시 돌려받았고, 2012년 12월 16일, 일본은 중의원 선거와 함께 아베 신조(安倍晉三)가 일본 총리로 확정되었다. 이와 같이 한반도 주변 4개 강국의 지도자가 변화한 격동의 국제 정세 속에서, 2011년 12월 19일 김정일 위원장 사망 소식과 함께 2012년에 김정은 노동당 제1비서가 새로운 권력 무대에 섰고, 2012년 12월 19일에는 우여곡절 끝에 새누리당의 박근혜 후보가 한국의 대통령으로 당선되었다. 이렇듯 남북한을 포함한 6자회담 회원국의 지도층에 큰 변화가 생기면서 2013년에는 국제 정세의 새로운 장(場)이 열렸다.

우리는 새로운 미중관계를 이해하기 위해 우선 국제정치적 '체제

(System)' 변천과 국제무대에 출현한 새로운 행위자들을 살펴볼 필요가 있다. 1945년 8월 15일, 당시 일본이 연합군에 무조건 항복을 선언하면서, 본격적으로 미국과 소련은 양극 체제를 형성하게 된다. 1950년 6월 25일에 발발한 한국전쟁은 미국 진영과 소련 진영 간의 대표적인 갈등으로, 동북아시아 전체의 비극적인 역사의 단편이다. 동시에, 한반도 위에 두 개의 정치 체제가 공고화된 시발점이었다. 이후 미국 진영과 소련 진영의 갈등이 심화되면서 냉전체제가 굳어졌고, 당시 국가의 핵심적 역할은 '안보'였다.

하지만 1991년 소련이 공식적으로 해체 선언을 하면서 국제 체제는 급격한 변화에 휩싸였다. 미국의 일극(一極) 시대가 개막한 것이다. 이후 미 거대 자본은 공격적 해외 투자에 나섰고, 미국은 기존의 국내 산업을 다른 국가로 아웃소싱하였다. 전 세계 금융시장은 통합되어갔고, 각국 무역의 장벽은 낮아졌다. 세계는 경제적 '신자유주의' 물결로 넘실거렸다. 이를 통해, 우리는 국가의 주요 관심이 냉전시대의 '안보'에서 신자유주의 시대의 '경제'로 옮겨졌음을 알 수 있다. 이 같은 배경 속에서, 국가 이외의 새로운 행위자들이 국제사회에 등장했다. 생산 · 소비 · 투자 · 납세 · 분배의 주체이며 최대 이익을 추구하는 '기업',[46] 국내 이익집단의 다원화로 외교부분에서 지방의 이익을 대변하는 '지방정부', 이외에 국제기구 · 국제지역공동체 · 국가기관 · 언론기

---

46 이러한 새로운 행위자의 출현은 이미 새로운 동력의 발견과 함께 유럽의 산업혁명 때 등장했다고 보아야 한다. 당시 새로운 자본가의 등장은 봉건 세력의 몰락과 함께 이미 나타났으나, 현대에 들어 교통과 통신의 발전, 그리고 인터넷의 출현 등의 과학적 발전으로 실물경제와 금융경제의 시공간적 한계 축소는 '기업'이라는 행위자의 특징을 더욱 부각시켰다고 보는 것이 맞다. 이와 함께, 정치적 민주화 실현으로 개인, 시민단체, 언론기관, NGO, 지방정부, 국가기관 등의 새로운 행위자가 출현하면서, 새로운 행위자의 다원화를 이루었다.

관·NGO·시민단체·개인 등 다양한 행위자들이다.[47]

국가의 '경제'적 역할의 중요성 상승과 기업을 비롯한 국제사회의 새로운 행위자들의 등장은 새로운 패러다임을 가져왔다. 그 패러다임은 세계화의 태풍 속에서 국가 간의 경제적 경쟁을 심화하고, '국가 경쟁력'을 부각시켜 '국가 이익'을 추구하는 것이다. 이러한 패러다임의 기제는 다음과 같다. 각기 다른 행위자들이 정치적, 경제적, 문화적 행위를 함에 있어 국가는 제도 및 법규로 다양한 틀을 제공해준다. 다시 말해 국가를 움직이는 정부나 국가기관이 '국내 네트워크'의 프로그래머 역할을 담당한다. 개인과 가계는 노동을 제공함과 동시에 시장을 이루고, 기업은 생산·소비와 동시에 투자를 받기도 하고 행하기도 한다. 국가(정부나 국가기관)는 이런 경제 주체들에게 세금을 징수하고, 다시 국내의 네트워크를 프로그래밍하는 역할을 담당한다. 이 '프로그래머' 역할을 하는 정부는 후에 실업률[48]이나 경제성장률 등의 경제지표로 유권자와 투자자에게 평가받게 된다. 그러므로 국가를 경영하는 정부나 국가 기관은 경제적 안정과 정치적 권력을 유지하기 위해 경제지표를 중시한다. 또 국가는 경제 성장을 위해서 '국가의 기업화'를 의미하는 '국가 경쟁력' 강화를 추구한다.[49] 이러한 기제 속에 국제무대에서 국가와 국가는 외교라는 수단으로, 해외기업과 국가는 투자라는

---

47 기존의 국제사회에서는 'A국가-B국가' 간의 단순 네트워크가 존재했지만, 새로운 행위자들의 등장으로 'A(정부, 기관, 지방정부, 기업, 개인 등)-B(정부, 기관, 지방정부, 기업, 개인 등)'의 복합형 네트워크가 형성되기 시작했다.

48 대표적인 예로, 2012년 10월에 발표된 7.8%의 미국 실업률은 오바마 미 대통령 재선의 호재로 작용했다.

49 국가 경쟁력 확보는 자원의 안정적 확보, 자원 공급처의 다양화, 자원과 상품의 유통 물류 라인 확보 및 안정화, 노동 고용시장 환경 개선, 내수시장 확장과 소비 진작, 해외투자자들과 해외기업 유치, 유관 기관의 통화 관리 능력, 기술혁신 등을 통해 이룰 수 있다.

수단으로, 가계와 (해외)기업은 시장이라는 수단으로 복합 네트워크를 형성하고 있다. 이외에도 지방자치제의 실현으로 지방정부와 타국 중앙정부·타국 지방정부·해외기업·개인 등과 네트워크를 형성하고 있고, 국제기구와 지역연합체 등의 등장으로 국가 상위층의 네트워크도 형성되었다.

이런 복합적 네트워크의 국제 체제에서 발생한 1997년 아시아 경제 위기와 2007년 서브프라임 모기지 사태는 세계화된 금융시장에 발생된 컴퓨터 바이러스와도 같은 사건이었다. 고도로 개방된 인터넷상에 퍼지는 바이러스처럼 한 국가에서 발생한 화폐 혹은 금융정책의 부실이 다른 국가들의 시장경제에 악영향을 미친 경제적 참사였다. 개방화에 비해 금융 안정장치가 부실했던 당시 상황에서, 우리는 세계화된 국제 사회의 새로운 특징을 알 수 있다. 보호 장치 없는 금융시장에 투기세력이 마음껏 진입하고 빠질 수 있다는 점, 동시에 한 국가의 부실 경영이 다른 국가들에 악영향을 끼친다는 점, 자원이 풍부한 지역이나 물류 유통의 전략적 라인에 위치한 지역의 불안정한 정세는 각 국가의 경제적 이익에 직접적 영향을 미친다는 점이 바로 그 특징이다.

세계적 경제위기는 초강대국 미국을 일극으로 하던 국제 체제(System)에 변화를 가져왔다. 미국의 경제적 위기와 신흥국가의 약진으로, 강대국 미국을 중심으로 한 느슨한 형태의 다원화된 세계 권력 구도를 형성했다.[50] 이러한 국제사회의 변환 속에서, 미국이 주도하는 세

---

50 미국은 '두 개 전쟁 동시 수행 전략', 심각한 재정적자, 그리고 부실 금융 파생상품에 의한 '서브프라임 모기지 사태' 등으로 초강대국의 위상이 흔들렸고, BRICs(브라질, 러시아, 인도, 중국)라 칭하는 신흥국가들의 경제적 성장은 느슨한 형태의 일극-다원화 국제정세를 형성하고 있다. 후에 2012년 1월 미 국방부는 미국 국방전략을 발표하면서, 사실상 '두 개 전쟁 동시 수행 전략'을 폐기하며 아시아-태평양을 중시하

계의 프로그램에 편승하는 와중에 지속적 경제성장을 통해 새로운 네트워크를 형성하는 국가가 있다. 바로 중국이다. 2007년, 서브프라임 모기지 부실 사태 이후 더 악화된 세계적 금융위기에도 불구하고 중국은 유일하게 주식시장에서 상승세를 지속한 국가이다.[51] 비록 중국이 대외 무역(순 수출 부분)에서 어느 정도 손실이 있었음은 사실이지만, 해외 투자자금에 주로 의존하던 다른 국가들과 달리 자국 내 안정적 저축예금과 금융체제를 기반으로 내수시장을 확대했던 중국은 당시 지속적인 경제성장으로 세계 경제 불황 속의 구원투수 역할을 하였다. 이러한 중국은 미국의 거대한 소비 시장에 의해 경제 성장을 이룰 수 있었다. 한편 미국은 값싼 중국제품으로 시장에서의 물가 안정이 가능했고, 중국의 미국 국채 매입에 경제적으로 의존하였다. 하버드 대학교 경제학과 교수 니얼 퍼거슨(Niall Ferguson)과 독일 베를린 자유대 교수 모리츠 슐라릭(Moritz Schularick)은 이런 미국과 중국 간의 경제적 공생관계를 일컬어 '차이메리카(Chimerica)'라고 칭하였다. 그러나 중국에 대한 미국의 자금 의존도가 갈수록 심화되고, 미국의 재정적 위기와 심각한 실업률 등의 문제가 드러나면서 기존의 '차이메리카'에 균열이 생겼다. 이후 미국과 중국은 현재까지 다양한 영역에 걸쳐 갈등 양상을 보이고 있다. 미국은 중국의 경제적 발전이 미국의 상대적 위기라 간주하고, 무역 불균형, 위안화 저평가, 비인권적 저임금 등을 비판하며 개선을 요구해오고 있다.[52]

는 정책을 발표했다. 또, 오바마 정부는 기존의 금융위기, 무역불균형, 실업률 등의 경제적 위기 개선과 재정절벽(fiscal cliff)을 해소하기 위한 노력을 경주하고 있다.

51 이주연, 「서브프라임 모기지 문제가 중국경제에 미치는 영향」, 한국은행, [BOK] 한국은행 연속간행물 학술기사 『해외경제포커스』 제2007-38 · 39호, 2007, pp.1-2.

52 질 아르디나(Gilles Ardinat)는 "통화 덤핑"이 "경쟁적 평가절하(Competitive Devaluation)"로 둔갑하여, 경제적 차원의 신자유주의 세계화를 이유로 국민에게 경

이러한 미중관계는 미국이라는 시장경제체제를 대변하는 프로그래머와 중국이라는 '중국 특색 사회주의'를 표방하는 국가자본주의적 프로그래머의 관계이며, 기성대국(Established power)과 신흥대국(Rising power)의 관계이다. 미국의 스마트 파워[53]를 앞세운 다자외교와 중국의 화해발전(和諧發展) 및 화평발전(和平發展) 정책[54]은 다양한 레짐과 네트워크를 형성하며 경제적 '국가이익' 확보를 위한 전략적 양상을 보이고 있다. 미국과 중국이 서로의 네트워크 세(勢)를 확장시키는 가운데, 오바마 미국 대통령은 2009년 중국을 방문하는 자리에서 'G2'라

쟁력을 강요하는 것이라 말한다. 질 아르디나는 국가가 영토에 "완벽한 자유경쟁"이라는 개념을 영토에 적용하며 발생되는 문제를 열거하며, 중국의 예를 들었다. 그의 표현을 인용하면, "중국 같은 나라는 자유롭게 사회(저임금), 환경(제조업의 '오염 피난처'), 통화(의도적인 위안화 가치 절하), 규제(느슨한 법규 적용), 조세(불충분한 복지, 면세지역 확대) 분야에서 덤핑을 남용할 수 있다"고 기술하며 미국이 주장하는 내용을 뒷받침하고 있다. 질 아르디나(Gilles Ardinat), 정기현 역, 「세계화의 역설, 국가 경쟁력」, 『LE MONDE diplomatique 한국어판』, 2012년 10월판, 제9면.

53 스마트 파워(Smart Power)의 개념은 군사력이나 경제력 같은 하드 파워(Hard Power) 와 문화 · 가치 · 외교 등 소프트 파워(Soft Power)를 결합한 개념으로 조지프 나이 가 처음 제시한 용어이다. 오바마 미국 정부의 힐러리 클린턴 국무부 장관은 2010년 첫 '4개년 외교. 개발 검토 보고서(QDDR)'을 보고하면서 시민 파워(Civilian Power) 와 정부 파워의 종합적 역량 발휘 및 다자외교 강화를 내용으로 하는 스마트 파워 외교를 공식화하였다. Richard L. Armitage, Joseph S. Nye, Jr., et al., *CSIS Commission on Smart Power: A Smart, More Secure America* (Washington D.C.: Center for Strategic and International Studies, 2007), Department of State, *Quadrennial Diplomacy and Development Review 2010:Leading Through Civilian Power*, 2010, pp.9-18.

54 중국 외교 담당 국무위원 다이빙궈(戴秉國)는 중국공산당 제17차 5중 전회에서 발표된《중공 중앙 국민경제와 사회 발전에 관한 제12차 5년 계획 건의(中共中央關于制定國民經濟和社會發展第十二個五年規劃的建議)》에서 "독립적 자주와 평화적 외교정책, 평화발전의 길을 견지할 것(奉行独立自主的和平外交政策 , 堅持走和平发展道路)"이라 강조했다. 戴秉國, 「堅持走和平發展道路」, 2010. 12. 10, 〈http://www. fmprc.gov.cn/chn/pds/ziliao/zt/dnzt/jianchizouhepingfazhandaolu/t774662.htm〉; 화평발전에 대한 공식적 개념설명은, 2007년 17차 전국대표대회 원자바오 당시 총리의 보고 참고, 溫家寶 , 「關于社會主義初級階段的曆史任務和我國對外政策的幾個問題」, 2007, 3頁.

는 신조어로 중국이 국제사회에서 미국의 전략적 파트너임을 인정하였다. 그리고 중국이 국제사회 문제에 있어 책임 있는 모습을 보여야한다고 강조했다. 미국이 제시한 'G2' 개념은 사실상 스마트 파워를 앞세운 다자외교를 위한 새로운 포석이라고 보아야 한다. 즉, 미국은 미국이 직접 '프로그래밍'하는 세계질서에서 중국이라는 행위자(Node)가 다른 체제를 향한 호환성을 높이고 있고, 질서 자체를 바꿀 수 있는 유연성을 갖추고 있다고 판단하여, 중국에게 'G2'라는 지위를 부여함으로써 미국 중심의 질서(Program)에 대항하지 못하게 질서 내의 책임을 부여한 것이다.[55]

하지만 중국은 미국 중심의 세계 질서를 부정하려는 모습보다 그질서 안에서 '편승'하려는 모습을 보이고 있다. 중국은 그 틀 안에서 '개발도상국'으로서의 강대국 위치를 공고히 하고 있다. 그런 관점에서 원자바오(溫家寶) 중국 전 총리는 오바마 대통령의 'G2' 개념을 거절하였고,[56] 미국은 이와 달리 'G2'를 부각시키는 추세다. 미국은 국제무대에서 중국의 지위 상승을 더 강조함으로써 '중국 위협론'을 부각시켰다. 이를 통해 중국의 주변국에 '세력균형(Balance of power)'의 불가피함을 인식시키고, 안보상으로 미국에 대한 중국 주변국들의 의존도

---

55 劉衛東,「G2."中美國"與中美關系的現實定位」,《紅旗文稿》,『人民網』, 2009. 7. 14. 〈http://theory.people.com.cn/GB/49150/49152/9647439.html〉.

56 원자바오(溫家寶) 전 총리는, 총리 자격으로 참석했던 2012년 11월 19일 제15차 중국-ASEAN 지도자 회의에서, "중국은 패권주의와 강권정치에 반대하고, 대국의 공통 정치뿐만 아니라 지역 내 사무를 대국이 주재하는 것에도 반대(中國不僅反對霸權主義和強權政治 , 也反對大國共治或大國主宰地區事務)"한다고 밝혔다. 원자바오 전 총리는 "대국의 공통정치(大國共治)"를 반대하면서, "G2(中美共治)"의 개념을 다시 반박했다. 張鐸,「溫家寶 : 中國反對大國共治或主宰地區事務(圖)」, 北京日報 , 2012. 11. 20.

를 제고시킴으로써 미국 동맹국과의 결속력을 높였다.[57] 이를 통해 미국은 자연스럽게 동아시아에 개입할 수 있는 명분과 여지를 마련함으로써 미국의 동아시아 내 네트워크 권력을 확장시켰다. 동시에 미국은 차도살인(借刀殺人)[58]의 전략으로 중국을 견제할 수 있는 전략을 구축할 수 있게 되었다. 반면 중국은 도광양회(韜光養晦)와 유소작위(有所作爲)[59]의 대외 전략에서 나아가 화평발전(和平發展)과 조화사회(和諧社會)를 강조하며, 국제 사회에서의 책임 있는 국가를 표명하고 있다.[60] 이는 기존의 중국이 수세적 전략으로 국제사회에서 역할을 맡았다면, 이제는 막강한 경제력과 함께 적극적인 국제 활동을 하겠다는 의지로 볼 수 있다. 중국은 지난 10년간 8% 이상의 경제성장률을 유지하면서 명실상부한 경제 강대국으로 도약했다. 이러한 상황 속에 중국은 주

---

57 실제로, 2012년에 동아시아에 격화된 해양권을 둘러싼 '영토분쟁'은 아시아 내에 미국 개입을 불렀다. 중국의 연해 부근 영토분쟁으로는, 시사(西沙)군도: 중국-타이완-베트남, 난사(南沙)군도: 중국-타이완-필리핀-베트남-말레이시아-브루나이, 센카쿠 열도(댜오위다오): 중국-타이완-일본 등이 있다. 2012년 7월 일본의 센카쿠 열도(댜오위다오) 국유화 조치로 중국 내 반일 시위가 격화되었다. 중국이 괄목할 만한 경제성장을 이루면서 수출 비중을 늘렸고, 연안 중심의 개발지역의 발전에 해양의 중요성이 상승하며 갈등이 가시화되어가자, 주변국은 세력균형을 위해 미국의 개입을 받아들이게 된다. 2012년, 미국은 호주 다윈항에서 미 해병대 주둔을 추진하였고, 베트남은 6월 미국-베트남 군사 협력에 합의, 필리핀은 10월 미군과 대규모 상륙 훈련, 인도네시아 연내 미군과 군사훈련 실시, 일본 방위협력지침 개정 논의 등 아시아 내의 '리밸런싱(Rebalancing)' 정책을 실시하고 있다.

58 차도살인(借刀殺人)은 손자병법의 36계 중의 제3계로 '남의 칼을 빌려 사람을 살해하다'는 뜻이다. 자신이 살인을 저질렀지만 그 죄는 남이 받게 한다는 전략적 용어로 사용된다.

59 도광양회(韜光養晦)는 칼날의 빛을 감추어 어둠 속에서 훗날을 기한다는 뜻으로 중국이 국제사회에서 힘을 발휘하기보다는 내적 성장을 통해 시기를 기다린다는 의미로 쓰였으며, 유소작위(有所作爲)는 필요한 역할을 한다는 개념으로 도광양회보다 더 적극적 개념이라 할 수 있다.

60 이와 같은 중국의 태도는 개발도상국의 능력 범위 내에서 다자간의 협력을 통해(특히 경제 분야에서) 국제사회에 책임 있는 국가로 나서겠다는 의미이다.

변 국가들의 정세 안정을 기반으로 지속가능한 경제 발전을 위해 노력하고 있다. 요컨대 미중 간의 전략적 게임이 본격화되었다.

2012년 결정된 양국의 새로운 정권은 거시적 차원에서 기존의 전략과 큰 차이는 없으나, 세부적 차원에서 전략적 변화가 감지되고 있다. 오바마 제2기 정부는 재임에 대한 부담을 떨치면서, 재정 적자 문제 해결과 민생 문제를 위한 공격적인 외교정책을 펼칠 것을 예고했다. 2012년 3월에 발표된 미국 의회조사국 자료에 의하면, 오바마 정부는 '두 개 전쟁 동시 수행 전략'을 마무리 짓고, 아시아 중시 정책(Pivot to Asia)을 실시하며, 아시아 내에 '리밸런싱(Rebalancing, 재균형)'[61]을 통해 아시아 내 미국 영향력을 회복하려 한다. 이에 시진핑 시기의 중국은 '신형대국관계(新型大國關係)'[62]를 내세우며, 미중관계의 새로운 길

---

61 오바마 정부는 미국 동맹국과의 관계 강화와 신흥 국가와의 깊은 관계 유지와 함께, 다음 두 가지를 아시아-태평양 외교에서 중요한 '리밸런싱(Rebalancing)' 요소로 제시하고 있다. '아시아-태평양 다자간 제도에 참여 심화(Deepening engagement with Asia-Pacific multilateral institution); 성공적인 미중관계 관리(Successfully managing the U.S.-China relationship)', 이는 미국이 아시아-태평양 지역에 개입하여 중국을 견제하여 해당 지역 내의 재균형을 이루겠다는 의미이다. Hannah Fischer, *Pivot to the Pacific? The Obama Administration's "Rebalancing" Toward Asia*, CRS Report R42448, March 28, 2012, p.16.

62 현 주미 중국대사 췌톈카이(崔天凱)는 중국 외교부 부부장 재임 시에 「새로운 시기 중국외교 전 국면 중에 중미관계」라는 글을 통해 '신형대국관계'에 대한 중국 지도층의 발언을 소개했다. 그의 글에 따르면, 2012년 5월 제4차 중미 전략 및 경제 대화에 참석한 후진타오 당시 주석은 "역사상 대국 간 충돌의 전통 논리를 타파하고, 경제 글로벌화 시대에 발전적 대국관계의 새로운 길을 모색해야 한다(打破歷史上大國對抗沖突的傳統邏輯, 探索經濟全球化時代發展大國關系的新途徑)"고 말했다. 그리고 2012년 2월 시진핑 당시 부주석은 미국에 방문한 자리에서 21세기의 새로운 대국 관계 건설을 강조하며, "상이한 정치제도, 역사문화 배경과 경제발전 수준의 국가가 협력적 관계를 수립하는 것은 전에 없던 일로, 후대에 좋은 모범이 될 것(爲不同政治制度, 歷史文化背景和經濟發展水平的國家建設積極合作關系樹立前無古人, 後啓來者的典範)"이라 하였다. 중국외교부 홈페이지 참조, 崔天凱, 龐含兆, 「中國外交全局中的中美關系-兼論中美共建新型大國關系」,《中國國際戰略評論2012》, 北京大

을 제시했다. '신형대국관계'란, 중국의 굴기가 미국의 종결이 아니라는 점을 강조하면서, 기존 역사 속의 대국 간의 갈등이 아닌 경제 글로벌 시대의 상호 발전 가능한 새로운 대국관계를 의미한다. 2012년 이후, 미국은 아시아-태평양의 국가들에 접근하여 '재균형' 작업을 통해 중국의 영향력을 축소하려 하고, 중국은 이런 미국에 '신형대국관계'를 제시함과 동시에 주변국에 영향력을 가지려 하는 형세가 가속화되고 있다. 다시 말해, 2001년 9·11 테러 사태 이후 미국이 테러와의 전쟁을 선언하고 '두 개 동시 전쟁 전략'을 취했을 때, 중국은 상대적으로 황금기를 가졌다. 이는 미국이 테러와의 전쟁을 위해 중동에 더 국력을 집중했고 중국과 협력을 했기 때문이다. 하지만 오바마 미국 대통령의 '태평양 국가' 선언과 '두 개 동시 전쟁 전략' 포기는 미국이 아시아로 회귀할 것임을 의미하는 것이고, 이에 안정적 발전을 원하는 중국은 미국과의 평화적 관계를 유지하기를 원하는 것으로 재해석할 수 있다.

이러한 전략적 환경 속에서, 여기서 우리는 다시 최근 세계 경제 위기가 어떻게 중국 국내에 전략적 변화를 가져왔는지 살펴볼 필요가 있다. 중국은 2001년 세계무역기구(WTO)에 가입한 이후, 두 자리 수의 경제성장률 기록과 동시에 안정적 물가상승지수를 기록하여 새로운 경제 대국으로 등장하였다. 이는 중국이 국내총생산(GDP)의 구성 요소인 순 수출 부분에서 큰 이윤을 남긴 것으로, '국가 자본주의'적 경제체제를 갖춘 중국이 세계 시장의 신자유주의적 기류에 편승하여 수확한 성과를 의미한다. 하지만 상술한 경제위기로 인해 주요 해외시장이었던 미국과 유럽 시장이 불황을 겪으면서, 이러한 순 수출 분야

學國際關系學院編, 世界知識出版社發行, 〈http://www.fmprc.gov.cn/chn/gxh/tyb/wjbxw/t953676.htm〉.(검색일: 2012년 11월 4일.)

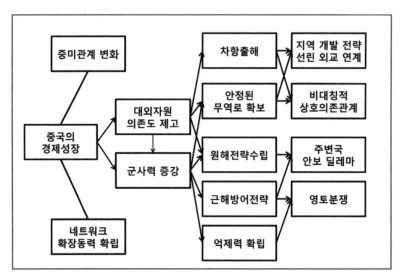

〈그림 4〉 중국 경제 성장으로 파급된 전략

를 중시했던 중국도 변화를 모색하게 되었다. 중국은 그동안 경제 성
장에만 치중한 나머지, 지도층에 만연한 부패문제 발생, 국내의 빈부
격차 심화, 국유기업의 특권으로 민간기업의 창의성과 혁신 결핍(國
進民退의 폐단), 중국 지역 간의 격차, 또 이로 인해 발생된 농민공(農民
工) 문제 등의 한계에 봉착하였다. 중국은 이러한 문제들을 척결할 방
안을 모색하며, 분배를 통한 두터운 중산층 형성과 소외된 지역개발에
박차를 가하며, 내수시장을 확대하고 경제적 체질 개선에 나서고 있
다. 종합적으로 서술하면, 중국은 자원의 안정적 공급과 상품의 운송,
즉 물류 라인의 안정성과 효율성을 확보하기 위해 노력하면서, 중국
내 지방정부와 주변 국가들과의 연결을 추진하며 내수시장과 해외시
장의 연계를 통한 새로운 네트워크를 추구하고 있다.

위에서 소개한 상황을 〈그림 4〉로 도식화해보았다. 〈그림 4〉에서
보듯 그 시작은 '중국의 경제성장'이다. 중국은 중국의 개혁개방정책

을 실시하면서, 상대적으로 화교자본이 유입되기에 안정적인 공간, 특히 타이완·홍콩·마카오에 지리적으로 가까운 중국 연안을 개방하였다. 이와 동시에 중국 연안을 중국 대륙과 해외시장의 연결 게이트로 활용하기 시작한다. 이후 2001년 중국은 WTO에 가입하고 지속적인 경제성장과 물가안정을 유지하였으며, 이로써 네트워크 국가로서 '경제력'이라는 새로운 파워를 갖게 된다.

이러한 흐름 속에서 '중국의 경제성장'은 다시 '중미관계 변화'를 가져온다. 중국은 미국의 국채를 매입하고 중국의 저렴한 물건을 미국 시장에 판매하며 미중관계에 상호의존 관계를 형성한다. 하지만 미국은 금융위기 초래, 재정절벽(Fiscal cliff) 등의 원인으로 경제적 난관에 봉착하면서 중국의 통화정책과 인권문제 등의 이유를 들어 무역 불균형에 대한 문제를 제기한다. 이는 미국이 한쪽 방향에서 아예 다른 방향으로 전환을 주장하는 것은 아니다. 미국은 기존에 존재하는 미국-중국 간의 상호 의존관계는 여전히 유지하되, '불균형'이라는 명분으로 중국에 문제 제기함으로써 상호 간에 견제를 시작했다고 보아야 한다. 이러한 미중 간의 경제적 갈등은 주변국으로 영향력을 확장하고 안정된 경제성장을 추구하는 중국과, 이러한 중국을 견제하려는 미국 사이의 국제정치 게임으로 전개되고 있다.

한편 '네트워크 확장 동력 확립'이라는 개념은 중국 국내 네트워크와 해외 네트워크 확장 두 가지를 포함한 개념이다. 먼저 현재 중국이 경제성장을 이룬 상태이나 지역 간의 격차가 심화되고 있다는 점, 해외시장에만 의존할 경우 지속적인 경제성장 프로젝트에 한계가 있을 수 있으므로 국내 내수시장 확대가 필요하다는 점 등의 원인으로 국내 네트워크를 확장하고 있다. 중국은 중국 연안에만 집중되어 있는 노드들을 '점·선·면'의 확장 원칙에 따라 개발구 확대 및 국내 네트워크 범위 확대, 그리고 노드 간 링크의 인적·물적 교류 흐름 가속화 등을 추구하고 있다. 다음으로 해외 네트워크 동력의 확대는 주변 국가와의 개발·원조·지원의 방식과 FTA·ECFA와 같은 제도 개선의 방식으로 네트워크를 연결하고, 각 대륙에 '내정 불간섭'의 원칙을 앞세워 개발·원조·지원 등의 경제력을 엔진 삼아 네트워크를 확장하고 있다.

'중국의 경제성장'으로 돌아와서, 다시 '대외자원 의존도 제고'와 '군사력 증강'의 관계를 살펴보겠다. 중국은 경제성장의 결과로 세계 공장의 지위를 얻게 된다. 중국에서 생산된 물품이 세계의 시장에 판매되면서, 중국 내 상품을 생산하기 위한 자원 수요가 증가하고 대외 자원 의존도가 높아진다. 중국의 지속가능한 경제발전을 위한 핵심적 전제조건은 지속적이고 안정적인 자원 수급과 확보인데, 이를 위해 중국은 해외의 자원 의존도를 늘이는 한편, 군사력을 증강하고 있다. 다시 말해, 중국의 대외 자원 의존도 상승은 군사력 증강으로 이어진다. 중국은 경제성장을 이루면서 자연스럽게 군사력 증강과 현대화를 위해 투자할 예산이 생겼고, 안정적 무역로 확보와 분쟁지역 내의 자원 개발 등을 위해 해군력을 중심으로 하는 군사력 증강을 꾀하고 있다.

중국의 '대외자원 의존도 제고'는 그 자체가 원인이 되어 새로운 전략을 발생한다. 중국은 일본-타이완-필리핀-인도네시아로 연결되는 제1도련선으로 막힌 연안의 한계를 극복하고 물류비용 절약을 위한 전략을 모색하게 된다. 다시 말해 중국은 해양력 개념 중 '지리적 요소'의 한계를 극복하기 위한 전략을 모색한다. 중국은 '안정된 무역로 확보'를 위해 '차항출해(借港出海)'[63] 혹은 바다로 나아가자는 의미

---

63 중국은 실제로, 차항출해(借港出海: 타국의 항구를 빌려 해양으로 나가는 전략), 연항출해(聯港出海: 인프라를 항구까지 연결하여 해양으로 나가는 전략), 연선출경

의 '저우추취(走出去)' 전략을 구상한다. 중국의 경제력을 바탕으로 하는 해외 지역 진출은 중국의 국내 지역 개발 전략과 선린외교 관계 연계를 통한 개방형 네트워크 형성을 이루게 된다. 중국 네트워크 국가와 그 주변 네트워크 국가 사이에 복합 네트워크가 이루어지면서, 주변 네트워크 국가가 가지고 있는 해양력의 '지리적 요소'를 통해 중국이 대외 물류 네트워크를 펼쳐나갈 수 있게 된다는 의미이다. 이런 방식으로 중국은 원조가 필요한 국가의 항구를 빌리면서 개발·건설·원조를 협의하는데, 이 경우 중국-주변국가 간에 '비대칭적 상호의존 관계'가 형성된다.

요컨대 냉전체제 붕괴 이후 세계적 이슈는 안보에서 경제로 넘어왔다. 기존에 도광양회를 표방하며 개혁개방 노선을 택한 중국은 미국이 프로그래밍한 신자유주의 노선을 타고 경제성장을 거듭하면서 미국과 견줄 새로운 경제대국으로 부상했다. 초강국 미국이 2008년 서브프라임 모기지 사건 이후 경제적 위기를 맞으며 유럽시장까지 영향을 미치자, 구미를 양대 시장으로 삼던 세계의 공장 중국은 새로운 활로를 모색한다. 중국은 국경지대와 그 주변 국가의 연계 인프라를 건설하고, 그 인프라와 외국 항구의 연결을 이어가면서 중국의 네트워크 세(勢)를 넓히고, 주변국과 연결(link)을 통한 망(網)을 확장하고 있다.

(連線出境: 타국의 내륙 인프라와 연결하여 국경을 나가는 전략), 내무외운(內貿外運: 외국의 물류라인을 활용하지만 제도적으로 국내 무역으로 인정하는 전략) 등을 내세워 변경 지방도시들과 주변 국가의 연결에 박차를 가하고 있다. 그 예로, 파키스탄의 과다르항, 미얀마의 짜욱퓨항, 북한의 나진항 등이 있다. 특히, 미얀마는 민주화에 성공하고, 2012년 11월 19일 재선에 성공한 오바마 미 대통령이 전격 방문하면서 미국과 중국 간 '리밸런싱'의 이슈 지역으로 떠오르고 있다. 중국의 전략 관련 내용 설명은, 지린성 정부자료 참조, 吉林市政府, 「長吉圖《實施方案》明確十大重點任務」, 2010年01月15日, 〈http://www.jl.gov.cn/zt/cjtkfkfxdq/ghjd/201001/t20100119_679298.html〉.(검색일: 2012년 11월 6일.)

현재 국제사회는 이런 중국과 중국을 견제하기 위한 미국 간의 게임이 동아시아, 나아가 전 세계를 범위로 전개되고 있는 양상이다. 이러한 미중 간의 게임은 해양 네트워크의 확장을 향한 외교전(外交戰)으로, 19세기에 벌어진 영국과 러시아 간의 부동항 쟁탈전과 그 역사적 라임(Rhyme)을 함께한다.

2) 중국의 거시적 해양 전략 개관

중국은 18,000km에 이르는 긴 해안선과 넓은 대륙붕 및 배타적 경제수역을 갖고 있다. 중국 해안선 길이는 세계 10위이고, 해역 면적은 4,700,000km²이다.[64] 이처럼 중국은 마한이 제시한 기본요소 중 '영토의 크기'에서 매력적인 해안선의 길이와 해역을 보유했음에도 해양강국으로 발돋움하는 데 어려움이 있었다. 15세기 초 중국 명(明) 시기에 정화(鄭和)의 대항해 이후 중농주의에 의한 해금정책(海禁政策)으로 인해 이렇다 할 활발한 해상 활동을 전개하지 못했던 중국은 근대까지 해양국가보다 대륙국가의 면모를 갖고 있었다. 그러나 중국인들은 1840년에 발발한 해양강국 영국과의 제1차 아편전쟁을 계기로 중국인들은 해양의 중요성을 깨닫는다. 중국은 1894년에 발발한 청일전쟁으로 급부상한 일본의 해양강국으로서의 면모에 해양이 자국의 안보를 위한 생명줄과 같은 역할을 하는 공간이라는 것을 재차 체험한다.

중국은 1949년 중화인민공화국이 수립된 뒤 1950년 한국전쟁, 1954년과 1958년 두 차례의 양안(兩岸, 중국대륙과 타이완) 군사갈등과 같은 전쟁 및 군사적 갈등을 겪고, "1958년 9월에 12해리의 영해 실

---

64 이창위, 「중국 영해제도의 역사적 전개와 문제점」, 『법학논총』 제25집, 숭실대학교 법학연구소, 2011, p.245.

시, 지리적 적용 범위의 명시, 내수의 범위, 군함의 무해통항(無害通航)에 대한 사전허가, 직선기선의 채용, 타이완과 남중국해 각 도서에 대한 영유권 주장"[65] 등의 내용이 포함된 영해선언을 발표하였다. 중국은 타이완과 남중국해의 영토분쟁에 있는 도서까지 포함하여 영해선언을 하면서 주변국의 반발을 불렀다.

중국이 발표한 이 영해선언의 배경을 살펴보면 이렇다. 1953년 스탈린의 사망으로 소련의 지도자가 된 흐루시초프는 1956년 소련공산당 제20차 당대표대회에서 공개적으로 스탈린의 개인숭배사상을 비판하며 스탈린 격하운동을 전개했다. 중국의 마오쩌둥(毛澤東)은 중국 내부에서 자신의 개인숭배사상을 통해 국가에 대한 장악력을 갖추었는데, 당시 소련 내부의 스탈린 격하운동은 마오쩌둥의 지위를 흔들수 있는 위협으로 작용했다. 이후 중국과 소련 관계는 이념적 갈등으로 확장되었고, 중소 영토분쟁까지 이어지면서 중소 간의 갈등은 점차 확대되었다. 중국은 지구상의 제해권을 장악한 미국이 중국 근해로 접근하는 것을 막고자 하는 이유, 상당한 거리를 서로 접경지대로 마주하고 있던 소련과 갈등이 확대되어 내륙 국경지대 병력집중으로 해양에 군사력을 집중시킬 수 없었던 이유, 그리고 인도와의 접경지역 문

---

65 이창위는 중국영해제도에 대해 일본 자료를 인용하며, "1958년 중국의 영해 선언", "1984년 중국의 국가해양총국(State Oceanic Administration)은 국무원 관련 부문과 연계 해양 관련 입법의 방향"을 정하고, "1992년 2월 25일 전국인민대표대회 상무위원회 제24차 회의에서 「중화인민공화국의 영해 및 접속수역법」이 채택"되고, "1996년에는 「유엔해양법협약」이 비준되어, 1998년에는 「배타적 경제수역 및 대륙붕에 관한 법률」을 제정하는 등 중국은 해양국가로서 법적인 근거를 마련"하는 등의 상황을 설명하며 중국이 행한 일련의 조치는 "기존의 행정명령 형식에서 법적 구체화를 시켰다는 데 그 의의"를 찾을 수 있다고 정리했다. 海洋政策研究財團, 『中國の海洋政策と法制に關する研究』, 2006, pp.5-6.(재인용 : 이창위, 앞의 논문, pp.250-255.); 서정경, 「동아시아지역을 둘러싼 미중관계: 중국의 해양대국화를 중심으로」, 『國際政治論叢』 제50집 2호, 한국국제정치학회, 2010, p.102.

제, 신장 자치구 지역과 티벳 지역의 내란문제, 타이완과 벌어지는 군사적 충돌 등의 다발적인 문제를 이유로 중국 영유권 분쟁 지역을 포함한 영해선언을 하였고, 이는 중국의 방파제 역할을 해주었다.

영해선언 이후, 중국은 개혁개방 정책을 채택하고 지속적인 경제성장을 하며 주변 정세의 안정을 추구했다. 먼저, 이러한 중국에게 있어 1990년 소련의 붕괴와 독립국가연합(CIS)의 등장은 더없는 기회로 작용했다. 소련과 맞대었던 중국 서부 국경지대에 카자흐스탄, 키르기즈스탄, 타지키스탄 등의 국가들이 그 위치를 대체하면서 중국은 이 국가들과 새로이 국교를 맺었고, 원조 및 지원을 통한 안정적인 주변외교를 펼칠 수 있게 되었다. 둘째로, 중국은 인도와 국경문제로 관계 개선을 못하다가 2010년 12월 원자바오 중국 전 총리가 인도를 방문하여 무역과 투자 확대, 은행 규제 완화 등을 약속하며 양국 간의 관계 개선에 나섰다.[66] 이처럼 중국은 BRICs 국가들 간의 다자외교 내에서 인도와 원활한 관계를 맺게 되면서, 영토 갈등으로 인한 군사적 충돌의 가능성이 매우 낮아졌다. 셋째, 타이완 문제는 2008년 11월, 중국 대륙의 해양양안관계협회 천윈린(陳雲林) 회장과 타이완의 해협교류기금회 장빙쿤(江丙坤) 이사장 간의 제2차 양안 회담에서 통상, 통항, 통신 개방을 골자로 하는 교류 협정서를 체결하여 본격적인 '대삼통(大三通)'의 시대를 맞이하고, 2011년에는 2010년 6월에 맺었던 경제협력기본협정(ECFA)이 발효되면서 양안 관계(兩岸關係)가 순항하고 있다.[67]

---

79 김경원, 「원자바오, 오바마 '두배' 경제인 이끌고 인도 방문」, 머니투데이, 2010. 12. 15.

67 2012년 양안 교역은 1689억 달러에 달했다. 이는 2000년의 교역이 261억 달러였음에 견줘보면 여섯 배 넘게 증가한 수치이다. 타이완에서 매주 중국 50개 도시에 616편 항공이 운항 중이며, 중국 대륙과 타이완을 왕래하는 여행객은 730만 명에 달한다. 2013년 6월 13일에는 시진핑 중국 국가주석과 우보슝 타이완 국민당 명예주석

끝으로, 중국의 주변 국가 중 북한의 요소는 다른 주변 지역과 다른 점이 있다. 북한의 세 차례 핵실험과 2010년 천안함 침몰 사건, 연평도 포격 사건 등이 연이어 발생하며 북한은 고립을 면치 못했다. 이런 상황 속에 주변 정세의 안정을 추구하던 중국은 오히려 북중경협을 강화하고 창지투 지역개발 프로젝트와 광역두만강개발계획(GTI)을 연계하여 복합적 계획을 수립하며 정세 안정 및 동해 진출을 꾀했다.

따라서 최근 이러한 주변 정세의 안정으로 중국은 연안을 기점으로 하는 해양 발전에 만전을 기할 수 있는 조건을 갖추었다. 특히 중국은 자원을 공급받는 산업의 생명줄이자, 상품을 수출할 수 있는 해상교통로(SLOC, Sea Lane of Communications)에 대한 중요성을 지각하면서 연안을 중심으로 한 해상교통로 확보에 신경 쓰고 있다.

중국에게 알프레드 마한의 이론은 원래 제국주의적이고 혐오의 대상이었다. 당시 빈약했던 중국의 해군 상황과 복잡했던 주변, 국내 정치 상황을 감안하면 미국의 해양 확장을 추진했던 이론가에 대한 중국의 분노는 당연해 보인다. 하지만 덩샤오핑의 등장으로 중국 개혁개방의 노선을 선택하며 눈부신 경세성장과 해군력의 확대[68]가 이루어

이 2005년 '양안 평화공동선언' 이후 9번째 공산당과 국민당 고위회담을 가지면서 안정된 양안관계를 과시하기도 했다. 성연철, 「시진핑-우보슝 베이징서 회담 양안 경제 넘어 정치교류 '한발 전진'」, 한겨레신문, 2013. 6. 13.

81 니러씨옹(倪樂雄)은 자신의 논문에서 알프레드 마한의 '해권론(海權論)'은 미국이 자본주의에서 제국주의로 진입하게 했으며, 이 이론은 전 세계로 식민지를 확장하고 유럽 열강들의 상업 세력 범위를 빼앗으려는 제국주의의 도구라고 말했다. 하지만 니러씨옹은 「항공모함과 중국의 해권전략」이라는 글에서 베이징 대학 예쯔청(葉自成)의 말을 인용하여, 해권(海權)이 발생하는 두 가지 조건을 들고 있다. 두 가지 조건은 첫째, 해외 무역 경제가 국가의 주요 경제 구성일 것, 둘째, '해상생명선'인 원양 해외 무역로의 안정이 필수인 경우이다. 니러씨옹은 중국이 대륙에서의 안정을 찾고, 경제성장을 통해 순수 대외 의존적 국가로 전환된 것을 강조하면서, 한 국가의 주권이 미치는 범위를 넘어서는 국가의 안전을 위해 해상의 군사 역량이 필요하다고 강

지자 중국 내에서 알프레드 마한에 대한 평가[69]가 달라지기 시작했다. 중국은 연안을 중심으로 경제 발전에 집중하면서 중국 동부 해안선을 중심으로 한 연해의 안보 확보가 시급했다. 이어 중국은 지속적인 경제성장으로 인한 자원의 대외 의존도가 커졌고, 자원 및 무역 교통로에 대한 연구가 활발히 이루어지면서 마한의 해양력[70]과 그가 주장한 제해권(制海權, Command of the sea)[71]이나 제교통권(制交通權, Command of communications)이 중국 내에서 새롭게 평가되기 시작했다. 실제로 중국 내의 해양 관련 전문가들과 중국 외의 해외 전문가들은 중국이 근

조하며, 해권(海權)에 대한 기존의 시각을 달리했다. 倪樂雄,「海權的昨天_今天和明天_讀馬漢_海權對歷史的影響」,『中國圖書評論』, No.8, 2006, p.23.〈http://wenku.baidu.com/view/13e7be1eb7360 b4c2e3f6416.html〉; 倪樂雄,「航母與中國的海權戰略」,《南方都市報》, 2007. 3. 21, 〈http://www.aisixiang.com/data/13856.html〉.

69 펑짜오쿼이(馮昭奎)는 "해양력은 해양에 의해 혹은 해양을 통해 민족을 위대하게 하는 모든 것을 포함한다(海權包括憑借海洋或通過海洋能夠使一個民族成爲偉大民族的一切東西; Sea dominance embraces everything that can make a nation a great one by means of sea or through the sea)."라는 문장을 인용하였다. 하지만 중국은 미국의 패권적 해양력 추구를 피해야 한다고 말한다. 馮昭奎,「中國掘起不能只靠走向海洋: 資源環境是最大瓶頸」, 環球時報, 2007. 3. 26.

70 토시 요시하라는 자신의 저서에서 많은 중국 전략가들이 마한의 이론을 호전적인 방법으로 잘못 사용하는 것을 지적하면서, 마한의 이론은 무역, 통상, 해군력, 지리적 확장 등이 해양력의 보호하에 나타난다고 말했다. 또, 오늘날의 중국처럼 오일, 천연가스, 상품 등을 위한 해상교통로의 의존도가 높은 국가가 마한의 이론과 그 맥을 함께한다고 말했다. 또, 저자는 중국의 해양 전략에 대해 알프레드 마한, 마오쩌둥, 손자병법과 같은 중국 고전 전략이 녹아져 있다면서, 마오쩌둥의 "반격을 위한 수비와 공격적 수비 전략"에 대해 소개했다. Toshi Yoshihara and James R. Holmes, *Red Star Over The Pacific: China's rise and the challenge to U.S. maritime strategy*, Naval Institute Press, 2010, pp.16-18; p.84.

71 중국군사과학원의 주요 간부인 지앙스량은 미국 이론가가 중국의 필수적인 물품이 지나는 '전략적 해로'의 장악을 합리화했다면서, 국제정치에서 중요한 수역과 지리적 자산을 절대적으로 장악(command)하는 것은 생명과 같은 것이라 주장했다. Jiang Shiliang,「The Command of Communications」, Zhongguo Junshi Kexue, October 2, 2002, pp.106-114, FBIS-CPP20030107000189.(재인용: Toshi Yoshihara and James R. Holmes, ibid, p.19.)

해의 안정성을 확보하면 원해 진출에 박차를 가할 것이라 분석했으며, 중국 학계에서는 알프레드 마한의 해양력을 재조명하여 중국의 해양력을 분석한 자료가 등장하였다.

이러한 중국 내 해양력의 재평가와 해군력 증강은 안보 딜레마의 결과를 가져오기도 한다. 실제로 중국은 아편전쟁에 대한 트라우마가 있고 해안의 중요성을 분명히 인식하고 있다. 또 중국의 핵심 개발지역이 모두 연안에 위치해 있고, 중국 연안이 자원공급처-해양-중국-해양-해외시장으로 이어지는 관문 역할을 하고 있다는 점을 고려할 때, 중국의 해양 안보 의식이 강할 것임을 추론할 수 있다. 중국은 대외 자원 의존도가 높아지자 해상에서의 안보를 더욱 중요시했고, 영해 내의 억제력 확립, 근해방어전략 수립, 원해진출전략 수립을 통해 해양력 확장을 위한 기반을 마련하고 있다.

중국은 경제성장으로 획득한 부를 통해 군사력을 증강할 여유를 확보하면서 새로운 무기 개발 및 군사력의 현대화를 진행한다. 중국은 미 해군에 의해 프로그래밍된 인도양 시스템[72]에 한계가 있다고 판단하여 원해(遠海) 전략을 수립했다. 동시에 중국은 군사력 강화로 발해만을 포함, 황해, 동중국해, 남중국해의 라인에 대한 근해 방어전략을 수립해 억제력(Deterrence)을 확보하며, 영토분쟁에서 강한 해양 군사력으로 유리한 위치를 점한다. 세계정치의 네트워크아키 질서 속에서 증강된 중국의 군사력은 스스로를 지키기 위한(Self-help) 주변국의

---

72 멀베넌(James Mulvenon)에 따르면, 중국은 미 해군이 지원해주는 '공공재(public goods)'에 대한 '무임승차(free ride)'에 만족하고 있을 것이라 판단하기도 했다. Gabriel B. Collins et al., eds., *China's Energy Strategy: The Impact on Beijing's Maritime Policies*, Annapolis, MD: Naval Institute Press, 2008.(재인용: Robert D. Kaplan, *Monsoon: The Indian Ocean and The Future of American Power*, Random House New York, 2010, p.283.)

군사력 증강으로 이어지고, 결국 동북아 내 안보 딜레마 현상으로 귀결되고 있다. 이러한 현상은 다시 미중 관계와 연결되어 동아시아 내에 미국이 개입하여 동아시아 내 '재균형'을 위한 움직임을 발생시킨다.

요컨대 중국은 경제적으로 대외 자원 의존도가 제고되었고, 항구 및 항로의 개척에 대한 계획이 마련되어 차항출해 전략을 수립했다. 이는 중국 내 지역 개발 전략과 맞물리면서 중국 중앙정부 차원과 지방정부 차원으로 나뉘어 복합적인 네트워크 형식의 확장이 이루어지고 있다. 중국은 지역개발과 주변외교를 연계하여 중국의 주변 국가를 위성국가화하면서 그 세를 넓혀가고 있다. 미국은 이를 미국에 위협이 되는 네트워크가 형성되고 있다고 판단하는 형세이다. 나아가 중국이 경제적 성장과 더불어 안정적 해상교통로 확보를 위한 해양 전략을 수립하면서 미중 간의 갈등이 더 첨예해지고 있다.

이러한 흐름 속에 중국의 해양 전략에서 중요한 부분을 차지하는 해군[73] 전략의 변천을 살펴보면, 「2008년 중국 방어 전략」에는 다음과 같이 명시되어 있다.

1949년 4월 23일에 중국 해군이 창설되었다. 1949년부터 1955년까지 수상 함정부대, 연안 수비대, 항공병, 잠수부대와 육전대가 가벼운 해상 전력을 목표로 확립되었다. 1955년부터 1960년까지 동해, 남해, 북해함대가 조직되었다. 1950~1970년대까지, 해군의 주요 임무는 연안 해역에서 방어 작전을 유지하는 것이었다. 1980년대 이래, 해군

---

[73] 중국의 해군은 25만 5천여 명의 규모, 항공모함 2척이 건조 중이며, 전술잠수함 62척, 전함 80척, 항공 전투기 290대, 헬기 88대를 보유하고 있다. The IISS, *The Military Balance 2010*, pp.367-370.

은 근해 방어의 전략 전환을 실현하였다. 새로운 세기를 시작하면서 해군은 정보화의 조건하에 해상 국부 전쟁의 특징을 착안하여 전면적으로 근해 종합 전력과 전략적 억제와 반격 능력을 향상시켰다. 점차 원해에서의 협력과 비전통적 위협에 맞설 능력을 제고했으며, 전체적으로 해군을 개조시킬 건설을 추진하고 있다.[74]

— 『2008年中國的國防』白皮書, 五.海軍

2011년 3월 31일에 발표한 「2010년 중국 방어 전략」에는 원해 훈련 관련 내용이 명시되어 있다.

근해 방어 전략의 요구에 따라, 중국인민해방해군은 통합된 전투 병력의 현대화를 가속화시키고, 전략적 억제와 반격 능력을 향상시키며, 원해에서의 작전 수행 능력과 비전통적 안보 위협에 대처하는 능력을 개발한다. 해군은 복잡하게 전자화된 환경 속에 조직적이고 체계화된 기본 훈련과 실전 전투 훈련을 통해 훨씬 더 향상된 전투 능력을 추구한다. 원해에서 군사훈련을 위한 함대를 편성함으로써 군의 재난 구호활동 임무를 위한 훈련 모델을 개발한다. 계획에 따라 신형 잠수함, 호위함, 항공기, 대형 지원 함대를 전략적으로 배치한다. 해군은 병력의 배치와 무기 및 장비의 개발을 일치시켜 육지를 기반으로 하는 기지를 건설하기 위해, 복합적 보급 기지 건설에 박차를 가한다. 대형 만 톤급의 제식 병원선 및 구조함, 구호 헬기 등 해상에서 진일보한 능력을 확보한다. 해상에서 해군이 장기간 임무를 수행할 경우를 대비해서 후방 보급 방법을 모색한다. 해군은 북해, 동해, 남해 세 부분의 함

---

74 『2008年中國的國防』白皮書, 五.海軍, 2009. 1. 21., 〈http://www.gov.cn/test/2009-01/21/content_1211037.htm〉.(검색일: 2011년 5월 22일.)

대로 구성하고 함대 관할의 항공병, 보급 기지, 함정지원부대, 해군 수비대, 항공 부대와 해병대를 관할한다.[75]

—『2010年中國的國防』白皮書, 二.國防政策

중국의 국가 방어 전략이 확인해주듯 중국의 해군은 창설된 이래 괄목할 만한 발전을 보이고 있다. 특히 중국은 개혁개방 노선을 선택하면서 연안에 대한 의존을 심화시키고, 근해 전략을 확립하는 가운데 영토 분쟁 지역까지 안전을 보장하는 군사력을 갖추게 되었다. 2010 국가 방어 전략에서 볼 수 있듯이 에너지 자원에 대한 대외 의존도가 높아진 중국은 안전한 에너지 자원 보급과 무역로를 확보하기 위해 원해 전략 역시 수립한 상황이다. 이러한 중국의 해군력과 해상교통로 확보 정책의 배경을 알프레드 마한의 해양력으로 살펴볼 수 있다.

마한이 주장한 해양력에 영향을 주는 기본 요소를 중국에 대입해보면, 중국은 다소 불리한 지리적 요소를 갖추고 있다. '중국 항모의 아버지(中國航母之父)'라고 불리는 리우화칭(劉華淸) 장군은 1985년 중앙정부에 「중국 해군전략」을 주장하면서, 제1도련선(First Island Chain, 第一島鏈)과 제2도련선(Second Island Chain, 第二島鏈)의 개념을 설명했다.[76] 제1·2도련선의 개념은 〈그림 5〉에서 확인할 수 있는데, 제1도련선은 일본의 본섬과 류큐 열도, 센카쿠 열도(댜오위다오), 타이완, 필리핀을 넘어 남중국해를 잇는 라인을 의미하고, 제2도련선은 일본의 도쿄에서 시작하여 보닌 제도, 미국의 전술지인 괌, 팔라우 군도의 일대

---

75 『2010年中國的國防』白皮書, 二.國防政策, 2011. 3. 11., 中國新聞網, 〈http://www.chinanews.com/gn/2011/03-31/2942964_4.shtml〉.(검색일: 2011년 5월 22일.)

76 江雨, 「島鏈與中國海軍向遠洋的發展」, 『艦載武器』, 2008年第12期電子雜志, pp.30-31.

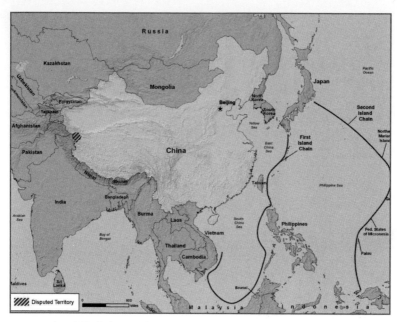

〈그림 5〉 중국의 제1, 2도련선(출처: Annual Report to Congress: Military and Security
Developments Involving the People's Republic of China 2011)

를 연결하는 개념으로 서태평양 일대를 범위로 한다. 리우화칭 장군은
1985년의 중국 해군전략에서 중국이 21세기 초에 제1도련선을 통제하
고, 2020년경에 서태평양에 위치한 제2도련선을 장악하며, 2050년에
는 전 세계로 펼쳐나가야 한다고 주장했다.[77]

그러나 중국이 제1도련선의 해권을 장악하기 위해서는 한국과 타
이완, 그리고 남중국해 지역의 주변국 안정이 필수조건이고, 제2도련
선으로 진출하기 위해서는 일본과 타이완, 필리핀, 인도네시아, 부르
나이 등의 국가들과 관계를 개선하는 것 역시 필수불가결한 조건이
다. 1879년 일본의 류큐 번을 폐하고 행정적으로 오키나와 현으로 개

---

77 「中國首艘航空母艦呼之欲.」, 深圳衛視, 2011. 4. 9., 〈http://www.yn.xinhuanet.com/
video/2011-04/09/content_22481724.htm〉.(검색일: 2011년 5월 23일.)

편하면서 발생한 청국과 일본 간의 분쟁에서, 오키나와를 포기하지 말라던 그랜트 미국 전 대통령의 조언을 듣지 못한 중국의 비애라고 할 수 있다.

중국은 태평양으로 나아갈 수 있는 지리적 요건을 상실하면서 주변 섬들에 의해 둘러싸인 형세가 되었다. 또 1858년의 아이훈조약과 1860년 북경조약에 이은 천진추가조약으로 연해주 일대를 러시아에 넘겨주면서 동해 진출의 기회 역시 잃었고, 중국 내전에서 1949년 국민당 정부가 타이완으로 옮겨가면서 분단되는 등 해양력 개념에서 중국의 '지리적 조건'은 양호하지 않다. 경제 성장 전의 중국은 '연안(沿岸)전략'과 '근해 방어 전략(近海防禦戰略)' 등으로 제1도련선을 통해 주변국들로 방어하는 구한말 일본의 '이익선(利益線)'의 역할을 하였지만, 경제 성장 이후 인도양과 서태평양으로 나아가기를 원하는 중국에게 제1도련선은 '역 만리장성(The Great Wall in reverse)'[78]이 되어 중국의 진출을 가로막고 있다. 중국은 "유해무양(有海無洋)" 즉 바다는 있는데 해양은 없다고 개탄하며 제1도련선 내에서 미국의 개입을 방어하겠다는 '반개입(反介入) 전략'과 '유한해권(有限海權, Limited Sea Power)'을 구사하고 있다.

이러한 해양 지리적 난관 속에서 2006년 12월 27일 후진타오 중국 전 주석은 해군 제10차 당대회 상황을 보고받으면서 당대회에 참여했

---

78 버나드 콜(Bernard D. Cole)은 국립전쟁대학(National War College in Washington) 교수로, 제1도련선에 대해 '해양 상의 만리장성(The Great Wall at Sea)' 혹은 '역 만리장성(The Great Wall in reverse)'의 개념을 사용해 설명한다. 즉, 고대 중국에서 북방 민족을 막기 위해 세웠던 만리장성을 비유해, 중국이 해양으로 확장하는 것을 막아주는 선의 개념으로, 태평양을 전략상으로 중시하는 미국의 발상에서 나온 개념이다. Bernard D. Cole, *The Great Wall at Sea Second Edition*, Naval Institute Press, 2010, "Introduction" Section.

던 전체 대표와 함께 자리를 했다. 후진타오는 "중국은 해양 강국이며, 국가의 해양권익을 수호함에 있어 해군은 중요한 위치에 있고 영광의 임무를 갖고 있다"며 "해군의 건설에 전체적인 변화를 갖추어 해군 정보력과 방위 전략 능력을 향상시켜야 한다"[79]고 말했다. 또한 2008년 8월 8일에 베이징에서 개최된 올림픽 개막식에서 중국은 1421년의 정화 함대 대형 보선을 복원해 '1421년 항해'의 재연을 통해 '대륙 강국'의 이미지를 '해양 강국'의 이미지로 전환하여 강조했다. 2009년 4월 23일에는 후진타오 중국 전 주석이 인민해군 창설 60주년을 맞이하여 열병식에 참석한 뒤, 함대에 직접 승선하여 해군의 수고를 치하[80]하는 등 마한이 제시한 '정부의 성격(character of the government)' 요소를 갖추어가고 있다.

중국은 불리한 지리적 조건을 타파하기 위해 막강한 경제력을 바탕으로 차항출해 전략을 주변국에 구사하고 있다. 중국의 오일 보급은 〈그림 6〉에 보이듯 러시아와 카자흐스탄, 투르크메니스탄의 가스 파이프라인과 쿤밍으로 연결되는 미얀마와의 오일 파이프라인에 의존하고 있고, 나머지의 오일은 인도양과 말라카 해협을 거치는 해상교통로에 의존하고 있는 현실이다. 중국은 안정적인 오일 보급을 위해서 파키스탄 과다르 항[81], 미얀마 시트웨 항, 코코 제도, 짜욱퓨(Khaukphyu), 메르귀

79 曹智 · 陳萬軍, 「胡錦濤強調鍛造適應曆史使命要求的強大人民海軍」, 新華社北京, 2006.12.27., 〈http://politics.people.com.cn/GB/1024/5221990.html〉; David Lague, 「China airs ambitions to beef up naval power - Asia - Pacific - International Herald Tribune」, *The New York Times*, December 28, 2006, 〈http://www.nytimes.com/2006/12/28/world/asia/28iht-china.4038159.html〉.(검색일: 2012년 5월 25일.)

80 曹智 · 陳萬軍 · 李宣良, 「胡錦濤主席出席慶祝人民海軍成立60周年海上閱兵活動紀實」, 新華網青島, 2009. 4. 23., 〈http://news.xinhuanet.com/newscenter/2009-04/23/content_11244106.html〉.(검색일: 2011년 5월 25일.)

81 2011년 5월 23일 월스트리트 저널의 보도 자료는 파키스탄의 국방 장관의 발표를

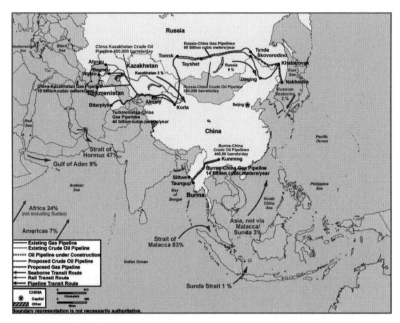

〈그림 6〉 중국 육해 자원 라인(출처: Annual Report to Congress: Military and Security
Developments Involving the People's Republic of China 2011)

(Mergui), 자데시키(Zadetkyi), 방글라데시 치타공,[82] 스시랑카 함반토타 항,[83]

인용하여 중국이 전략적으로 중요하지만 낙후된 과다르 항의 경영권을 확보했다고
보도했다. 특히, 2011년 5월 11일 오사마 빈 라덴이 파키스탄 내에서 미군에 의해 사
실된 사건을 계기로 미국과의 갈등이 첨예해진 파키스탄의 상황에서 파키스탄이 중
국에 JF-17 전투기 50대의 구입을 요청했고, 이를 받아들여 중국 측이 파키스탄에
6개월 내에 전투기를 보내기로 한 것으로 밝혀졌다. 동시에 중국이 과다르 항의 군
사적 사용에 대한 가능성이 높아졌다고 분석하고 있다. Jeremy Page, Megha Bahree,
「Beijing Agrees to Operate a Key Port, Pakistan Says」, The Wall Street Journal, May 23,
2011. 〈http://online.wsj.com/article/SB100014240527023036548045763393237650 3
3308.html?KEYWORDS=china+pakistan〉.(검색일: 2011년 5월 27일.)

82 Mukul Devichand, 「Is Chittagong one of China's 'String of pearls'?」, BBC NEWS, 17
    May 2010, 〈http://news.bbc.co.uk/2/hi/business/8687917.stm〉.(검색일: 2011년 5월
    27일)

83 2007년 추진, 2010년 8월 완공, 11월 개항, "簡訊 : 中國援建斯裏蘭卡港口啓用," BBC
    中文網, 2011. 4. 16., 〈http://www.bbc.co.uk/zhongwen/simp/world/2011/04/110416_

세이셸 군도,[84] 몰디브 등에 지원을 펼쳐 항구 및 공항 개발, 철도 및 도로 부설, 군함 중간 기착지, 감청기지, 컨테이너 항, 석유 파이프라인 중국과의 연결 등을 추진 및 실시하고 있다. 중국은 군사적 용도가 아니라고 주장하지만,[85] 미국의 〈워싱턴포스트〉나 영국의 〈파이낸셜타임스〉 등의 서양 언론들은 중국이 주요 오일 해상교통로를 장악하기 위해 인도양 주변 국가들의 항구와 공항 개발을 원조하고 지원함으로써 인도[86]를 진주목걸이처럼 포위하고 있는 형세라 보도했다.(〈그림 7〉 참조) 실제로 중국은 인도양 부근의 국가들에 중앙정부와 중국 국

---

brief_china_senegal_theatre.shtml〉.(검색일: 2011년 5월 27일.)

84 2007년 2월 후진타오 중국 주석은 세이셸을 방문하였고, 2010년 10월에는 중국의 의료선인 '화평방주(和平方舟)'가 세이셸 공화국에 도착하여 활동하기도 했다. 「中國海軍'和平方舟'號醫院船訪問塞舌爾」, 新華網, 2010. 10. 27., 〈http://news.sohu.com/20101027/n276606275.shtml〉.(검색일: 2011년 5월 28일.)

85 쏭칭룬은 홍콩의 봉황티비에 출현하여 서양 매체가 주장하는 군사적 기지 사용은 당국의 헌법에 맞지도 않고 그런 사실이 없다고 부정했으며, 같은 자리에서 한샤오핑은 서양이 말하는 "진주목걸이 전략"은 인도를 자극하여 중국을 견제하고자 하는 전략이라고 말했다. 특히, 중국과 인도는 경제성장을 위해 주변국과 연계한 개발을 적대시하지 않을 것이라 말했다. 宋清潤, 「西方爲何要炒作中國'珍珠鏈'戰略」, 鳳凰視頻, 2010. 6. 4.; 韓曉平, 「中緬管道有助穩定中國'珍珠鏈'」, 鳳凰視頻, 2010. 6. 4, 〈http://v.ifeng.com/mil/201006/7eac3633-f39d-480c-98e1-d5a6d398e270.shtml〉.(검색일: 2011년 5월 28일.)

86 차담 하우스(Chatham House)의 자료를 보면 인도는 2004년 해양 전략에 의해 인도양 지역의 상업적, 안보적, 패권적 전략이 강화되고 있다고 보고했다. 인디언 디펜스 리뷰는 〈2009 말라카 해협 쿠알라 럼푸르 컨퍼런스(2009 Malacca Straits Kuala Lumpur Conference)〉에서 중국이 '인도가 동쪽을 향해 인도양에 철의 장막을 치고 있다'라고 말했다고 전했다. 인도는 서양과 중국으로부터 인도양의 안정을 확보할 것이라고 말했다. 또, 중국은 "진주목걸이 전략"을 통해 인도양 주변국을 개발하고 해군력(maritime forces)과 자원에 대한 이해관계를 가지려 한다고 말했다. Cmde Ranjit B Rai, 「China's String of Pearls vs India's Iron Curtain」, *Indian Defence Review: defence geopolitics security*, Vol 24.4, 29 November, 2010., 〈http://www.indiandefencereview.com/geopolitics/Chinas-String-of-Pearls-vs-Indias-Iron-Curtain.html〉.(검색일: 2011년 5월 30일.)

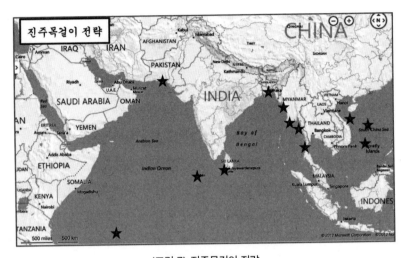

<그림 7> 진주목걸이 전략

(필자 그림, 지도 출처: bing map, 참고: Sri Lanka Guardian, 몰드브와 세이셸 추가 표시함.)

영기업이 활발히 투자하여 자원과 무역로 확보에 힘을 기울이고 있고, 미얀마는 오일 파이프라인, 파키스탄은 오일 파이프라인과 함께 철도 건설도 완성했거나 진행 중이다.

경제적인 영향력과 함께 중국 해군은 인도양에서 구호활동에도 참여하고 있다. 중국 베이징대학교 주펑(朱鋒)은 "2008년 12월 26일 중국은 자국 상선 호위임무를 수행하기 위해 소말리아 해역과 아덴만에 해군 호위함대를 파견"했다며 자국 상선은 물론 외국 상선까지 안전하게 호송하였고, 해적에 기습을 당한 외국 상선 5척을 구출했다고 말했다. 또, 2009년 9월에는 중국 해군 호위함과 러시아 해군 순양함 간의 공동작전 훈련을 실시하여 '근해해군'에서 '대양해군'으로 중국이 발전했다고 언급하기도 했다.[87] 중국의 해군은 중국 코스코 서아시아

---

87 주펑(朱鋒), 「중국의 소말리아 해역 파병과 미래 해군 육성」, Dokdo Research Journal, 정책리포트, 2009. Autumn. vol.07, pp.93-97.

지부로부터 물자보급을 받으면서 평화적 목적이지만 해군력이 인도양에서도 작용하고 있음을 반증하고 있다.

요컨대 중국은 해양 강대국으로 도약하기 위한 준비를 하고 있다. 전략적 개념에서 제1도련선과 제2도련선을 획정하여 중국의 경제성장과 함께 해군력에 대한 증강을 지속적으로 하고 있으며, 제1도련선 내의 영향력을 공고히 하고, 차항출해 전략으로서 인도양 진출을 위한 포석을 깔고 평화적 목적으로 인도양에서 중국 해군을 움직이고 있다. 중국은 기존의 연안 방어전략과 함께, 근해 방어 전략에서 나아가 원해(遠海) 전략 수립을 통해 해양 진출을 위한 발판을 마련하고 있다.

3) 중국 해양 전략 내에 한반도 '동해'의 전략적 의미

중국의 전체적인 해양 전략의 변화는 동북아의 동해 지역을 포함한 주변 해역에도 전개되고 있다. 중국이 동해 지역과 일본 근해를 통과해 태평양 지역으로 해군력을 투사한 사례는 많다.

2008년 10월 소브레메니급 구축함 등 4척이 쓰가루 해협을 통과 (해군 전투 함정의 통과 확인은 처음) 후, 태평양을 남하해서 일본을 주회

2008년 11월 루다급 구축함 등 4척이 태평양에 진출

2010년 3월 루다급 구축함 등 6척이 태평양에 진출

2010년 7월 루다급 구축함 등 2척이 태평양에 진출

2011년 6월 소브레메니급 구축함 등 11척이 태평양에 진출

2011년 11월 루다급 구축함 등 6척이 태평양에 진출

2012년 2월 장카이 II급 프리게이트 등 4척이 태평양에 진출

2012년 4월 장카이 II급 프리게이트 등 3척이 오쿠마 해협을 동항

하여 태평양에 진출

　2012년 6월 루다급 구축함 등 3척이 오쿠마 해협을 동항하여 태평
양에 진출

　　　　　—『2012년판 일본의 방위 방위백서』, 일본의 방위성 · 자위대

　일본 방위성이 발표한 『방위백서』에서 보듯, 중국은 제1도련선 지
역과 한반도 동해, 나아가 일본의 쓰가루 해협까지 통과하며 군사적
활동 반경을 넓혀가고 있다. 미국이 잠수함을 감축하는 것과는 반대
로, 중국은 해군의 양적 · 질적인 발전으로 그 영향력을 확장하고 있
다. 이러한 중국의 태평양 진출 노력을 살펴보면서 우리는 마한이 해
상교통로를 "군대, 즉 육 · 해군이 본국의 국력으로 생존을 유지하기
위한 행동선(line of movement)의 통칭"(김창국, 1989)이라고 정의했고, 쉬
린(Bertram Shrine)은 "군사력에 의하여 안전이 보장되며, 이를 수행하는
군사력에 대해서도 자유로운 지원이 가능한 항로"(김창국, 1989)라 정
의했던 것을 상기할 필요가 있다. 중국은 2010년 3월에 남중국해의 해
양 권익에 대해 타이완, 티벳과 같은 주권과 관계되는 핵심적 이익이
라고 했으며, 2010년 8월 7일에는 양이(楊毅) 중국 국방대학 전략연구
소장이 "중국의 해양진출은 필연이며 어떤 포위망도 중국의 해군활동
을 방해할 수 없다"[88]고 말했다. 이는 중국이 남중국해를 포함한 제1도
련선에 대한 장악력을 확보하고 있는 것으로 해석되는 부분이다. 더욱
이 러시아와의 군사훈련으로 중국이 동해로 진출할 수 있었다는 것과
일본의 국제해협 구간인 쓰가루 해협과 소야 해협으로 중국 해군함이
통과한 것을 보면서, 동해가 중국 태평양 진출의 새로운 통로로 그 기

---

88 이종판, 「[중국(中國)의 태평양 진출 전략] 제1도련선과, 제2도련선 전략」, 조선일보,
　　2010. 9. 24.

능을 할 수 있음을 알 수 있다.

한편, 2012년 4월 열린 러시아의 블라디보스토크와 중국의 칭다오에 걸친 중국-러시아 양국의 연합 훈련은 해당 해역의 주변국을 긴장시키기도 했다. 중국은 성명을 통해 2012년 4월의 중러 연합 훈련이 "배타적경제수역을 보호"하기 위한 것이며, "제3방을 겨눈 훈련이 아니다"라는 점을 강조했으나, 러시아는 관련 배타적경제수역의 범위에 '북방4도 전체'를 포함했고, 중국은 '황해와 동중국해'를 포함하는 범위라고 발표하여 일본과 갈등을 초래했다.[89]

이렇듯 중국이 제1도련선 내에 위치한 남중국해-동중국해-일본 열도 부근을 포함하여 한반도 동해까지 이어지는 해양 라인에 대해 영향력 확대를 도모하고 있다는 것은 주의해서 볼 점이다. 특히 중국의 한반도 동해 진출은 이러한 거시적 관점에서 동북아 정세에서 패러다임 전환을 가져올 것으로 예측된다. 중국이 북한과 경협을 통해 나진항의 사용권을 획득하고 '국내무역 화물 초국경 운수(內貿貨物跨境運輸)'의 방식으로 중국의 상선이 동해를 항해하여 대한해협을 경유하고 상하이에 도달할 수 있다는 것은 중국 동해 진출의 시발점이라 할 수 있다.

2008년 중국 해군의 한반도 동해 출현과 알프레드 마한이 주장한 해양력의 개념에서 알 수 있듯이, 미일 연합 훈련이나 한미 군사 훈련으로 동해상의 중국 상선이 위협받는다고 가정할 경우 중국 해군 출현에 따른 명분이 생기며 중국 해군의 동해 출현 가능성을 배제할 수 없다. 한반도의 지정학적 중요성은 미국, 일본, 중국, 러시아 등의 강대

---

89 檸檬, 「目前直指美日韓 : 中俄日本海軍演路線很耐人尋味(圖)」, 商業新聞網, 2012.
    04. 09, 〈http://media.itxinwen.com/2012/0409/404380_4.html〉.(검색일: 2012년 9월
    4일.)

국들이 각축을 벌인다는 점에서 발생하는 것인데, 기존에는 동해에서 중국을 제외한 미국, 일본, 러시아가 게임을 벌였다면, 중국이라는 새로운 게임 참여자가 생기면서 한반도의 동해는 전략적으로 중요한 위치를 차지할 수밖에 없게 되었다.

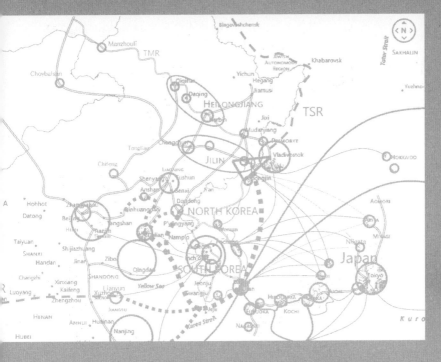

3장   <u>중국 동해 진출의</u>

                    <u>지정학적 접근과 개발 현황</u>

1. 동북아의 신(新) 통로 나진항의 지리적 특징

북한의 나선특별시는 대륙세력에게는 동해와 태평양으로 나아갈 문이고, 해양세력에게는 대륙으로 들어가는 입구이다. 이처럼, 나선시는 대륙과 해양세력 서로에게 입구와 출구가 되는 동북아 네트워크의 중요한 노드이고 대륙 네트워크와 해양 네트워크의 상호작동성을 부여하는 스위처이다. 예를 들어, 중국의 동북 지역은 나선특별시의 나진항을 빌려 동해로 진출 가능하고 일본의 쓰가루 해협을 지나 태평양과 북극해로 진입이 가능하다. 역으로 일본은 동해를 통과해 나진항을 통해 중국의 동북지역으로 진입이 가능하다. 이러한 점에서 나선특별시의 나진항은 네트워크 교류의 스위처 역할을 담당한다. 또, 나진항 자체의 물리적 요소와 지리적 요소는 훌륭한 해양력의 요소이다. 여기에서 나진항을 포함한 나선특별시의 자연적 조건, 행정적 변화, 지리적 상황, 그리고 부두 상황에 대해 살펴보자.

나선특별시의 자연적 조건을 살펴보면, 함경산맥에서 뻗어 나온 지맥으로 북부와 서부 지역은 상당히 고도가 높고, 산맥 사이의 곡과 이어지는 해안에는 비교적 좁은 평지가 펼쳐져 있음을 알 수 있다. 나선시의 나진 지역은 300~400m 정도의 산악, 선봉지역은 500~700m 정도의 산악으로 둘러싸여 있으며 분지 모양으로 형성되어 있다. 또, 나선특별시 및 인접지역에는 석탄, 철광석, 금, 은, 동, 니켈, 망간, 수정, 석회석, 고령토 등이 다양하게 매장되어 있고,[1] 나진항은 주로 시멘트, 면화, 타이어, 합판, 코크스 등을 취급하고 있다.[2]

북한의 나선특별시는 1974년 소련이 대 동남아 수출 목적으로 무역항으로 활용한 것을 시작으로, 1991년 12월에 '나진-선봉 자유경제무역구'로 지정, 1994년 '나진-선봉 경제무역지대'로 개편되었다.[3] 그러다가 2000년 8월 '나선시'로, 2005년에 '나선특급시'로 승격되었으며, 2006년 9월 '나선직할시'를 거쳐, 북한최고인민회의 상임위원회의 비준으로 2010년 1월 4일 함경북도로부터 분리되어 평양과 개성에 이어 북한의 세 번째 도시, '나선특별시'로 승격되었다.[4]

나선특별시 내 나진항은 겨울철에도 쇄빙선 없이 출항이 가능한 부동항(不凍港)이며, 나진만 내 11m 정도의 깊은 수심과 나진만 앞의 대초도·소초도라는 두 섬이 자연 방파제 역할을 하고 있어 천혜의 '물리적 요소'를 갖춘 양항(良港)이다. 또한 나선특별시는 북한·중국·러시아의 국경을 50km 범위 안에서 접경하는 항구 도시로, 중국·러시아의 연계항과 통과무역항으로서 유리한 조건을 갖추고 있으며, 매력적인 '지리적 요소'를 갖추어 동해를 통해 남한, 일본뿐만 아니라 태평양과 북극해를 통과해 구미(歐美) 지역에 도달할 수 있는 동북아 물

1 이기석·이옥희·최한성·안재섭·남영, 「나진-선봉 경제 무역지대의 입지특성과 지역구조」, 『대한지리학회지』 제37권 제4호, 대한지리학회, 2002, pp.297-300.

2 한국해양수산개발원, 『북한의 항만』(서울: 한국해양수산개발원, 2008.)(재인용: 김영윤·추원서·임을출, 「라진·선봉지역 물류운송분야 개발 현황 및 전망」, 『라진·선봉지역 물류분야 남북 협력방안 연구』, 통일연구원, 2010, pp.95-108.)

3 안병민, 김선철, 「북한 항만 현황 분석,」 제 2012-25호, 한국교통연구원 동북아·북한연구센터, 2012, p.1.

4 롄샤오메이(廉曉梅), 「중국 훈춘과 북한 라선의 초국경 경제협력 연구」, 배정호 편, 『중국의 동북지역개발과 한반도』, 통일연구원, 2010, p.166.

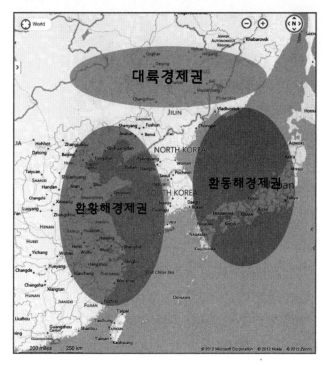

〈그림 8〉 한반도를 둘러싼 경제권
(필자 그림, 지도 출처: bing map, 참고 자료: 박양호, 이상준.)

류기지의 조건을 두루 갖추고 있다.[5] 즉, 〈그림 8〉처럼 나선시는 대륙
경제권과 환동해 경제권을 이어주는 문지기 스위처(Switcher)의 역할을
담당할 수 있는 지리경제학적 위치에 있다.

나진항에 대해 자세히 살펴보면, 〈그림 9〉에서 보듯 현재 1·2·3호
부두가 주요 컨테이너항으로서의 역할을 하고 있고, 나진만의 전방
에 위치한 대초도와 소초도가 천연 방파제의 역할을 하여 풍랑과 조
수로부터 항구를 보호해준다. 통일연구원의 자료에 의하면, 나진만은

---

5   이기석 · 이옥희 · 최한성 · 안재섭 · 남영, 앞의 논문, p.301.

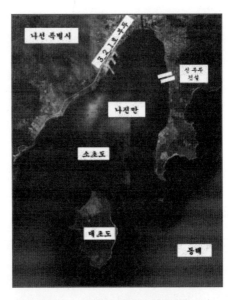

<그림 9> 나선특별시 지형 및 항구개발 표시
(필자 그림. 지도: 구글위성지도, 참고: 중국 훈춘 길안실업집단공사의 나선항 개발 관련 구상안.)

성정단~대초도~방진만 남동 끝을 연결하는 수역으로, 해안 길이는 44.5km, 만어귀의 폭은 5.6km, 어귀에서 연안까지의 깊이는 12.4km, 평균 수심은 11m이다.[6] 또, 현재 나진항의 하역 능력은 300만 톤이며, 접안능력은 1.5만 톤, 부두연장은 2,280m에 달한다.[7] <그림 8>의 위성 사진을 통해서도 확인할 수 있듯, 나진항의 1·2·3호 부두 중에서 길이가 가장 긴 3호 부두의 하역 능력이 제일 크고, 1호 부두의 하역이 제일 작다. 1호 부두의 1번 정박지는 2008년 7월에 중국의 창리(創力) 그룹이 10년 사용권을 획득[8]하여 나진항 1호 부두에서 연간 150만 톤

6　김영윤·추원서·임을출, 앞의 논문, 같은 쪽.

7　안병민, 김선철, 「북한 항만 현황 분석」, 제 2012-25호, 한국교통연구원 동북아·북한연구센터, 2012, p.1.

8　2008년 중국 창리기업이 나진항 1호 부두 10년 사용권을 획득한 뒤에 2009년 11월에 개발권을 확보하고, 1기 정박지 보수를 완료했다. 2010년 3월에는 추가적으로

구분	1호 부두	2호 부두	3호 부두	4, 5호 부두
특징	-잡화 부두 -양곡, 화학비료	-컨테이너 부두 -컨테이너화물 취급	-컨테이너 부두 -지린성의 목재 취급	미확인
보관 시설	-창고 3동(각각 8,100m², 5,400m², 3,100m²) -야적장 50,000여 평 (약 165,000m²)	-컨테이너 야적장 (10,000여 평) ※ 현재 컨테이너 연간 취급량은 7,000TEU 내외	-창고(3,100m²) -야적장 3만여 평 (99,000m²)	미확인
하역 장비	-지브크레인 설치	-30여 톤급 2기의 크레인(7호 안벽)		미확인

〈표 2〉 나진항 부두별 현황(한국해양수산개발원, 『북한의 항만』, 2008)

항목	수치	항목	수치
부두 총길이	2515m	부두	3개
접안 능력	10개	방파제 길이	640m
항구 면적	38만m²	기중기	5~10톤
창고 면적	20.3만m²	기중기	17개
야적장 면적	17.7만m²	수리도크	1개
하역 능력	300만 톤		

〈표 3〉 북한 나진항의 기초시설 현황(통일연구원 자료, 『중국의 동북지역개발과 한반도』, 2010)

10년 사용권 방안을 검토한 것으로 밝혀졌다. 김영윤·추원서·임을출, 앞의 논문, pp.95-108.

의 화물을 하역할 수 있는 정박지 보수공사를 마무리했다.[9] 〈표 3〉에서 정리된 대로, 1호 부두는 하역 규모는 50만 톤 정도이며, 주로 양곡, 화학비료, 목재, 잡화 위주의 화물이 운송되고 있다. 또한 하역 장비로는 지브크레인이 설치되어 있다. 나진항 2호 부두는 현재 북한이 사용하고 있는 것으로 알려져 있으며, 〈표 3〉에서 정리한 대로 150만 톤의 하역 능력을 갖추었고, 주로 석탄 · 잡화 · 컨테이너 화물을 취급하며, 10,000여 평의 컨테이너 야적장과 30여 톤급 2기의 크레인이 구비되어 있다. 나진항의 3호 부두는 러시아가 북한 철도성과 러시아 철도 주식회사 사이의 합영 기업을 설립하여 50년 사용권을 갖고 있다.[10] 이 부두는 컨테이너 부두로 주로 지린성의 목재와 석탄을 취급하고 있으며, 하역능력은 100만 톤이다. 이는 한반도 횡단철도(TKR)와 시베리아 횡단철도(TSR)의 연결과 더불어 시베리아 오일 파이프라인을 한반도와 연결시키고자 하는 목적에서 획득한 것이다. 나진항의 1~3호 부두는 5천~1만 톤급 선박 15척이 동시에 접안할 수 있다. 또한 나진항에는 러시아의 광궤철도 11.7km가 연결되어 있다.[11]

〈그림 8〉에 표시된 나진항 우측 부분의 새 부두는 중국 훈춘길안실업단체공사(中國琿春吉安實業集團公司)가 새로 개발할 계획을 가지고 있는 것으로 밝혀졌다. 온라인 〈중앙일보〉에 따르면, 나진 신항은 첨단 컨테이너 물류항과 더불어 대형 크루즈선이 정박할 수 있는 여객항이

---

9   림금숙, 「창지투 선도구와 북한 나선특별시, 러시아 극동지역 간 경제협력의 현황과 과제」, 『창지투(長吉圖) 선도구와 북한 나선특별시, 러시아 극동지역 간 경제협력 과제』, KINU 통일연구원, 2011, p.20.

10 2008년 4월, 북한과 러시아는 「조로모스크바선언(2001.8.4.)」에 따라 북-러 간의 철도부문 협력사업의 첫 단계 조치로 나진항의 3호 사용권과 경영권을 러시아에 부여했다. 배종렬, 「라선특별시 지정배경과 개발과제」, 『수은북한경제』 2010년 여름호, 한국수출입은행, 2010, p.7.

11 김영윤 · 추원서 · 임을출, 앞의 논문, 같은 쪽.

동시에 건설되는 것으로 확인되었다고 밝혔다.[12] 〈세계일보〉의 자료에 따르면, 나진항 1호 부두의 경우 2013년 초 이미 기초 재보수 작업이 마무리되었고, 4~6호 부두는 수심 13m 규모이며 5만 톤급 이상 선박의 정박이 가능하며 이 중 4호 부두 건설은 이미 착공했다고 보도하고 있다.[13]

이렇듯, 나선특별시는 나진항과 선봉항을 항구로 갖추고, 밑으로는 청진항과 원산항까지 연결 가능한 네트워크의 중심 노드이면서 북한의 개방을 측정할 수 있는 바로미터이다. 동시에, 중국과 러시아, 그리고 몽골이 해양으로 나아가는 출구이고, 한국과 일본이 대륙으로 진입하기 위한 입구이다. 위에서 언급한 항구의 상황에 중국과 러시아가 대륙과 항구 간의 연결에 속도를 내고 있다.

중국의 경우, 북한 항구를 빌려 적극적으로 동해로 진출(借港出海)하기 위한 인프라 건설에 투자하고 있다. 2008년 창춘-지린-투먼 구간, 투먼-훈춘 구간, 2011년 훈춘-권하세관-북한 원정리-선봉항-나진항 구간의 고속도로가 개통되어 낙후되었던 중국 지린성과 북한 나선특별시 간의 흐름(flows)에 변화가 발생했다.[14] 특히, 북중러 간의 중국 측 국경도시 훈춘에 위치한 북중 통상구인 권하세관에 중국 상무부가 왕복 4차선 규모의 '신두만강대교(中朝邊境圈河口岸大橋)'[15]를 건설한다고 공개하여 중국의 나선특별시로의 진출이 더 활발하게 이루어

12 김진희 · 이지은 · 유혜은, 「[단독] 나진신항, 유럽-러시아-동북아-태평양 잇는 허브항」, 온라인 중앙일보, 2011. 7. 11.
13 김민서, 「"동북아 물류 거점을 확보하라"… 中 · 러 '물밑 각축전'」, 세계일보, 2013. 11. 5.
14 강태호, 「동북아의 무역 전진기지 시동건 훈춘」, 한겨레 디펜스21, 2013. 12. 11.
15 中華人民共和國商務部, 「中朝邊境琿春開啓圈河口岸大橋項目 總投資1.5億元」, 2013. 7. 2., http://www.mofcom.gov.cn/article/difang/jilin/201307/20130700182535.shtml.

질 것임을 방증했다. 러시아의 경우, 2008년 10월부터 러시아의 투자로 러시아 하산과 나진항 간의 철도 개보수 작업을 시작했고, 2013년 9월에 재개통하였으며, 한국과 러시아의 석유 파이프 연결에 북한도 참여하게 함으로써 그 관통 지역인 나선특별시의 가치가 더 커졌음을 알 수 있다.[16]

요컨대 나선특별시는 알프레드 마한이 주장했던 해양력 요소 중 '물리적', '지리적' 요소를 두루 갖추었고, 동해로 진출하기 위한 중국과, 석유 파이프라인을 통해 한반도에 영향력을 미치려는 러시아에게 있어 전략적 요충지이다. 나선특별시는 북한이라는 특수한 정치적 네트워크상에 위치한 항구도시이다. 국제정치적으로 북한과 긴밀한 관계인 중국과 러시아에 의해 나진항과 선봉항이 개발되고 있으며, 대륙세력의 해양 진출을 위한 전진기지로 탈바꿈되고 있다. 하지만 역으로 한국과 일본이 대륙으로 진출하기 위한 입구가 될 수 있는 지역인 만큼 향후 정치적 · 경제적으로 그 가치가 상승할 곳이다.

---

16 김민서, 앞의 신문.

2. 중국의 동해 진출 교두보 전략 - 창지투 개발계획

1) 광역두만강개발계획(GTI)과 창지투 개발 연계

앞부분에서는 동북아 일대의 지리적·역사적 내용을 살펴보았고 국제 정세의 흐름 속에 해당 지역의 중요성을 설명했다. 앞에서 이미 설명하였듯이, 이 지역 중 나선특별시 지역은 현재 러시아, 중국, 북한의 대륙 지역이 일본 내지 태평양으로 나아가는 출구로서 손색이 없고, 한국, 일본, 미국이 대륙으로 진출하기에도 지정학적·지경학적으로 매우 중요한 위치에 있다. 여기에서는 나선특별시와 연계된 개발 프로그램에 대해 살펴보려 한다. 나선특별시와 연계된 프로젝트는 동북아 지역 내 국제 개발 프로젝트인 광역두만강개발계획과 중국의 국가급 개발 프로젝트인 창지투 개발계획과 연계되어 있다. 이 중광역두만강개발계획은 「두만강 지역 개발 프로그램」의 발전 모델로서 북한을 포함한 중국·러시아·몽골·한국·일본을 포함한 광역 개발 프로젝트이다. 나선특별시를 비롯한 이 두만강 하류 지역의 개발은 1991년 유엔개발계획(UNDP)이 「두만강 지역 개발 프로그램」을 재정적으로 지원하기 시작하면서,[17] 두만강 지역에서의 협력에 관한 5개 회원 국가들의 정부 간 협정을 체결하였고, 그 성과가 가시화되는 듯하였다. 하지만 남한 정권의 대북 정책에 따른 남북한 관계의 변화, 북

---

17 이성우·김찬호·송주미·오연선·김성야·김형태, 「중국 동북지역 진출 신물류체계 전망-'창지투 개발계획'을 중심으로」, 『GLN 동향분석 리포트』 2010년 12월 제7호, 한국해양수산개발원(KMI), 2010, p.21.

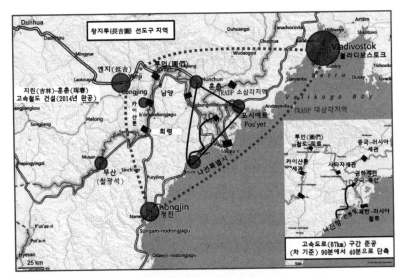

<그림 10> 나선특별시, 블라디보스토크, 창지투 선도구 지역
(필자 그림, 지도 출처: bing map, 북중 세관 표시 참고자료 : 남문희.
"나진항 개발에 한국 기업인 도전," 시사IN Live, 2011.)

한의 핵개발에 이은 대북 경제제재, 1997년과 2008년에 아시아로 엄습해온 경제위기, 중국의 경제발전, 각 국가의 이해관계 등의 변수들로 두만강 개발 프로젝트는 부침을 보였다. 여기에서는 1991년 이후 「두만강 지역 개발 프로그램」의 진행 과정과 한계를 살펴보겠다. 이어 2009년 이후 중국이 국가급 프로젝트로 진행 중인 창지투 개발계획과 나선특별시의 연결, 동해 진출의 과정을 설명하고 광역두만강개발계획과 창지투 개발계획의 연계에 대해 설명하겠다.

〈그림 10〉에 표시된 것처럼, 두만강 개발 프로젝트는 1990년대부터 시작한 초창기 협의적 개념의 범위였고, 2005년 합의된 광역두만강개발계획(GTI) 이후부터 광의적 개념을 도입하여 두만강 개발 프로젝트 범위를 확장하여 실시했다. 〈그림 10〉에서 표시했듯이, 협의적 개념으로는 '소삼각권역(Tumen River Economic Zone: TREZ)' 지역으로 러

시아 포시에트·중국 훈춘(琿春)·북한 나선을 잇는 삼각권역을 의미하고, 광의적 개념은 '대삼각권역(Tumen River Economic Development Area: TREDA)'을 지칭하며, 러시아 블라디보스토크-중국의 옌지(延吉)-북한의 청진을 잇는 삼각권역 지역을 의미한다.[18] 1990년 7월에 중국의 지린성 학자들에 의해 최초로 제기된 '두만강 지역의 국제 협력 개발(TRADP: Tumen River Area Development Program)'은 동북아 경제 협력을 위한 사업으로서, 남한·북한·러시아·중국·몽골 5개국 간의 다자간 협력 사업으로 시작했다.[19] 유엔개발계획(UNDP)의 주도하에 1990년 7월부터 동북아지역 발전을 위한 협력방안의 하나로 두만강유역 3개국인 북한·중국·러시아 간 '두만강유역개발계획(TRADP)'이 논의되기 시작했고, 1990년 10월 연형묵 북한 전 정무원 총리가 중국경제특구를 시찰하면서, 북한은 나진-선봉 지구에 자유경제무역지대를 지정하였다.[20] 이어 1991년, 유엔개발계획(UNDP)은 정식으로 두만강 국제개발계획을 발표하고, 중국·러시아·북한은 관련 개발 지역 우대 정책을 공포하는 등 제1차 붐을 일으켰다.[21] 1995년 12월에는 각 당

---

18 한국해양수산개발원의 연구자료에 따르면, 두만강 개발 프로젝트는 1996년에 들어서야 북중러 지방정부 차원의 투자와 개발이 이루어졌다. 이성우·김찬호·송주미·오연선·김성야·김형태, 앞의 논문, 같은 쪽.

19 이남주, 「동북아 경제협력과 한반도 경제」, 『한반도 통일론의 재구상』, 고려대학교 민족문화연구원·경남대학교 극동문제연구소 학술회의, 2010. 9. 9~10, p.215.(재인용: 김영윤, 추원서, 임을출, 「라진·선봉지역 물류분야 남북 협력방안 연구」, 『라진·선봉지역 물류분야 남북 협력방안연구』, KINU 통일연구원, 2010, p.54.)

20 김영윤, 추원서, 임을출, 앞의 논문, 같은 쪽.

21 조명철과 김지연은 두만강지역개발은 물류 수요와 관련하여 유관국 간의 경제성장을 촉진시킬 수 있는 상호보완적 요소들을 보유하고 있다고 말했다. 그 예로, 동해로의 출구를 갖지 못한 중국과 몽골은 북한의 나진·선봉, 러시아의 자루비노를 통해 동해로의 출해로를 확보하고, 중국은 남방지역으로의 물류운송 시간 및 비용을 절약할 수 있을 뿐만 아니라, 동북3성의 경제개발을 가속화할 수 있다. 그 반대로 북한과 러시아는 중국과 협력을 통해 항만과 관련 인프라 시설을 개발시킬 수 있을 뿐

사국들이 모여 '제6차 두만강 개발 프로젝트를 위한 정부 간 계획관리 위원회(PMC: programme management committee)' 회의를 개최하여 두만강 '소삼각권역(TREZ)'을 중심으로 한 개발에 합의를 도출하였다.[22] 그러나 두만강 하류 지역이 각 국가의 변방이라는 점과 각 해당국의 경제 위기가 겹치면서 관련 지역에 대한 당사국들 간 공동 개발이 난관에 부딪히게 되었다. 이러한 현실적 개발의 난관을 타개하기 위해 두만강 개발 프로젝트의 당사국인 5개국은 '점진적 조화(Progressive Harmonization)' 방식을 추구하여 대삼각권역의 개발을 위한 제도적 기반을 마련하기에 이른다.[23]

'소삼각권역' 개발 중심의 두만강 개발 프로젝트가 위기에 봉착하게 된 직접적인 원인 중 하나는 1997년 동아시아에 닥친 금융위기이다. 안전장치 없는 세계금융시장 개방화로 초래된 아시아 금융위기로 러시아, 중국, 북한과 같은 당사국들은 인프라가 부족한 두만강 지역에 막대한 예산을 투자하기 어려웠다. 또, 당시 한국에서는 동북아 경제협력을 이끌었던 대우그룹이 IMF 구제금융 시기의 구조조정과정에

만 아니라, 통관 수수료를 통해 수입 증대 등의 다양한 경제 혜택을 기대할 수 있고, 한국과 일본 역시 두만강 지역 개발계획에 참여함으로 중국 동북3성 내수시장 진출 및 물료 운송비용 절감 및 시간단축, 관세혜택을 볼 수 있을 거라 설명하고 있다. 조명철·김지연, 『GTI(Greater Tumen Initiative)의 추진동향과 국제협력방안』, KIEP 대외경제정책연구원, 2010, pp.21-22.

22 배종렬, 「두만강지역개발사업의 진전과 국제협력과제」, 『수은북한경제』 2009년 겨울호, 한국수출입은행, 2009, pp.56-57.

23 배종렬은 점진적 조화방식에 대한 정의로, 소삼각권역/대삼각권역의 범위에 제한을 두지 않고, 각 두만강 개발 프로젝트 당사국들이 독자적인 개발을 진행하되 해당 구간 개발에 대해 긴밀하게 협력하여 점진적으로 제도와 경제활동의 여건을 조화시켜 나가며 상호 링크된 사회기초시설을 건설해나가는 개발 전략을 지칭한다고 했다. 배종렬, 앞의 논문, p.57.

서 해체하여 대북정책 후퇴의 원인이 되기도 했다.[24] 당시 두만강 개발 프로젝트가 부진했던 이유 중 배종렬은 북한의 요소를 지적하면서, 나진-선봉지역은 자유경제무역지대가 아닌 경제무역지대로 명명되며 대외적 위상이 저하되었으며, 한국기업이 나진-선봉지역에 대한 접근을 불허하는 등의 북한의 소극적인 태도[25] 역시 다자간 공동개발에 대한 한계[26]를 여실히 드러내었다고 말했다. 이후 2000년대에 들어서도, 중국의 경우 두만강 하구 개발 프로젝트는 지린성 지방정부 주도로 이루어졌고, 러시아는 국가 내의 체제 변환 이후 경제적 난관으로 시베리아 넘어 극동지역까지 투자하기 어려운 상황이었다. 한국과 일본[27] 역

---

24 배종렬, 앞의 논문, 같은 쪽.

25 배종렬, 앞의 논문, 같은 쪽.

26 조명철과 김지연은 TRADP 사업의 부진 이유를 네 가지로 정리하고 있다. "첫째, 체제의 이질성과 불확실성의 공존. 둘째, 지리적 인접성을 제외한 요소 즉, 정치체제의 유사성, 국가 규모, 인구규모 및 경제발전의 수준, 본 사업에 대한 각국 정부의 일관된 정책 등의 요소들이 결여되어 원활한 사업 추진 제약. 셋째, 두만강개발 사업에 대한 참여국의 각기 다른 입장, 개발 형태, 개발 목적 등은 참가국들 간의 의견 불일치. 넷째, 두만강 개발에 필요한 자금 공급(취약한 사회간접자본, 자유무역지대 형성미비, 투자보호협정 실천의 한계, 국제금융 협력의 부재, 북한·중국·러시아의 외자도입 노력 부족 등)의 한계." 두만강개발사업과 GTI에 대한 더 자세한 설명은 조명철·김지연, 앞의 책, pp.33-36.

27 남북한 관계의 부침(浮沈)은 두만강 개발 사업에 있어 중요한 변수이다. 남북교역의 사례는 노태우 정권의 1988년 7월 7일 「민족자존과 통일번영을 위한 특별선언」을 시작으로 1992년 남북한 기본합의서 채택, 1994년 11월에는 「남북경협 활성화 조치 제1차 발표」, 1998년에는 「남북경협 활성화 조치 제2차 발표」, 2000년 제1차 남북정상회담과 6·15남북공동선언, 2007년 제2차 남북정상회담과 10·4선언 등을 바탕으로 1998년 금강산 관광사업 시작, 2002년 개성공업지구 설정, 2004년에는 경의선·동해선 도로공사 완료, 2005년은 「남북해운합의서」 체결, 2007년에는 북한의 경제특구 건설을 위한 구체적 조치를 논의하는 것 등이 있다. 그러나 남북관계의 악화 사례로는 1993년 2월 북한의 핵확산금지조약(NPT) 탈퇴 공식통보를 통해 제1차 북핵 위기, 유보되었던 북한의 NPT 탈퇴는 2003년 1월 북한은 정부성명을 통해 NPT 탈퇴를 선언하여 제2차 북핵 위기 초래, 2005년 2월 10일 북한의 핵무기 보유 선언, 2006년 제1차 북한 핵실험, 2009년 제2차 북한 핵실험 등의

시 북한의 체제와 안보 불안 속에 투자를 주저할 수밖에 없었다.

두만강 개발 프로젝트 당사국 간 경제협력 부진, 북한의 나진-선봉 지역 개발 정체, 접경지역을 연결하는 열악한 인프라로 두만강개발계획사업(TRADP)이 답보상태로 머무르자, 유엔개발계획(UNDP)과 관련 국들은 2005년 9월 중국 창춘(長春)에서 제8차 당사국회의를 열어 회원국들의 주인의식 제고, UNDP의 지속적인 참여와 두만강지역개발 사업을 10년간 연장하기로 합의하였다. 동시에 과거 북한·중국·러시아에 국한되었던 두만강 개발 사업 범위를 두만강 소삼각권역에서 중국의 동북3성과 네이멍구(內蒙古), 몽골 동부지역, 러시아 연해주, 한국의 강원 영동, 경북, 울산, 부산 등 동해안지역으로까지 사업 확대에 대해 논의하면서 '광역두만강개발계획(GTI: Greater Tumen Initiative)'으로 발전시켰다.[28] 광역두만강개발계획으로 두만강 개발 프로젝트의 범위가 확장된 2005년 제8차 당사국회의 이후, 〈표 4〉의 일정처럼 당사국 회의가 이어지고 있다.

북핵 관련 남북갈등과 1999년과 2002년의 두 차례 서해 교전, 2008년 7월 관광객 총격 사건, 2010년 3월 천안함 침몰 사건, 2010년 11월 연평도 포격 사건, 2012년 12월 12일 북한이 발사한 위성이 궤도에 오르면서 장거리 로켓 능력 증명한 사건 등이 있다. 또, 북한과 일본과의 관계를 악화시킨 미사일 훈련은 1998년, 2006년, 2009년 4월, 5월에 미사일 발사 실험을 통해 일본의 영공을 통과하여 태평양에 떨어졌으며 이에 일본 정부는 강력하게 반발했다. 또, 간 나오토 일본 정부는 1974년 일본인 납치 사건이 북한 공작원에 의해 발생하였으며, 일본인 납치 문제에 있어 피해자 전원 송환, 핵문제 해결, 국교 정상화, 경제 지원을 패키지로 함께 처리하겠다는 정책을 주장하기도 했다. 이어 북한은 2013년 12월 12일, 탄도 미사일로 전환 가능한 위성 발사 성공으로 유엔안보리 결의 2087호 발의, 2013년 2월 12일, 북한은 제3차 핵실험을 감행하여 유엔안보리 결의 2094호 경제제재를 받게 된다. 관련 자료는 통일부 남북교류협력 홈페이지, 한겨레신문, 통일연구원 자료 검색 및 분석을 통해 필자가 정리한 것이다.

28 조명철·김지연, 앞의 책, p.37.

구분	일시	장소	주요 논의, 합의·사항
제8차 당사국 회의	2005. 9	중국 창춘	- GTI 체제 출범합의 - 당사국 협정문, 환경양해각서 시효 10년 연장
제9차 당사국 회의	2007. 11	러시아 블라디보스토크	- GTI 체제 출범 이후 개최된 첫 번째 회의 - 에너지 이사회, 관광협의회, 기업인 자문회, 환경협력에 대한 협의체 설립 - GTI 10개 신규 프로젝트 선정
제10차 당사국 회의	2009. 3	몽골 울란바토르	- 사업추진 효율성 제고를 위한 Fast Track 합의(2개국 이상 승인 시 사업추진 가능) - 교통이사회 설립 승인
제11차 당사국 회의	2010. 8	중국 창춘	- 2011년 제12차 당사국회의지 확정(강원도 평창 알펜시아) - 창춘선언문에서 북한의 GTI 복귀[29]를 요청하는 내용 포함(중국, 러시아, 몽골, 두만사무국 입장 기술) - 회원국 지방정부 간 협력체제 구축 - 무역원활화위원회 설립 확정 - 2011년 12개 주요 사업 및 지원금(25만 달러) 확정 - 국별 분담금 재조정 및 인력확충 합의 - 두만사무국의 법적지위 현행체제 유지 합의

〈표 4〉 GTI 체제 출범 이후 정부 간 회의에서 논의, 합의된 내용
[GTI(2010), 조명철·김지연, p.42.]

---

29 북한은 2009년 11월 GTI 사업에서 탈퇴를 했고, 2010년 8월 제11차 당사국 회의에서 창춘선언문을 통해 북한의 복귀를 요청했다. 중공중앙당교 국제전략소 교수인 장리엔궤이(張璉瑰)는 북한의 GTI 사업 탈퇴에 대해 중국 잡지 재경(財經)을 통해 글을 남긴 적 있다. 그는 2009년 11월 17일 두만강 개발 사업의 일환이었던 창지투 개발 사업을 국가사업으로 승격되고 얼마 지나지 않아 북한은 특별한 이유 없

두만강 개발사업에서 가장 중요한 요소는 주변국들의 관련 지역 발전 전략과의 연계이다. 러시아의 상황을 먼저 살펴보면, 2000~2007년 동안 국내총생산(GDP)이 72% 증가하였고, 연평균 7%의 성장을 이루면서 자원매장량만 세계 총량의 21%를 차지하여 세계 1위의 자원 대국을 자랑하고 있으며, 생산 및 판매하는 천연가스 역시 확인된 매장량은 46만 억m^2로 역시 세계 1위를 점하며, 석유 생산 및 판매 또한 세계 1위로 세계 매장량 13%를 차지하고 있다.[30] 자원 대국인 러시아에게 있어 극동과 시베리아 지역은 다시 전략적으로 매우 중요한 곳으로 부상하고 있다.

탄소에너지의 사용량 증가와 함께 끝을 모르고 상승하는 석유와 원자재 가격은 자원의 숨은 냉장고인 러시아 극동과 시베리아 지역의 가치를 동시에 끌어올렸다. 19세기의 니콜라이 1세가 아시아 시장에 접근하기 위해 '동방정책'을 펼쳤듯, 21세기의 러시아도 중국의 경제 성장과 동아시아 전체의 전략적 가치 상승으로 지경학적 가치가 급상

이 유엔개발계획(UNDP)에서 탈퇴하겠다고 선언하였고, 곧 나선특별시 승격과 중국에 나진항 사용권을 준 것은 서로 관련된 일이라 지적했다. 실제로 북한은 2009년 4월 '위성발사'를 진행하고, 동년 5월 제2차 핵실험, 동년 6월, 7월 미사일 시험을 감행하였고, 이에 2009년 6월 유엔안보리는 1874호 결의를 통해 북한에 경제제재 조치를 결정하였고, 동년 7월 유엔 제재 위원회는 제재 명단을 통과시켰다. 장리엔꿰이는, 1874호 결의가 통과된 6월 12일에서 5일 후에 북한은 '강남1호'가 경제제재에 의해 단속을 받는 등의 경제적 어려움에 봉착하자 그에 대한 돌파구가 필요했고, 결국 나진항 개방을 통한 외화 벌이 및 '선군정치' 실현을 위한 밑거름으로 쓰고자 한다고 주장하면서, 특히 중국이 창지투 개발 사업의 국가사업 지정을 시발점으로 훈춘시를 본격적으로 개발, 두만강 유역을 넓혀 동해로 나아가는 출구로 활용하려는 움직임을 보이자, 북한은 중국을 나진항으로 유인하기 위한 전략으로 GTI 탈퇴 조치를 취한 것으로 분석했다. 張璉瑰,「朝鮮擧措無關」改革開放」,《財經》雜志 2010年 第6期, 2010年03月15日, ⟨http://www.360doc.com/content/10/0319/15/142_19397780.shtml⟩.

30 주시엔핑(朱顯平),「러시아 동부발전전략이 한반도에 미치는 영향」,『중국의 동북지역개발과 한반도』, 통일연구원, 2010, p.188.

승 중인 러시아 극동지역을 주시하고 있다. 중국의 경제성장으로 동아시아의 경제가 세계 경제의 중요한 한 축이 되면서, 세계적 자원 공급처인 러시아는 오일 파이프 네트워크를 동아시아로 확장하고 있다. 요컨대 러시아는 자원의 개발과 해외시장 확보를 위해 새롭게 동아시아 지역으로 눈을 돌리고 있다. 2012년 9월 블라디보스토크에서 열린 APEC 정상회담은 러시아의 아시아·태평양 지역으로의 관심을 방증하는 것이라 본다.

또한 지구 온난화가 가속화되면서 북극해가 열리고, 북극해 항로를 통해 유라시아의 극단을 잇는 새로운 링크 형성이 가능하게 되었다. 북극해 항로의 개척은 다시 러시아의 해양 네트워크 확장을 의미하는 것이므로, 블라디보스토크를 포함한 해당 지역의 개발은 러시아에 있어 북극해를 포함한 해양 네트워크를 위한 포석이 될 것이다. 종합하여 말하면, 러시아에게 있어 극동지역·시베리아 동부 개발은 자원 개발, 해외시장 개척, 북극해를 포함한 해양네트워크 포석, 시베리아 횡단철도(TSR)와 오일파이프 연결 등의 복합 네트워크 형성의 포석으로 해석할 수 있다.

이 지역에 대한 러시아의 개발은 1996년 옐친 정부의 「극동 및 자바이칼 1996~2005년 경제와 사회발전 연방 특별요강」에서 발의되었지만 소련 해체 이후 직면한 러시아의 시스템 변화와 그에 따른 경제적 어려움으로 집행되지 못했다.[31] 이후, 2007년 8월 러시아연방정부회의는 「2013 극동·자바이칼 지역 경제 사회발전 연방특별프로그램」을 비준, 2008년에 프로그램을 시행하였다. 2008년 5월, 러시아 정부는 「2025년 전의 극동지역 및 부랴티아공화국, 자바이칼 변경지역

---

31 주시엔핑, 앞의 논문, 같은 쪽.

및 이르쿠츠크주의 사회-경제발전전략」을 편성하고 동시에 「2013 극동·자바이칼 지역 경제 사회발전 연방특별프로그램」을 수정하며 극동 및 자바이칼 지역에 대한 개발 및 투자 계획을 마련하였다.[32] 특히 2012년 아시아·태평양 경제협력체회의(APEC)가 러시아 블라디보스토크에서 개최되면서 본 지역에 대한 물류, 관광, 교육, 문화 분야의 전반적인 발전이 진행되고 있다.

한편, 중국 또한 두만강 개발 프로젝트의 핵심 당사국이다. 중국은 1978년 개혁개방 노선을 선택한 것과 2001년 WTO 가입을 통한 세계 경제체제 참여 등으로 지속적인 경제성장을 하였다. 하지만 실질경제와 금융경제의 커져가는 격차와 함께 불안정한 금융파생상품으로 발생한 미국발 경제위기로 중국의 최대 소비시장인 미국과 유럽 시장이 침체하였다. 구미의 경제 침체는 중국이 해외시장에 의존하여 경제성장하는 것에 제동을 건 것이다. 결과적으로 중국에게 내수시장 확대 움직임을 촉구하는 직접적인 원인이 되었다.

중국의 내수확장 정책은 중국 내부에 만연한 지역격차, 농민공(農民工: 農民外出務工) 문제, 소수민족 불만 등을 해소하기 위한 조치이기도 하다. 중국의 내수시장 확장을 위한 조처로서 진행 중인 중국 내부 지역 개발 프로젝트의 확장을 주목할 필요가 있다. 중국은 각 성급 지역과 자치구에 발전계획을 수립하고, 중국 중앙정부와 지방정부 간에 유기적으로 지원 및 발전책을 공유한다. 이와 함께, 중국 변방지역과 경계를 마주하고 있는 주변국 변방지역들과 개발 프로젝트를 연계하여 지역개발전략을 수립함으로써 대외개방을 전개하고 있다. 현재

---

32 당시 푸틴 정부는 러시아 동부발전의 제1단계(2008~2013년)를 통해 아·태 지역에서의 전략적 위치 격상과 국제협력 환경 개선, 천연자원 개발을 통한 동부지역 발전 유도를 구상하였다. 주시엔펑, 앞의 논문, p.187.

진행 중인 중국 내부 지역경제개발 프로젝트는 크게 '동부선도(東部先導)', '서부대개발(西部大開發)', '동북진흥(東北振興)', '중부굴기(中部崛起)', '광서북부만개발(廣西北部灣)'이 있다.[33]

중국은 이처럼 지역개발전략과 주변국(주로 동남아, 중앙아시아, 러시아 등) 연계를 통해 내부 네트워크와 외부 네트워크를 투자하고 개발, 원조, 인프라를 건설하는 방식으로 활발하게 연결하고 있다. 하지만 중국 동북3성은 사통팔달한 지리적 장점에도 불구하고, 주변국과의 네트워크 연결 과정에 호환성이 낮은 이유(역사적, 정치적 요소 등의 요인)로 중국 내 네트워크에서 소외되어왔다. 1949년 10월 1일 중화인민공화국이 성립된 후, 중국 공산당은 소련의 원조에 전면적으로 의존하는 '일변도(一邊倒)' 전략을 펼치면서 소련과 국경을 마주했던 중국 동북 3성을 중공업 지역으로 발전시켰다. 그러나 스탈린 사망 이후 흔들렸던 중소관계는 결국 1960년대 영토분쟁으로 양국의 갈등으로 확장되었고, 이를 계기로 소련과 마주하던 중국의 변방 네트워크인 동북3성은 소련의 확장을 견제하기 위한 첨병(尖兵)으로 전락한다. 중국 동북3성은 1978년 개혁개방 이후 동부 연안으로의 투자집중을 이유로 상대적으로 쇠퇴하게 되고, 중국이 계획경제 시스템에서 '사회주의 시장경제체제'로 전환할 때 타 지역보다 많은 비용이 발생하는 문제점[34]도 있어 동북3성은 대외개방의 허브가 되지 못했다.

---

33 「發展改革委解讀國民經濟和社會發展計劃報告」, 《關于2010年國民經濟和社會發展計劃執行情況與2011年國民經濟和社會發展計劃草案的報告》專題解讀, 2011. 4. 6., 中央政府門戶網站. 〈http://www.gov.cn/jrzg/2011-04/08/content_1839825.html〉.(검색일: 2011년 5월 7일.)

34 우하오(吳昊), 「중국의 지역발전전략과 동북진흥」, 배정호·주시엔핑 편, 『중국의 동북지역개발과 한반도』, 2010년도 KINU KOREA-CHINA 민간전략대화 및 국제적 공동연구 자료, 통일연구원, 2010, p.27.

하지만 중국은 동북3성 지역의 문제를 타개하고, 동북3성을 동북아 물류 중심지역으로 발전시키기 위한 기반을 마련한다. 중국 중앙정부는 2003년 「동북지역 등 구 공업기지 진흥 전략 실시에 관한 의견(關與實施東北地域等老工業基地振興戰略的若干意見)」과 「중국공산당중앙위원회의 사회주의 시장경제문제개선에 관한 결정(中共中央關與完善社會主義市場經濟若干問題的決定)」[35]을 공표하고, 중국 동북지역 개발 프로젝트의 기본방향을 제시하였다. 이후, 중국은 2004년에 선양(瀋陽) 개발경제권, 랴오닝(遼寧) 연해경제벨트, 창지투(長吉圖)개발 선도구, 하다치(哈大齊) 공업지대 등 〈그림 11〉과 같은 '3종 5획' 전략이 포함된 동북진흥계획을 발표했다.[36] 2005년에는 「동북 노후공업기지의 대외개방 확대 실시에 관한 의견(36호 문건)」[37]을 발표하고, 두만강 개발 프로젝트를 발전시켜 '광역두만강개발계획(GTI)'을 발족하면서, 중국 동북3성 개발과 두만강 일대 주변 국가들과의 네트워크 연결을 위한 경제협력을 추진하고 진행하였다. 하지만 2006년 10월 9일 북한이 핵실험을 감행하고, 같은 해 10월 15일 유엔안보리에서 제재결의 1718호

---

35 지린대학 동북아 연구원의 우하오 연구원은 중국의 지역발전전략 기본 내용을 8가지로 설명하고 있다. "1)지역발전 불균형 완화전략, 2)지역발전 종합전략, 3)국토개발구성(格局)전략, 4)지역일체화 전략, 5)특수지역 및 빈곤지역의 지원전략, 6)성진(城鎭)화 전략, 7)국경지역 개발·개방전략, 8)지역협력 발전전략 실시에 따른 정책보장대책". 우하오, 앞의 논문, pp.19-26.

36 이성우, 「중국 동북 창·지·투 개발전망과 진출전략」, 2011년 제4차 KMI 상해 CEO 물류포럼 자료집, 한국해양수산개발원(KMI), 2011, pp.7-8.

37 원동욱은 "창지투(長吉圖)"를 "중국 지린성(吉林省)의 중심도시인 창춘, 지린 그리고 두만강일대의 7.32만km²에 이르는 구역을 지칭한다"면서, "일부 국내 신문에서는 창지투의 '투'를 '투먼(圖們)'으로 오역하고 있으나, 여기서 '투'란 투먼강(즉 두만강)일대를 가르킨다"고 지적했다. 원동욱, 「중국의 창지투개발계획과 대북협력 확대의 현황 및 과제-초국경 연계개발 사업을 중심으로」, 평화재단 평화연구원 특별기획 제50차 전문가포럼 자료집《심화되는 북·중·러 삼국의 협력관계: 북방삼각의 복원 움직임인가》, 2011, pp.30-32.

<그림 11> 중국 국무원이 2004년 발표한 동북진흥계획[3종 5횡]

(필자 그림, 지도 출처 : bing map, 참고 자료 : 권영경, 남북물류포럼 동북아경제협력회의
자료집, 2010; 이성우, 2011년 제4차 KMI 상해 CEO 물류 포럼.)

를 채택하면서, 두만강 개발 프로젝트는 큰 장벽에 부딪혀 표류하는
듯 보였다.

이후, 북한이 중국-러시아 간에 시계추 외교를 진행하면서 의외의
사건이 발생한다. 2008년 4월 러시아-북한 철도성 사이에 '나진-핫
산 프로젝트 추진협력 합의서'가 체결되고 추진되는 가운데,[38] 2005
년 북중 간 맺어졌던 나진항 3호와 4호 부두의 중국 운영권이 러시아
로 넘어가는 일이 발생한다.[39] 이에 중국은 2008년 6월에 중국 국무
원 산하 국가발전개혁위원회를 통해 두만강지역개발계획을 수정하
였고, 7월에는 나진항 개발과 관련하여 중국 랴오닝성 다롄의 다롄창

---

38 원동욱, 「동북아, 협력과 공생의 아젠다: '교통물류'분야를 중심으로」, 『동서연구』 제
    21권 1호, 동서문제연구원, 2009, p.19.
39 원동욱, 「중국의 창지투개발계획과 대북협력 확대의 현황 및 과제-초국경 연계개발
    사업을 중심으로」, 평화재단 평화연구원 특별기획 제50차 전문가포럼 자료집《심화
    되는 북·중·러 삼국의 협력관계: 북방삼각의 복원 움직임인가》, 2011, p.39.

리경제무역유한공사(大連創力經貿有限公司)와 북한의 나진강성무역회사가 합영계약[40]을 맺는다. 2009년 5월 25일, 이때 다시 북한은 제2차 핵실험을 하는데 이에 대한 조치로 중국 역시 1874호 유엔 안보리 경제제재에 참여하는 듯하였으나, 같은 해인 2009년 8월 30일에 중국 국무원은 '중국 두만강지역 합작개발 전망계획요강: 창춘-지린-두만강지역'을 국가급 개발 프로젝트인 '개발개방선도구(中國圖們江區域合作開發規劃綱要-以長吉圖爲開發開放先導區)'(이하 창지투 선도구 개발계획)[41]으로 격상했다. 바로 한 달 뒤인 10월에는 원자바오 당시 총리가 평양을 방문하면서 북중 경협이 급물살을 타게 된다. 원자바오 전 총리는 방북 기간에 대북 경제원조 및 투자를 합의하며 북중 경협을 강화하였다.

2005년 중국의 언론이 북한 나진항 부두의 사용권을 언론에 대대적으로 광고했던 것과 달리, 중국은 원자바오 전 총리 방북 이후 나진항과 청진항 내 부두 사용권 획득에 대해서 언론 통제를 실시했다. 리롱시(李龍熙) 중국 지린성 옌볜조선족자치주 위원회 부주석은 2010년 3월 7일 베이징에서 중국이 북한 나진항 제1호 부두의 10년 사용권을 획득하였고,[42] 이에 따라 지린성이 대외 물류통로를 확보했다고 보고하였다. 이로써 중국의 한반도 동해 진출의 베일이 벗겨졌다.

이상으로, '광역두만강개발계획(GTI)'의 배경과 당사국들의 네트

---

40 원동욱, 앞의 논문, p.40.

41 창지투 선도구 개발계획 관련 자세한 내용은, 배종렬, 「두만강지역 개발사업의 진전과 국제협력과제」, 『수은 북한경제』, 수출입은행, 2009년 겨울호.

42 朱淑珍, 「吉林獲得朝鮮羅津港10年租用權」, 路透北京(REUTERS Beijing), 2010年3月10日, 〈http://cn.reuters.com/article/CNTopGenNews/idCNCHINA-1848220100310?sp=true〉.(검색일: 2010년 12월 1일.)

워킹 과정을 살펴보았다. 당사국 중에 중국은 '광역두만강개발계획' 관련 지역을 포함한 동북3성 전체를 국가급 프로젝트로 승급하며 가장 적극적인 전략적 움직임을 보이고 있다. 중국은 동북지역에 '3종 5횡'의 개발전략으로 동북지역 네트워크를 완성하는 단계에 있고, 이 중 창지투 개발계획 지역을 매개로 하여 동북3성 전체와 북한의 나선특별시의 연결을 통해 그 해양력을 확장하고 있다. 광역두만강개발계획과 더불어 중국이 국내 동북지역 네트워크를 어떻게 형성하는지 설명하고 네트워크 세계정치이론을 통해 그 연계 과정을 살펴보겠다.

지린(吉林)대학의 우하오(吳昊) 연구원은 중국의 동북진흥계획 시기를 크게 두 가지로 나누고 있는데, 첫째는 동북진흥정책체계의 초기형성단계(2003. 10.~2006. 12.), 둘째는 동북지역진흥계획 제정 및 전면실시단계(2007. 1.~2008. 12.)이다.[43] 중국 국무원에서 2009년 8월 30일에 국가급 개발 프로젝트로 격상시킨 「중국 두만강지역 합작개발 전망계획요강: 창춘-지린-두만강지역 개발개방선도구(中國圖們江區域合作開發規劃綱要-以長吉圖爲開發開放先導區)」는 중국이 두만강 개발 프로젝트에 주도적 참여를 선언[44]한 사례이다. 이후 중국은 2009년 9월 9일 「동

---

43 통일연구원 자료에서 우하오는 동북진흥정책체계의 초기형성단계의 특징으로 "건설사업 지원정책, 세금우대 및 세대개혁정책, 국유기업개편, 개혁정책, 자원형 도시의 전환 및 광산지역 개조지원 정책, 도시 사회보장체계의 개선정책, 농촌 및 농업발전 추진정책 포함. 대외개방정책 다방면 확대"로 설명하고, 동북지역진흥계획 제정 및 전면실시단계의 특징으로는 "산업의 구조조정 강화, 자원 고갈형 도시의 경제전환 실시 및 석탄채굴 함몰지역 관리의 가속화, 판자촌 지역 개조사업 가속화를 중심으로 구 공업기지 진흥의 적극적 추진. 내몽고 자치구 지역을 동북지역에 포함"이라 설명했다. 우하오(吳昊), 앞의 논문, pp.29-39.
44 림금숙은 관련 프로그램 계획요강의 부제를 언급하면서, 이는 중국이 국제환경·북한·러시아의 요소에 의존하지 않고 중국이 주도적으로 투자하여 개발하겠다는 것을 의미한다고 보았다. 림금숙, 「창지투 선도구와 북한 나선특별시, 러시아 극동지역

구분	주요 내용
'3종'	1) 하다경제벨트(3종-A) 　- 다롄-하얼빈 동변도 철도건설(2008. 12월 완공됨) 　- 하다경제벨트 지역을 우선적으로 발전시켜, 다롄 경제구, 랴오중 　경제구, 창지경제구 및 하다치 공업회랑을 중심으로 하다경제벨트 　조성 2) 동부통로연선(3종-B) 　- 다롄-선양-창춘-하얼빈 연결 산업벨트 구축 3) 치치하얼~츠펑 연선(3종-C) 　- 동북3성-내몽골 연결 자원 물류 회랑 건설
'5횡'	공업회랑 건설 및 개발구 건설 등 5개 사업 1) 하다치(하얼빈-다칭-치치하얼) 공업벨트(5횡-1사업) 　- 석유, 화학, 기계설비, 석탄 등 사업으로 조성된 공업구 건설 2) 창지투개발 선도구(5횡-2사업) 3) 랴오닝-선양 경제구(5횡-3사업) 　- 석유, 화학, 기계, 설비, 철강, 석탄 등 사업으로 조성된 경제구 4) 랴오닝성 연해 경제벨트(5횡-4사업) 5) 랴오닝-내몽골-몽골로 이어지는 교통물류체계(5횡-1사업)

〈표 5〉 '3종 5횡' 공간발전구조

(출처: 이성우·김찬호·송주미·오연선·김성야·김형태, GNL, 한국해양수산개발원, 2010, 동향분석 리포트표, "하다치(하얼빈-다칭-치치하얼)"부분에서 원본의"다롄"을 "다칭"으로 수정했음.)

북구 공업기지 진흥 전략의 진일보 실시에 관한 의견(關與進一步實施東
北等老工業基地振興戰略的若干意見)」[45]을 공표하며 구체적 전략을 제시하

간 경제협력의 현황과 과제」, 『창지투(長吉圖) 선도구와 북한 나선특별시, 러시아 극
동지역 간 경제협력 과제』, KINU 통일연구원, 2011, p.88.

45　國務院辦公廳, 「關于進一步實施東北地區等老工業基地振興戰略的若幹意見」, 國
發〔2009〕33號, 2009. 9. 11., 中央政府門戶網站, 〈http://www.gov.cn/zwgk/2009-
09/11/content_1415572.htm〉.(검색일: 2011년 4월 8일.)

였다. 〈그림 11〉에 표시된 것처럼, 현재 중국은 중국 동북지역의 '3종 5횡'의 동북 진흥계획을 추진하고 있다. 〈표 5〉의 설명과 같이, '3종'은 '하다경제벨트(3종-A: 다롄-하얼빈)', '동부통로연선(3종-B: 다롄-선양-창춘-하얼빈)', '치치하얼~츠펑 연선(3종-C)'의 개발 라인을 지칭하는 것이고, '5횡'은 '하다치(하얼빈-다칭-치치하얼) 공업벨트(5횡-1사업)', '창지투 개발 선도구(5횡-2사업)', '랴오닝-선양 경제구(5횡-3사업)', '랴오닝성 연해 경제벨트(5횡-4사업)', '랴오닝-내몽골-몽골로 이어지는 교통물류체계(5횡-1사업)'를 의미한다.

'3종 5횡'의 프로젝트 중에 창지투 선도구 개발계획은 두만강 개발 프로젝트와 직접 연관이 있는 경제구이다. 창춘-지린-두만강(투먼강) 일대의 개발 프로젝트는 '1856년 중·러 아이훈조약(中俄璦琿條約), 1860년 중·러 속증조약(中俄續增條約)'으로 닫혀버린 동해로의 문을 열기 위한 중국 해양력의 예열 과정이다. 창지투 선도구 개발계획의 특징은 '연동식 개발방식'[46]이라는 점이다. 중국의 연안 개발 방식은 '점·선·면'으로 개발지역을 확장해가는 '거점식 개발방식'이었다. 타이완, 홍콩·마카오와 지리적으로 가까운 지역에 중국대륙의 핵심 노드를 선정하여 해외 화교자원을 끌어들여 발전시키고, 화교의 자본에 의해 지정했던 노드가 경제적 동력을 갖추면 선-면으로 중국 전 지역을 발전시키겠다는 개발방식이다. 하지만 창지투 개발 지역은 그 개발 지역 내부에 거점을 두지 않고, 그 자체가 점(노드)이 되게 하여 주변과

---

46 유현정은 창지투 개발사업의 '연동식 개발방식'에 대해, "연동식 개발방식은 개별지역에 그 기능과 역할을 분산하고 지역 상호 간 협력을 통해 시너지 효과를 유도해 냄으로써 거점식 개발방식이 초래한 단점을 극복하겠다는 구상"이라 설명했다. 유현정, 「창지투 개발계획이 중국의 대내외 정책에 주는 함의」, 양운철·유현정 공저 『창지투(長吉圖) 개발계획과 동북아 경제협력』 세종정책총서 2012-1, 세종연구소, 2012, pp.21-22.

네트워크를 이루게 한다는 의미이다.

창지투 선도구 개발지역의 내부를 살펴보고, 외부 연결 네트워크 지역을 살펴보면 다음과 같다. 우선, 2009년 11월 발표된 「중국두만강유역합작개발계획요강(中國圖們江流域合作開發計劃要綱)」을 보면, 북한·러시아와 마주한 훈춘(琿春)을 개발개방의 창구(窓口)로, 옌룽투[연룡도: 옌지(延吉)·룽징(龍井)·투먼(圖們)]를 개발개방의 전진기지로, 창춘(長春)과 지린(吉林)을 일체화시켜 배후지원기지로 그 역할을 담당하게 한다.[47] 즉, 이런 도시별 역할은 창지투 개발지역 내부에서 각각의 기능을 갖춘 노드가 하나의 생명체를 구성하는 기관처럼 연동한다는 것이다.

창지투 선도구 개발지역의 가장 핵심적 역할은 창지투와 그 주변 지역을 링크하는 것이다. 현재 국경을 비롯한 지리적 입지만을 본다면 창지투 지역과 인접한 곳은 북한과 러시아뿐이다. 하지만 항구와 부두가 있는 어디로든 공간이동이 가능한 해양과 연결할 수 있다면 창지투 개발지역의 지리경제학적 가치와 지위는 격상된다. 즉, 중국(창지투 개발지역)-북한(나진항)·러시아(블라디보스토크·자루비노·포시에트)-동해를 잇는 라인이 형성된다면 중국 동북3성의 풍부한 자원이 저렴한 물류비용으로 더 넓은 해외시장과 링크될 수 있는 기회가 생긴다는 것이다. 중국은 먼저 러시아에 '차항출해(借港出海: 항구를 빌려 바다로 나간다는 구상)' 전략을 통한 연결을 타진해보았으나, 러시아는 중국의 극동지역 영향력 확대를 우려해 이를 거부했다. 반면, 경제적으로 중국에 대한 의존도가 높았던 북한은 중국에 협조적 태도를 보여 북중 간에 나선특별시 공동개발을 위한

---

47 양운철·유현정, 앞의 책, p.22.

합의를 진행하였다.

다시 말해, 창지투 개발 지역은 '연동식 개발방식'으로 그 자체가 유기적 노드이다. 그리고 동북3성 지역은 '3종 5횡' 계획을 통한 공업회랑, 경제개발구, 인프라 연결 등으로 동북3성 자체 내에 내구성 높은 네트워크를 형성한다. 다음으로 중국 동북3성은 선양 · 다롄과 창춘 · 훈춘-나선으로 이어지는 두 축을 형성한다. 그리고 중국 동북3성은 황해와 한반도의 동해를 거쳐 해외 시장과 연결되는데, 동해로 나가는 데 있어 핵심 지역은 북한의 나진항이다. 나진항이 있는 나선특별시라는 노드는 북한이 지정한 경제무역지대이지만, 북한이라는 중앙정부(프로그래머)가 조작하는 표준설정에 따라야 하는 네트워크의 일원이다. 즉, 나선특별시가 갖는 개방성과 호환성의 조정은 북한의 중앙정부에 달려있는 것이다. 북한이라는 네트워크 국가는 일인 독재시스템이므로 〈그림 1〉의 '네트워크 5가지 유형' 중 단(單) 허브형에 해당하는 네트워크를 갖추고 있다. 중국의 지린성 지방정부가 북한과 직접 계약하고 개발하는 데 한계를 드러낸 것은 바로 이러한 북한의 구조에 기인한다. 복합 네트워크의 구조적 문제를 해결하기 위해 중국 중앙정부는 북한의 나선특별시 관련 인프라 연결과 개발사업에 직접 간여하여 '차항출해' 전략을 완성하기에 이른다.

다시 종합하여 보면, 동북3성은 선양-다롄-황해 라인과 창춘-훈춘-나선-동해 라인의 두 축을 통해 해외시장과 링크한다. 동북3성 기타지역-창지투 개발지역-나선-동해 라인 중에서 가장 중요한 요소는 나선특별시인데 동해로 나가는 문(저우추취, 走出去를 위한 문)을 획득하는 것이 북중 경제협력의 핵심 문제라는 것이다. 이런 중국의 동북3성 네트워크 확장과 '광역두만강개발계획'이 맞물리면서 북한의 나선특별시를 중심으로 다양한 구조 네트워크와 물류 네트워크의 복합적 창발이 이루어진다. 북한의 나선특별시는 두만강 유역 전체를 연결하는 게이트웨이의 지위를 갖고, 연동식 개발 구조인 창지투 개발지역은 나선특별시의 배후지 역할을 담당하게 된다. 다시, 창지투 개발지역과 나선특별시는 중국의 동북3성과 동해를 매개로 한 해외시장의 연결에 게이트웨이 역할을 담당하고, 중국의 동북3성 자체가 창지투 지역과 나선특별시의 배후지가 된다. 중국의 '3종 5횡' 개발 전략에 따라 촘촘해진 동북3성 네트워크는 다시 '광역두만강개발계획(GTI)' 관련 당사국들의 게이트웨이가 되고, '광역두만강계획'은 중국 동북3성의 배후지가 되는 구조로 형성된다. 이때, 게이트웨이 지위는 동심을 가진 서로 다른 원형의 구조로, 북한의 나진항은 위에서 언급한 창지투·동북3성·광역두만강개발계획의 당사국들 전 범위에서 게이트웨이 역할을 담당한다.

2) 북한과의 경협을 통한 개발 현황

1992년 채택된「한반도 비핵화에 관한 공동선언」에 의거하여 남북한 간에 약속한 한반도 비핵화 약속은 지켜져야 할 것이다. 하지만, 북한은 총 3차에 이르는 북핵실험 등을 감행하면서 한반도를 위기 상태로 몰아가고 있다. 북한의 지속적인 핵개발 및 실험으로 한반도 상의 핵 위기는 여전히 풀리지 않은 동북아의 과제로 남아 있다. 이와 관련하여, 유엔안보리는 대북 경제제재 조치 825호 등을 발표하고 실시했다. 북한은 이와 같은 국제적 경제제재를 받고, 천안함 침몰 사건과 연평도 포격 사건(2010)으로 인한 국제 대북제재 강화조치, 미국·일본의 대북 추가제재까지 이어지면서 국제적 고립을 면치 못하고 있다.

설상가상으로 북한은 2009년 11월 화폐개혁 실시 이후 화폐 제도의 혼선을 초래했고, 이로 인해 북한 정권에 대한 북한 주민들의 신뢰도가 추락했다.[48] 여기에 자연재해인 가뭄까지 겹치고, 앞서 설명한 대북 경제제재와 2010년 발표된 5·24조치로 인한 남북한 경협이 개성공단을 제외하고는 사실상 단절되기에 이르렀다. 이후, 2013년 3월 28일, 북한은 성명을 통한 '한반도 위기태세'를 발표하며, 남북 간의 갈등을 격화시킨다. 결국 이는 개성공단이 잠정 중단되는 사태까지 가게 되었다. 일련의 상황은 자연스레 북한이 중국에 대한 의존도를 높이는 원인으로 작용했다. 대한무역투자진흥공사(KOTRA) 자료에 따르면, 북한의 대중 무역의존도는 2004년 48.5%, 2005년 53.6%, 2006년 56.7%, 2007년 67.1%, 2008년 73%, 2009년 78.5%로 상승해왔으며, 2010년에는 83%를 기록하였다.[49]

종합적으로 봤을 때, 미중 간의 동북아 주도권을 잡기 위한 전략게임 전개, 중국의 동북지역 개발에 따른 동해 진출권 필요성 제고, 국제적 경제제재로 인한 북한 경제적 위기, 남북 경협의 사실상 중단에 따른 북한의 대중의존도 상승 등의 요소들이 복합적으로 작용하여 중국이 동해로 진출하기 위한 동기를 제공하였다. 이를 배경으로 한 중국의 동해 진출 관련 일지를 살펴보겠다.

---

48 북한 화폐개혁에 관한 자세한 내용은 조명철, 「화폐개혁 이후 북한 경제상황 평가 및 전망」, 『정세와 정책』 2010년 2월호, 세종연구소, 2010, pp.5-7 참조.
49 송영택, 「코트라, '작년 北 對中 무역의존도 83% 기록」, 아시아투데이, 2011. 5. 27.

연월	내용
2008. 7.	-중국 다롄 창리그룹(創力集團)과 북한 강성무역회사 합영회사 설립 -중국 창리그룹, 북한의 나진 1호부두 사용권 획득
10.	-10. 4. 러시아 나진-핫산 및 나진항 개건착공식 진행
2009. 7.	-중국, 랴오닝성 연해경제벨트 개발 계획 발표 -이전의 '5점 1선 계획'을 국가프로젝트로 격상
8.	-중국, 창지투개발계획 발표: '두만강지역 협력 개발계획'을 국가 프로젝트로 격상
9.	-신(新)압록강대교 건설 합의
	-청진항 개발 합의
10.	-10. 6. 원자바오 총리 방북, 김정일 위원장 회담: '경제원조에 관한 합의문서', '경제기술협조에 관한 협정' 등 8개 문서 조인, 나진항 공동 개발에 합의
11.	-중국, 2020년까지 창춘 · 지린 · 투먼 일대 개발계획 발표
12.	-12. 16. 김정일 국방위원장 나선대흥무역회사와 나선시를 현지 지도
	-12. 18. 남북합작기업인 칠보산매리합작회사(통조림공장)의 기업창설 승인
	-북중 간 국경교량 보수공사 합의: 원정(3. 15. 착공, 6. 1. 완공), 새별, 남양, 삼봉, 회령, 무산.
2010. 1.	-1. 4. 나선시를 특별시로 지정하는 최고인민회의 상임위원회정령 발표
	-1. 27. 나선경제무역지대법 개정

3.	-3. 2. 중국 국가관광국「중국 관광단체의 조선관광실현에 관한 량해문」에 따라 4월 12일부터 북한 관광 허용
	-중국 지린성, 나진항 10년 이용권 확보 발표
	-지린성, 나진~원정 도로 48km 개보수 합의, 나선특별시 훈춘시와 원정-권하 간 두만강 다리 보수공사 착공식 진행
	-압록강 유역, 중국 망강루발전소-북한 문악발전소 동시 착공
4.	-4. 13. 조선관광무역회사의 연길 대표처에 조선관광비자의 직접 취급을 허용
	-4. 21. 나선특별시 몽골 도로 · 운수 · 건설 및 도시경영성과 경제무역협조발전에 관한 양해문 조인
5.	-5. 3~7. 김정일 위원장 방중, 랴오닝성 일대 시찰
	-5. 12. 중국 국가해관총서 훈춘-나진-상해를 잇는 석탄수송 해상항로의 개설 승인
	-훈춘의 권하세관과 은덕군 원정리 교각 보수 공사 완료
6.	-황금평 · 위화도특구/나선특별시 공동개발 착공식 거행
8.	-8. 30.~9. 5. 김정일 위원장 방중, 지린성 · 헤이룽장성 일대 시찰
11.	-최영림 내각총리가 이끄는 북한 대표단, 헤이룽장성 하얼빈 등 중국 동북지역 방문
12.	-나진 · 황금평 합작 개발 5개년 계획 양해각서(MOU) 체결
	-신(新)압록강대교 착공식
2011. 1.	-1. 11. 중국해양운송회사 나진-상해 첫 출항
	-1. 20.~22. 시진핑 부주석, 지린성 창춘 · 지린시 시찰
3.	훈춘광업집단과 중장(中江)그룹 간의 석탄판매계약 체결

5.	-5. 14. 나선-상하이 간 제2차 석탄 운송(2만 톤 규모)
	-5. 20~27. 김정일 위원장 투먼 지역을 거쳐 방중, 창춘 중국 제일 자동차 시찰, 양쩌우에서 중국 장쩌민 전 주석과 만찬, 베이징에서 정상회담.
6.	-6. 7. 중국 상무부 천더밍 부장과 북한 노동당 장성택 중앙행정부장, '북중 나선경제무역지대 및 황금평, 위화도 경제지대 개발협력연합지도위원회' 회의 개최
	-나선시에서 북중은 창지투 선도구와 나선특별시 경제협력 착공식
2012. 8.	-나선특별시/황금평 · 위화도 두 경제지대 공동개발 및 공동관리를 위한 조중 공동지도위원회 제3차회의, 중국 베이징, 장성택 방중.
10.	-10. 9. 북중 나선특별경제구 원정-나진 구간 도로 개통식

〈표 6〉 북중접경지역 개발 일지(자료 출처: 배종렬, 수은 북한 경제 리뷰, 2010; 황진회,『수은북한경제』, 2010; 이해정 · 홍순직, 경제주평, 2011; 필자가 자료보충.)

〈표 6〉의 북중 접경지역 개발 일지가 보여주듯 2009년 8월 중국 국무원이 창지투 개발계획을 국가급 프로젝트로 격상한 시기 전후로, 중국은 중국 동북지역 변방과 북한 변방 지역의 개발을 위해 적극적인 모습을 보였다. 우선, 2008년 7월에는 중국 다롄 소재의 창리그룹이 북한의 강성무역회사와 합영회사를 세워 나진 1호 부두의 사용권을 획득했다. 2009년 10월 6일, 원자바오 중국 전 총리가 북한을 방문하여 김정일 위원장과 회담을 갖고 각종 협정서에 조인하면서 북중 경제협력이 급물살을 타게 된다. 2009년 12월 16일에는 북한 김정일 위원장이 직접 나선시를 현지 지도하고, 2010년 1월 27일에는 「나선경제무역지대법」을 개정하여 북한 나선특별시에 외국 투자자나 동포가 직접 투자할 수 있는 제도적 기반을 마련했다. 2010년 12월에는

북한-중국 간 「나진·황금평 합작 개발 5개년 계획 양해각서」를 체결했다. 2011년 1월 11일 중국은 처음으로 북한 나진항 1호부두에서 상하이 푸동 와이까오챠오(外高橋) 부두로 동해를 통과해 석탄을 운송하고, 2011년 5월 14일에 훈춘·나선·동해·상하이 구간의 2차 석탄을 운송하였다. 2012년 8월에 당시 북한의 장성택이 전격 방문하여, 나선과 황금평 지대를 위한 북중 지도위원회 3차회의에 참석했고, 중국 내 북한 투자를 위한 설명회도 가졌다. 그리고 2012년 10월 9일에는 창지투 지역-훈춘-권하세관-원정리-나선특별시로 이어지는 도로 라인 중에 원정-나진 구간의 도로가 완공되어 개통식을 열었다. 이 해당 구간의 도로 완공은 중국이 중국 동북지역의 대규모 석탄을 안정적 도로망을 통해 나진항으로 운송하고, 해운을 통해 상하이나 닝보로 석탄 및 화물을 대규모로 운송할 수 있게 되었음을 의미한다. 이와 동시에, 중국은 창지투-나선-동해-상하이 라인을 국내 무역화물로 제도적 조치를 취하면서 중국의 동해 활용도를 위한 제도적 인센티브를 제공했고, 이로써 중국 동북지역 개발과 북한 나선특별시의 링크로 '차항출해' 전략을 실현하였다.[50]

중국은 북한과 지속적이고 안정적인 경제협력 관계를 유지하기 위해 경제협력의 성격을 바꾸었다. 중국은 우선 기존의 경제협력을 지원하고 원조하는 무상(無償)성 원칙에서 투자, 무역 중심의 유상(有償)성 원칙으로 전환하고, 수혜(受惠)적 관계에서 호혜(互惠)적 관계로 전환하고 있다.[51] 중국은 이런 북한과의 긴밀한 경제협력을 토대로 중국의

---

50 「中國海運集團公司'金博號'將琿春煤炭經朝鮮羅津港運抵上海 內貿物資跨境首航」, 新文化報, 2011. 1. 15.⟨http://jl.cnr.cn/jrjl/201101/t20110115_507588654.html⟩.(검색일: 2011년 5월 4일.)

51 북중 경제협력 관계 변화에 대한 참고는, 양운철·유현정 공저, 『창지투(長吉圖) 개발계획과 동북아 경제협력』 세종정책총서 2012-1, 세종연구소, 2012, p.41.

동북지역 개발전략과 광역두만강개발계획(GTI)을 연계하며 한반도 동해로 진출하게 되었다. 중국은 한반도 동해 진출을 통해 러시아·북한을 넘어 한국·일본을 연결하는 해양라인과 지린성·상하이를 연결하는 해양라인, 소야 해협·쓰가루 해협을 통한 북태평양 진출 통로를 마련하고 있다.

창지투 개발계획은 중국의 다른 지역 개발 프로젝트와 다른 점이 있다. 중국의 다른 지역 개발 프로젝트 주변국들(동남아시아, 중앙아시아 지역)은 산업 자원들을 중국으로 공급해주는 자원 공급처 역할에 무게 중심이 있지만, 창지투 선도구 개발 지역의 주변 국가 및 지역은 한국·일본·타이완·중국 남방 등 고도 기술을 통한 상품 가공·수출 주도형 경제 등의 자원 소비 위주에 중점이 있다는 점을 들 수 있다. 쉽게 말해, 동남아와 중국의 연결 게이트인 중국 광시성은 동남아시아로부터 자원을 자국 내 생산공장으로 유입하는 것이라면, 중국 동북지역은 반대로 동북지역 내의 자원을 주변국 혹은 중국 남방으로 유출하는 역할을 담당하고 있다는 것이다. 또 창지투 개발 지역 주변 정세는 세계적·지역적으로 안보상의 중요성이 매우 높은 곳이라는 점도 창지투 주변 지역의 특징이라 볼 수 있다. 중국은 세계 국내총생산(GDP) 규모 2위, 세계 제조업 1위 국가로 국제무대에 등장했다. 중국은 보하이만(渤海灣) 지역 개발과 랴오닝성(遼寧省)·헤이룽장성(黑龍江省)·지린성(吉林省)의 개발을 통해 동북아 네트워크의 중심으로 자리 매김하려 하고 있으며, 이 계획에 북한은 나진항을 통해 물류 중계지 역할을 담당하고 있다. 이러한 북중 경제협력의 발전으로, 한반도 동해의 지정학적·지경학적·국제 전략적 중요성이 제고되고 있다.

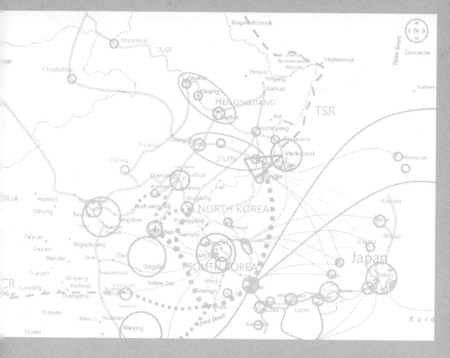

4장   **중국의 동해 진출에 대한
층위별 전략 함의 분석**

네트워크 세계정치이론을 설명하면서 언급했듯, 현대 국제사회에 국가 이외의 행위자들이 등장하면서 복합 네트워크형의 관계가 형성되고 있다. 다시 말해, 과거에는 국가를 국제무대의 유일한 행위자로 보았지만, 정치권력의 민주화, 자본가의 등장, 정보의 보편화 등에 따라 다양한 이익단체가 형성되면서 국제사회에 참여하는 행위자 역시 다양해진 것이다. 네트워크아키에서는 국가뿐만 아니라 국가 내의 다국적 기업과 지방자치정부, 개인, 국제 지역 공동체(유럽연합, 아세안 등), 국제기구 등의 다양한 행위자들이 등장하였다. 본 장에서는 중국의 한반도 동해 진출이 어떤 국제정치적 의미를 갖는지 네트워크 세계정치이론으로 분석하고자 한다. 먼저 창지투 개발계획의 해당 지역인 중국의 지린성과 북한의 나선시의 연결을 토대로 이루어질 '지방' 차원의 링크를 분석한다. 다음으로, 중국이라는 네트워크 국가가 동북아에서 펼치게 될 안보적, 경제적 네트워크 전략을 '국가' 차원에서 분석하겠다. 끝으로 대륙세력과 해양세력으로 나뉘는 동북아 국제정세에서 중국의 동해 진출로 이루어질 '체제'를 분석하면서 이 장을 마무리하겠다.

1. 대륙과 해양을 연결하는 지린성의 새로운 물류 네트워크 형성

1) 지린성의 사회기반시설 확충으로 본 네트워크의 변화

2009년 8월 중국 국가급 개발 프로젝트로 격상된 〈그림 12〉상의 창지투 선도구 개발계획은 지린성에 있어 대륙과 해양을 연결하는 교두보가 될 수 있는 기회이다. 지린성은 〈그림 13〉에 화력발전소의 연료

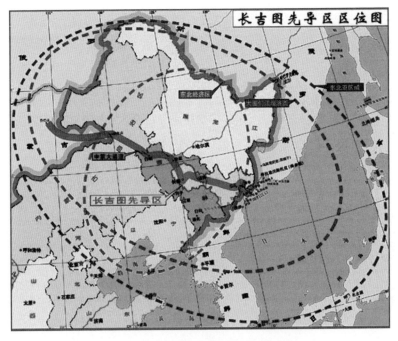

〈그림 12〉 창지투 선도구 위치도(출처: 武清信息網)

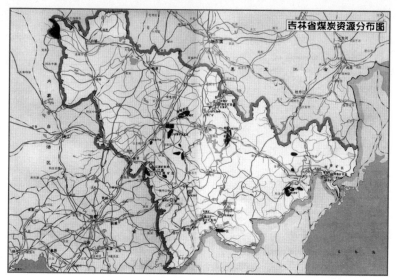

吉林省煤炭资源分布图

〈그림 13〉 지린성 석탄 자원 분포도(출처: 吉林煤炭網)

가 되는 석탄 자원 분포도 표시처럼 추산치 16억 톤의 석탄 매장량[1]과 농업 발전으로 농산품의 생산량 역시 풍부하여 다양한 자원을 보유하고 있다. 이러한 지린성이 가진 지리적 매력과 함께 중국의 지방정부 경쟁체제 구축은 지린성 자체 발전에 제도적 기반을 마련해주었다. 2010년 3월에 실시된 중국의 「간부인사제도 개혁안」[2]에 따르면, 성급 간부들이 담당하고 있는 성(省) 및 자치주의 GDP 성장과 재정수입의 변화, 민생변화, 환경보호 등의 지수가 승진의 주요 요소가 된다. 이러한 중국의 제도적 배경은 지린성 지역개발의 동기를 부여해줌으로써, 국제지역 개발사업과 지린지역 개발사업의 연계를 통한 성급(省級) 경제발전을 가속화시키고 있다.

---

1   조명철 · 김지연, 『GTI(Greater Tumen Initiative)의 추진동향과 국제협력방안』, KIEP 대외경제정책연구원, 2010, p.71.
2   「深入推進幹部人事制度改革創新」, 鐵血社區, 2010. 3. 8.

지린성 자체가 가진 물리적 환경이나 제도 개선과 더불어, 지린성 주변 환경의 변화 역시 지린성의 가치를 제고시킨다. 지린성은 앞 장에서 설명한 역사가 증명하듯 대륙과 해양을 잇는 지리정치학적·지리경제학적으로 중요한 위치를 차지하고 있다. 지린성과 국경을 마주하는 러시아는 냉전 종결 이후의 경제적 혼란을 정리하고, 극동지역 개발 프로젝트 추진하고 있다. 중국 역시 2001년 WTO 가입 이후 더욱 안정적인 경제성장을 거듭하며 세계적 경제대국의 대열에 들어섰으며, 지역 불균형 해소 및 내수시장 활성화를 위해 동북3성 지역 개발에 박차를 가하고 있다. 러시아와 중국은 지도부 교체로 냉전 갈등 유산과 이데올로기의 그늘에서 한층 벗어나게 되었고, 정권유지를 위한 지속적인 경제성장에 더 관심을 두게 되었다. 이런 주변 환경의 변화는 지린성의 지리적 가치를 제고시켜준다.

본래 지린성 자체가 가지고 있던 물리적 환경과 함께 중국과 러시아의 경제적 위상 변화가 조화를 이루는 가운데, 지린성은 창지투 개발사업에서 '도로와 항만, 지역 일체화 전략'의 일환인 북한의 나진항 부두 사용권을 획득하였다. 중국이 북한의 나진항 부두 사용권을 확보하면서, 중국은 나선을 통해 동해로 진출함과 더불어 해양을 통해 더 다양한 국가 및 지역과 교류할 수 있게 되었다.

이러한 지린성의 전략적 환경 변화는 한반도 정세와도 밀접한 연관이 있다. 한반도 위에 남한과 북한은 분단되어 있다. 남한은 북쪽이 군사경계선으로 막혀 있어 사실상 섬 국가로 전락했다. 북한의 경우에, 북으로는 중국, 러시아와 국경을 마주하고, 남으로는 남한과의 군사적 갈등으로 지리적·제도적 고립 상황이며, 서해와 동해 양면은 바다와 접해 있어 해양을 활용하기 어려운 상황에 갇혀 있다. 이런 한반도 상황에서 중국은 남한, 북한과 동시에 교류하고 있고, 더 나아가 중국의 지린성이 나진항을 통과해 동해로 진출할 수 있게 된 것은 중국이 서해와 동해에 걸쳐 한반도에 영향력을 행사할 수 있다는 것을 의미한다. 결국 중국 지린성이 북한의 나진항을 통해 동해로 진출하게 된 것은 동북아 정세의 커다란 전략적 의의를 부여했다.

구분	주요내용
대상지역	장춘시의 부분지역(장춘시 도시지역, 덕혜시, 구태시와 농안현), 길림시의 부분지역(길림시 도시구역, 교하시와 영길현), 연변조선족자치주
발전목표	1단계(2012년까지): 2008년 경제총량의 2배, 삼림피복률 60% 이상 유지 2단계(2020년까지): 경제총량의 4배 이상, 삼림피복률 68% 이상 유지
개발구도	훈춘을 개방창구로, 연룡도(옌지(延吉)·룽징(龍井)·투먼(圖們))을 개방전진기지로 장춘·길림을 배후지원기지로
8대 중점공정	두만강지역 국제자유무역지대 건설, 창지투 국내내륙항구 건설, 과학기술 창조지역 건설, 국제협력산업지역 건설, 현대물류지역 건설, 생태여행지 건설, 최첨단 서비스업 집중지역 건설, 현대농업모범지역 건설
지역 간 연계강조	창지투 지역과 길림성 기타 지역과의 유기적 연동 강화, 창지투 지역과 동북 기타 지역 간의 협조 강화, 창지투 지역과 환발해, 장강3각주, 주강3각주 지역과의 심층합작 추진, 창지투 개방 선도지역이 두만강국제지역합작에 참여하는 것을 본격 추진

〈표 7〉 '창지투개발개방선도구계획'의 개요
(출처: 유현정, 『창지투(長吉圖) 개발계획과 동북아 경제협력』, 세종연구소, 2012.)

〈표 7〉은 지린성 지역 위에서 전개되고 있는 창지투 개발계획 개요다. 두만강의 하류에 위치하면서 북한·러시아와의 국경이 장벽이 되

어 동해로 나아가지 못하는 훈춘을 개방창구로 지정한 부분이 눈에 띈다. 창지투 선도구 개발 프로젝트는 창춘과 지린을 일체화하여 창지투 선도구의 배후지원기지의 역할을 맡기고, 옌지·롱징·투먼을 개방의 전진기지로, 훈춘을 대외 개방의 첨병(尖兵)으로 내세운다는 시스템을 마련하고 있다. 또, 중국의 다른 지역과의 연계를 강조한 부분은 중국 내부의 네트워크 변화가 어떻게 이루어질지를 보여준다.

다시 말해, '3종 5횡' 개발 전략(〈그림 11〉 참조)을 통해 중국 동북 지역의 네트워크가 촘촘해지며 내구성이 강화되는 가운데, 중국 동북3성 기타 지역과 창지투 개발 지역의 물류적·문화적 연결이 가속화되며 동북3성을 중심으로 중국 내부와 외부의 네트워크에 변화가 생긴다는 것이다. 중국은 나진항을 개발하고 창지투 국내 내륙항구 건설을 통해 동해로 진출하며 동해의 해상교통로를 통해 중국 남방으로 그 물류라인을 연결한다. 이 네트워크 변화의 시발점으로서, 중국은 중국 동북 물류와 중국 남방 거대 시장 간의 루트를 마련함과 동시에, 이 해운 루트가 북한의 나진항을 통과함에도 불구하고 '국내무역'으로 인정함으로써 나진항을 랴오닝성의 다롄 항과 함께 해외시장 접촉의 게이트웨이로 활용하고 있다.

한편, 지린성 지역의 개발은 국가 프로젝트인 창지투 개발계획과 유엔개발계획이 지원하는 광역두만강개발계획(GTI)가 연계되면서 더 가속화될 것으로 전망된다. KIEP 북경사무소의 자료에 따르면, 중국이 창지투 선도구 개발 프로젝트를 발표하면서 8대 신형 공업기지 건설 구상에 따라, 자동차·석유화학·농산품가공·전자정보·합금건재·장비제조·생물·신재료 등의 8대 신형 공업기지를 구축하고, 산업 영역을 확대하여 현대물류·특색여행·문화창의·서비스 아웃소싱·비지니스 회의·금융보험업을 발전시키는 계획을 갖고 있다고 밝했다. 또한 창지투 개발계획 수립에 직접 참여한 리우슈밍(劉庶明) 연구원은 지린성 위원회와 지린성 정부에 '개발계획'을 발표하는 말을 인용하여 첫 번째 단계로, 중국, 일본 한국, 러시아 사이의 국외 자유무역지대를 건설하고, 두 번째 단계로, 구역경제의 일체화를 추동하여 두만강구역 국제자유무역지대를 건설한다며 창지투 개발계획이 광역두만강개발계획과 연계되었음을 밝혔다.[3]

그동안 두만강 개발 사업은 불안정한 주변 사항과 당사국들의 지방 개발 의욕 상실 등의 이유로 적지 않은 투자 리스크를 노출해왔다. 하지만 중국이 세계의 경제적 위기로 내수시장 강화를 서두르고, 중국 내부 물류의 효율성을 높이기 위한 조치를 취하면서, 중국 동북3성 개발 계기를 마련했다. 이러한 적극적인 중국 중앙정부 차원의 동북3성 개발계획은 중국판 DMZ(러시아·북한 국경에 막혀 있는 벽을 묘사함)를 경제력으로 뚫고 동해로 나아가야 하는 전략을 내세워 현재에 이른 것이다. 이렇게 중국이 창지투 개발 프로젝트를 국가급 개발 프로젝트로 격상시키고, 두만강 개발 프로젝트의 새로운 동력을 마련하면서 두만강 지역의 새로운 지평이 열렸다. 그 구체적인 실현 방안으로 중국은 두만강 관련 지역의 물류 인프라 네트워크 확장을 시도하고 있다.

중국의 두만강 관련 지역 인프라 건설 계획을 살펴보면 다음과 같다. 중국 공산당 지린성 위원회는 9회 10차 전체회의에서 "지린성은 종합 교통체계 건설에 속도를 더할 것이고, 2012년에는 지린시와 훈춘시를 연결하는 고속철도를 완성할 것이며, 2020년에는 지린성 창춘시를 전국적인 종합적 교통의 축으로 건설할 것"[4]이라고 밝혔다. 창춘

---

3   조성찬, 「중국의 제3차 두만강구역 합작개발계획」, KIEP 북경사무소, 2010, p.7.
4   「長春2020年建成全國性綜合交通樞紐」, 中國投資咨詢網, 2010. 8. 23., 〈http://www.

시와 지린시 사이의 고속철도가 2010년 12월 30일에 개통되었고, 지린시에서 훈춘시로 연결되는 고속철도가 건설 중에 있다. 이의 연장선으로 중몽대통로(中蒙大通道)인 중국-몽고 간의 대륙횡단철도 또한 건설 중이다. 특히, 새로 건설될 중국 내몽고의 아얼산(阿尔山)과 몽고 쵸발산(乔巴山)의 구간이 중국 내 기존의 개통구간과 연결되면 전 구간은 유럽-러시아-몽고-중국의 씽안멍(兴安盟)-바이청(白城)-송위엔(松原)-창춘-지린-옌볜-북한-동해 라인으로 연결되면서 투먼시와 훈춘시를 중간에 통과하게 될 것이다.[5] 풍부한 자원을 보유했음에도 불구

	구간	길이	예산	완공연도
고속도로	팔도~삼합~청진	47km	28억 위안	2015년
	훈춘~권화~나진	39km	23억 위안	2015년
	화룡~남평~청진	50km	30억 위안	2015년
	훈춘~장령자~블라디보스토크	14km	8억 위안	2015년
철도	투먼~남양~두만강~핫산	126km	24억 3천만 위안	2020년
	투먼~청진	171.1km	20억 위안	2020년
	화룡~남평~무산	53.5km	16억 위안	2015년
	두먼~나진	158.8km	12억 7천만 위안	2020년
	룽징~개산둔(카이샨툰)	2.5km	1억 5천만 위안	2020년
교각보수	권하·투먼·사타자·개산둔·삼합·남영	총연장 2152km	5억 위안	

〈표 8〉 나진 관련 중국의 도로·철도 사업

(김영윤·추원서·임을출, 『라진·선봉지역 물류분야 남북 협력 방안 연구』, 통일연구원, 2010.)

---

ocn.com.cn/free/201008/shuniu231144.htm〉.(검색일: 2011년 4월 6일.)

5   조성찬, 앞의 글, p.8.

하고 사회 기반시설이 부족하고 바다가 없는 내륙국가인 몽고는 이번 중몽대통로가 완성될 경우, 철도를 통한 수출은 물론이고 나진항과 연결되어 해양을 통한 무역로를 확보할 수 있을 것으로 보인다.

〈표 8〉은 중국의 변방지역인 창지투 관련 지역과 주변 지역의 인프라 현황을 보여준다. 지린성은 주변 대륙 지역과의 사회기반시설을 갖춤과 동시에 북한의 나진항 사용권 획득을 통한 동해로의 물류 항로를 확보하기 위해 사회기초시설 건설을 진행 중이다. 중국은 2004년 「지린성 노(老)공업기지 규획 강요」를 발표하면서, 남북한·일본·러시아와 국제협력 강화를 추진하고, 한국·일본·러시아의 잠재적 시장을 개발하며 더 나아가 유럽과 미국의 잠재시장 개척을 위해 노력하여, 교통운수, 물류, 금융, R&D, 교육, 문화 소매업, 관광 등 서비스 산업에 있어서 대외 개방을 확대하겠다고 말했다.[6] 2005년에는 지린성 제11차 5개년 계획 강요 및 훈춘시 '제11차 5개년(11·5)' 기간 두만강 국제협력 개발 계획을 비준하면서, 외자도입 확대 및 대외경제 협력 강화, 훈춘시의 대외개방 창구 역할, 훈춘 변경(邊境)경제협력구, 수출가공구, 상호무역구 발전, 사회간접자본 시설 건설과 통상환경 개선, 훈춘-핫산, 훈춘-나선 국제협력구를 건설하고, 러시아와는 '도로, 항구, 세관 일체화(路港關一體化)'를, 북한과는 '도로, 항구, 구역 일체화(路港區一體化)'를 추진하겠다는 개발 전략을 수립했다.[7]

이 같은 개발 전략에 따라, 중국은 현재 중앙정부와 지린성 정부 차원에서 적극적인 사회기반건설 사업을 추진하고 있다. 특히, 〈표 8〉에서 확인할 수 있듯, 도로·철도·교각보수가 이미 진행 중이고, 대규모의 예산이 편성되어 있으며, 2015년과 2020년경에는 모두 완공될 것

---

6   조명철·김지연, 앞의 책, p.89.
7   조명철·김지연, 앞의 책, 같은 쪽.

으로 보인다. 나진-원정 간 도로와 두 지역을 잇는 원정다리의 개보수는 주목할 부분인데, 그 이유는 이 도로와 다리가 이 지역을 통해 지린성과 나진·선봉 지역 경제무역지대를 직접 연결하는 첩경이 될 것이고 이 도로와 교각을 둘러싼 지역의 수송수요 또한 높기 때문이다.[8] 〈표 6〉에서 언급한 대로, 2010년 3월에 착공식을 가졌던 나진-원정 구역 구간은 2012년 10월에 완공되어 실제로 중국 동북3성-훈춘-권하세관-북한 원정리-나선특별시-나진항-동해로 진출하는 라인의 네트워크 흐름(flows)을 증폭시킬 것으로 보인다. 또, 중국은 북한과의 협력을 통해 나진-원정 지역과, 선봉, 웅상항 도로망, 원정-권하 등의 중국과 북한 간 새로운 인프라 네트워크를 확장하여 수송 능력을 제고할 것으로 전망된다. 〈표 8〉의 철도 부분처럼 나진에서 투먼, 핫산으로 이어지는 철도가 새로 건설되어 중국·북한·러시아를 연결하는 철도 네트워크가 활성화될 것으로 보인다. 이와 더불어, 2012년 4월 13일 중국 국무원은 정식으로 지린성 훈춘시를 '중국두만강구역(훈춘) 국제합작범구'로 설정하였고, 「중국 두만강구역(훈춘) 국제합작시범구 건설의 약간 의견에 관하여」를 공표하여,[9] 한반도 동해 진출에 대한 제도적 기반을 마련했다. 또, 중국은 지린의 '도로, 항구, 구역의 일체화' 정책에 따라 나진항의 개보수 및 신설을 통한 사용권을 확보하여, 중국 동북3성의 지하자원을 비롯한 물자의 흐름을 한반도의 동해로도 흐르게 하였다.

〈그림 14〉, 〈그림 15〉를 통해 환동해권 물류 운송망의 변화에 따른 동북아 해양 운송망의 변화, 그리고 이 변화에 따른 중국 동북3성이

---

8 조명철·김지연, 앞의 책, 같은 쪽.

9 中國吉林網,「政策利好 珲春再迎"升"機」, 中國網, 2012.04.26, ⟨http://news.china.com.cn/rollnews/2012-04/26/content_13927659.htm⟩(검색일: 2012년 9월 14일.)

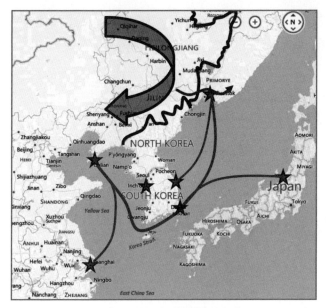

〈그림 14〉 동북아 기존 해양 운송망

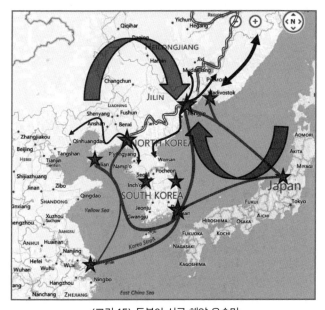

〈그림 15〉 동북아 신규 해양 운송망

얻게 되는 운송비용 절감을 직접 확인할 수 있다. 기존의 물류 운송 네트워크에서는 지린성과 헤이룽장성 지역 화물이 다롄 항으로 집결하여 부산항으로 옮겨져 환적을 하고 일본 서안의 니이가타 항으로 도착하는 데 총 13일이 소요되었지만, 동해를 통한 새로운 물류 운송 네트워크로는 지린성과 흑룡강성 지역 화물이 러시아의 자루비노를 통해 니이가타 항으로 도착하는 데 1.5일이 소요된다.[10] 림금숙은 물류 운송에 있어 중국 훈춘-북한 나진항-일본 니이가타 항선과 중국 다롄-일본 니이가타로 가는 항선을 대조하면서, 나진항을 통과하는 라인이 육로 거리의 1/10과 해상 거리의 1/2를 단축할 수 있다고 설명했다.[11] 〈그림 15〉가 보여주듯이, 중국 동북지역 물류 노선에서 러시아의 자루비노가 담당하던 역할을 중국에 대한 개방성과 호환성이 높아진 북한의 나진항이 담당하게 되고, 나진항과 창지투 개발 프로젝트가 연계되면서 동북아 전체의 물류 네트워크 흐름에 변화가 생긴 것이다.

중국 동북지역의 물자가 내륙의 사회기반시설과 연결된 나진항으로 옮겨지고 일본 및 중국 남부 장강 삼각주와 주강 삼각주로 이어질 경우 그 경제적 효과는 배가될 것으로 보인다. 그리고 이미 2010년 5월 12일 중국 국가 해관총서는 중국의 훈춘-북한의 나진-중국의 상하이로 이어지는 석탄 수송 해상 항로의 개설을 승인했고, 2011년 1월 11일에 개통하여 훈춘의 석탄을 실은 진바오하오(金博號)가 나진항을

---

10 조명철·김지연, 앞의 책, 같은 쪽.

11 圖們江開發研究課題組, 「大圖們江區域合作開發戰略的思考」, 『社會科學戰線』 2006, p.146.(재인용: 림금숙, 「창지투 선도구와 북한 나선특별시, 러시아 극동지역 간 경제협력의 현황과 과제」, 『창지투(長吉圖) 선도구와 북한 나선특별시, 러시아 극동지역 간 경제협력 과제』, KINU 통일연구원, 2011, p.19.)

거쳐 상하이 와이까오챠오(外高橋) 부두에 도착하였다.[12] 또, 2011년 3월에는 훈춘광업집단이 상하이 중장(中江)그룹과 석탄판매계약을 체결하여, 2011년 한 해 동안 50만 톤의 석탄이 나진항 1호 부두에서 상하이 항으로 운반되었고,[13] 나선-상하이 라인을 통해 제2차로 2011년 5월 14일에 2만 톤의 석탄이 운송되기도 했다.[14] 즉, 나진항이라는 스위처가 기존에 폐쇄되었다가 북중 간의 경협이 활발해지고 북한이 해당 지역의 개방성과 호환성을 높이면서 지린성이라는 노드의 네트워크 형성에 게이트웨이 역할을 하고 있다고 볼 수 있다. 종합하면, 기존 동북아 내의 네트워크는 중국 지린성과 북한의 나선특별시의 연계로 말미암은 '네트워크 지방'의 자체 노드 변화와 더불어 주변 지역 및 국가와의 링크 다변화를 시도하면서 새로운 동북아 네트워크를 형성하고 있는 중이다.

2) 지린성, 타이완과의 연계와 서태평양을 통한 미국 시장 진출

세계가 다극화되고 교통과 통신의 발달로 사회 다양한 분야에 네트워크라는 개념이 적용되고 있다. 그중 물류에 있어서의 네트워크 개념도 존재하는데, 물류체계를 이루는 공간적 개념에서 '링크(link)', '노드(Node)', '모드(Mode)'를 '물류 네트워크의 3대 요소'라고 부른다. 여기서 'Link'는 도로, 철도, 해상항로, 항공항로와 같은 '물류기반시설'을, 'node'는 link의 교착점으로서 공장 등 물류발생원과 집중원 간에

---

12 「中國海運集團公司'金博號'將琿春煤炭經朝鮮羅津港運抵上海 內貿物資跨境首航」, 新文化報, 2011. 1. 15., ⟨http://jl.cnr.cn/jrjl/201101/t20110115_507588654.html⟩.(검색일: 2011년 3월 4일.)
13 『연변일보』, 2011년 5월 23일.(재인용: 림금숙, 앞의 논문, p.21.)
14 『연변일보』, 2011년 5월 24일.(재인용: 림금숙, 앞의 논문, 같은 쪽.)

게재되는 항만, 공항, 철도역, 물류단지나 물류센터와 같은 '물류거점'을, 'mode'는 link를 운행하는 화물자동차, 철도, 선박, 비행기 등의 '운반수단'을 의미한다.[15] 링크의 개념에서도 도로나 철도는 인간에 의해 지상에 결정화(結晶化)된 궤도의 한계가 있지만, 해상과 항공 라인은 모드가 정해진 궤도의 방해 없이 자유롭게 링크의 커브를 그릴 수 있다는 장점을 갖고 있다. 일반적으로 강이나 바다를 이용한 물류 유통이 발전을 이룰 수 있었던 것은 링크의 자유로운 변형, 장거리 이동 시 육지보다 빠른 조달 속도, 항공보다 저렴한 운송비용, 화물선을 통한 다량의 물량 조달이 가능한 점 등 여러 가지 이유가 있을 것이다.

중국이 나진항의 부두 사용권을 확보하기 이전에, 자원과 물자가 풍부한 지린성은 러시아와 북한의 국경선에 막혀 운송의 난관에 부딪혔고, 랴오닝성의 다롄 항을 통해 물자를 운송할 수밖에 없었다. 예를 들어, 지린성의 투먼의 물자를 다롄 항으로 운송한다면, 지린성 투먼-옌지-지린-창춘-스핑-랴오닝성의 선양-다롄의 라인을 거쳐서 돌아가야만 했다. 다시 말해, 지린성의 네트워크 역시 랴오닝성의 네트워크를 차용하여 해양 라인을 빌리는 형식이었다. 하지만 지린성은 북한의 나진항 사용권 획득, 광역두만강개발계획 추진의 가속화와 창지투 개발계획을 연계시키면서 네트워크 형성을 가속화했고, 나진항을 통해 대륙의 물자를 해양으로 펼쳐나가게 함으로써 지린성의 네트워크 환경을 변화시켰다고 할 수 있다.

이런 물류 네트워크 차원에서 보았을 때, 지린성과 타이완의 연결

---

15 물류산업 인적자원개발협의체,『물류시설설비 합리화』, 물류산업 인적자원개발협의체 재직자 직무능력향상 교재, 2010.(재인용: 김영윤 · 추원서 · 임을출,「라진 · 선봉지역의 지리적 조건 및 지경 · 지정학적 의미」,『라진 · 선봉지역 물류분야 남북 협력방안 연구』, 통일연구원, 2010, pp.13-14.)

은 경제적 차원과 정치적 차원에서 집중할 필요가 있다. 양안관계에서 해운과 항공의 직항 개설은 2008년 11월에 중국 대륙의 해양양안관계협회 천윈린(陳雲林) 회장과 타이완의 해협교류기금회 장빙쿤(江丙坤) 이사장 간의 제2차 양안회담에서 통상, 통항, 통신의 개방을 골자로 하는 교류 협정서를 체결하는 과정에서 이루어졌다. 이 회담을 통해 본격적인 '대삼통(大三通)' 시대를 열었고, 2011년에는 2010년 6월에 맺었던 경제협력기본협정(ECFA)이 발효되면서 양안관계가 순항하고 있다. 양안관계의 교류 역사를 간략하게 살펴보면, 1979년 중국이 「타이완동포에게 알리는 글」을 보내 양국의 직항 개설, 우편 교환, 경제 교류를 제안하면서 시작되었다. 1997년 4월 중국 푸조우와 샤먼, 타이완 가오슝 항이 조건적 시험 직항을 실시하였고, 1998년 2월 중국-타이완 간접 화물선과 부정기선이 운항되었다. 2001년 1월에는 양안 소삼통 실시, 2004년 5월은 시험 직항 항만을 확대 실시했고, 결국 2008년 11월에 「해협양안해운협의」를 체결하게 되어 중국과 타이완 본토 직항 운행이 가능하게 되었다.[16] 2008년 12월 15일부터 양안 간에는 경제적 교류와 우편, 항공해운 연결을 의미하는 '대삼통(大三通: 通商, 通郵, 通航)'이 시행되었다.

〈그림 16〉을 통해 항선의 범위를 확인해보면, 기존의 양안 간의 항선은 실선으로 표시된 샤먼(廈門)-홍콩(香港)-가오슝(高雄)-이시가키지마(石垣島)-상하이(上海)의 라인으로, 제3지역을 거쳐 왕래했기 때문에 많은 시간과 비용이 낭비되었다. 중국 보도 자료에 따르면 중국 대륙은 단동, 대련, 잉코우, 천진 등 63개의 항구를 개방하였고, 타이완

---

16 장윤정, 「중국-타이완 해운직항의 영향」, 인차이나 브리프 제138호, 인천발전연구원, 2009, p.4.

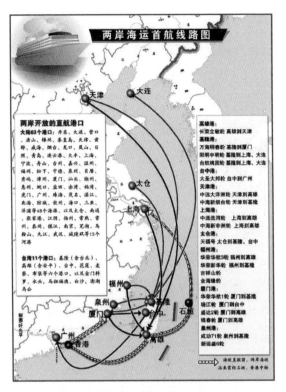

〈그림 16〉 양안 해운 직항선(출처: 中國大物流網)

은 지룽, 가오슝, 타이중, 리엔화 등 11개의 항구를 개방하였다.[17] 특기할 부분은 타이완과 중국 국적의 선박에 한해서 해운업체 양안 사업에서 발생한 소득은 부가가치세나 소득세를 면해주기로 하면서,[18] 양안 간의 해상 교역이 한층 강화되고 있다는 점이다.

중국이 나진항의 사용권을 획득하면서 구상할 수 있는 정치적·경

---

17 「海運 : 20艘船舶首航對開,」中國大物流網, 2008. 12. 15. 〈http://www.2e5e.com/info/a/2008/1215/00814961.html〉.(검색일: 2011년 6월 5일.)

18 장윤정, 앞의 논문, 같은 쪽.

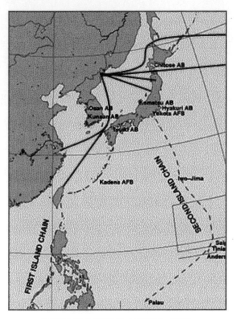

〈그림 17〉 나진항의 실현 가능 항로
(나진항 해양 라인 필자 그림, 도련선 및 배경 그림 출처:Air Power Australia.)

제적 정책방안은 지린성과 타이완을 연결하는 해운 항선이다. 〈그림
17〉의 항선 표시를 보면 알 수 있듯이, 지린성은 창지투 개발 사업으
로 갖춘 사회기반시설과 나진항의 부두를 통해 해양으로 나아가 타이
완과 교역을 할 수 있게 된다. 앞에서 이미 언급했듯이 2011년 1월 14
일에 '국내 무역화물 다국 수송(지린성해관공고 2010년 49호)'에 의거해
중국 훈춘시의 석탄 1만 7천 톤을 북한 나진항을 거쳐 상하이 와이까
오챠오 부두로 운송하였고, 그 화물은 국내 화물로 인정되었다. 즉, 나
진항을 거쳤음에도 국내화물로 인정되었다는 것은 중국인들에게 동
해가 중국의 내해(內海)로 인식된다는 것을 의미하고, 훈춘에서 상해
로 이어지는 해상항로가 공고해질 경우 경제협력기본합의(ECFA)가 체
결된 양안관계에서도 적용이 가능해짐을 알 수 있다.

지린성과 타이완의 연계의 맹아(萌芽)는 이미 싹트고 있다. 중국 신문 보도에 따르면 지린성 창춘과 타이완 타이베이 간의 항공 항선이 2010년 2월 6일 10시 30분에 개통되었다.[19] 2010년 7월 4일에는 승객의 증가로 창춘의 룽찌아 공항과 타이베이의 티아오위안 공항 간의 남방항공 정기 항반 항선이 정식으로 개통되었다.[20] 이어, 지린성의 지방신문인 지린신문에 따르면 2010년 9월 1일 '제6회 중국·지린 동북아투자무역박람회'에서 타이완관전시관은 본 박람회의 최대 규모의 전시면적을 갖추었고, 타이베이 세계무역센터의 이사장 왕쯔강(王志剛)은 직접 박람회를 소개하기도 했다.[21] 이어, 다음 날인 2010년 9월 2일에 100여 명의 타이완 공상계 대표와 300여 명 대륙지구 관원, 기업계 대표들이 참가한 '2010년 지린-타이완해협량안경제무역합작포럼'이 열렸는데, 그 자리에서 타이베이 세계무역센터 왕쯔강 이사장은 "타이완은 지린성을 동북아지역의 경제무역을 개척하는 시발점으로 삼고 양자 간의 농업과 자동차산업 면의 합작을 강화할 것"[22]이라고 밝혔다.

한편, 지린성 인사의 타이완 활동에 관해서, 지린신문은 2010년에 지린성 정부 천웨이껀(陳偉根) 부성장이 타이완에 가서 〈지린-타이완 경제무역관광교류합작활동주〉 행사 진행을 했다고 소개하면서, 이 행사는 지린성이 타이완에서 진행한 최대 규모의 경제무역활동이며, 천

---

19 李欣, 「吉林省空中直航台灣的航線正式開通」, 華夏經緯網, 2010. 2. 8., 〈http://www.huaxia.com/tslj/rdqy/db/2010/02/1751210.html〉.(검색일: 2011년 6월 5일.)

20 「南航開通長春至台北定期正班航線」, 國際民航網, 2010. 11. 15., 〈http://cz.19188.cn/news/11151483.html〉.(검색일: 2011년 6월 5일.)

21 유경봉, 「타이완 최대 면적에 최고 제품 전시」, 지린신문, 2010. 9. 1., 〈http://kr.chinajilin.com .cn/dby/content/2010-09/01/content_1751.htm〉.(검색일: 2011년 6월 5일.)

22 유경봉, 앞의 신문.

웨이껀 부성장의 말을 인용하여 "지린성은 농업대성이고 자동차생산 대성으로서 타이완과 중점으로 특색농산물가공, 자동차제조, 부속품, 전문용차생산에서 합작을 이끌어갈 것"이라 보도했다.[23] 위의 보도 자료가 보여주듯, 한반도를 감싸는 해양선의 탄생으로 인한 지린성과 중국 대륙 항구들의 연결과 타이완의 연결로, 지린성의 지정학적·지경학적 가치는 제고되고 있다. 타이완과 지린성의 교역 증가는 결국 중국 대륙과 타이완 간의 상호 의존성을 증가시키는 효과를 발생시켜 양안 간의 정치적 영역에도 그 영향력을 발휘할 것으로 보인다.

중국 동북3성과 북한 나선항의 연결은 타이완뿐만 아니라 일본과 서태평양으로 진출하는 길 또한 열어주게 된다. 앞에서 언급했듯이 지린성 정부는 「2004년 지린성 노공업기지 규획 강요」를 발표하면서, 남북한·일본·러시아의 국제협력 강화를 추진, 한국·일본·러시아의 잠재적 시장 개발, 유럽과 미국의 잠재시장 개척에 노력할 것이며, 교통운수, 물류, 금융, R&D, 교육, 문화 소매업, 관광 등 서비스 산업의 대외 개방 확대를 하겠다고 발표했다.[24]

〈그림 17〉의 일본에 표시된 두 개의 항선 중 밑의 항선은 니이가타 항이고, 위의 항선은 아키타 항이다. 이어 그 위의 항선은 일본의 홋카이도와 본섬을 지나가는 라인으로 쓰가루(津輕) 해협을 지나 태평양으로 진출할 수 있으며, 미국 시장으로 접근이 가능하다. 다음으로 가장 위쪽의 항선은 일본과 러시아가 분쟁 중인 북방4도가 위치한 소야(宗谷) 해협을 지나는 라인이다. 기존에는 지린성과 헤이룽장성의 물품이

---

23 유경봉, 「지린-타이완 농업 자동차산업 합작 본격화」, 지린신문, 2010. 9. 3., 〈http://www.jlcxwb.com.cn/dby/content/2010-09/03/content_2013.htm〉.(검색일: 2011년 6월 5일.)
24 조명철·김지연, 앞의 책, 같은 쪽.

바다로 나가는 길이 막혔기 때문에 랴오닝성의 대련을 통해 황해로 나아가야 했고, 한반도를 돌아 일본으로 가는 데 많은 비용과 시간이 들었으나 나진항을 통한 항로가 개척될 경우 국제해양법상 타국의 영해에 정박하지 않고 해를 끼치지 않는다면 상선이 지나갈 수 있도록 보장해주는 무해통항(無害通航)[25]에 의해 상선이 통과할 수 있다. 더욱이 소야 해협, 쓰가루 해협, 쓰시마 해협 서수도·동수도, 규슈 지역 주변의 오스미 해협은 국제법이 보장하고 있는 12해리의 영해를 따르지 않고, 3해리의 영해를 규정하고 있어 국제해양법 제38조 1항에 의거한 통과통항 제도[26]에 따라 군함을 포함한 모든 선박과 항공기의 이동도 가능하다. 이런 국제해양법상의 규정과 국제적 정세를 비추어 보아 중국의 상선이 나진항을 통하여 태평양을 진입하는 것과 미국 시장으로 가는 것도 이미 가능한 일이 되었다.

3) 중국의 북극해 항로 진출에 대한 계산

인간의 진정한 역사는 바다를 넘어 해양으로 인간의 도전이 이어지면서 시작되었다. 서구의 시각에서 바라본 해양사로 보면, 지중해, 대서양, 인도양·태평양의 순서로 해양의 패권이 바뀌었다. 19세기 제국주의가 팽배했던 시기에는 유럽이 세계의 중심이었고, 유럽의 지중해가 전략적 중요 해양이었다. 유럽의 지중해가 당시 교류의 핵심 해역이었다면, 대서양은 유럽인의 새로운 공간 발견과 함께 그 공간과 교

---

25 1958년 제1차 UN해양법회의에서 국제법위원회는 국제해협에 관한 제17조 4항 "공해의 두 부분간의 국제항행에 통상적으로 이용되는 해협을 통한 외국 선박의 무해통항은 정지되지 않는다"고 규정했다. 박찬호·김한택, 『국제해양법』, 지인북스, 2009, pp.94-97.
26 박찬호·김한택, 앞의 책, pp.97-109.

류를 활성화하면서 부각된 교류의 장(場)이었다. 중동 지역에 의해 대륙의 루트가 막힌 유럽 국가들은 해양을 통해 아시아와 교류를 모색하기 시작했다. 유럽 국가들은 식량의 보관을 위해 필요했던 향료의 폭발적 수요와 동양에 대한 신비주의로 인해 인도행 항선을 갈구하게 되었다. 콜럼버스에 의해 '발견'된 아메리카 대륙에 금과 은의 매장량이 풍부하다는 사실 또한 유럽인들의 이목을 신대륙으로 집중시켰다. 유럽국가가 신대륙 개척에 대한 도전과 아시아 국가와의 교류를 모색하여 해양에 도전하면서, 지중해에 국한되어 있던 현대화된 교류 범위는 대서양 일대로 확장되었다. 1620년 메이플라워호를 타고 대서양을 건넌 청교도인들에 의해 아메리카 대륙이 개척되고, 수많은 이주민들에 의해 세워진 미국에 영국의 패권이 양차 대전을 통해 넘어가면서 유럽과 미국 사이에 실재한 공간인 대서양은 지구의 경제에 중심역할을 하게 되었다.

하지만 국제정세의 변환으로 지중해와 대서양 중심의 기존 해양 네트워크 시스템도 변화하기 시작했다. 양차 세계대전이 마무리된 20세기에는 냉전을 거치면서 다양한 신흥국이 등장한 것이다. 이는 마치 네트워크 세계정치에서 국가 내의 행위자들이 다양하게 국제무대에 출현하였듯, 미국과 소련을 중심으로 존재하던 양극 내의 국가들이 국제무대의 새로운 독립 행위자로 등장하였음을 의미한다. 일본과 한국의 경제성장과 더불어 죽의 장막을 거둔 중국의 경제성장이 이루어져 해양 교류 네트워크상에 새로운 부강 노드가 출현하였고, 신흥국가들의 아프리카 및 중동 지역 자원 수요가 급증하면서 동아시아와 중동·아프리카 지역 사이에 위치한 인도양의 위치적 중요성이 제고되었다. 또, 동아시아의 경제력 증강은 동아시아와 미국 사이의 교류 마당인 태평양의 지경학적·지정학적 가치 상승으로 이어졌다. 21

세기에 들어서, 인류의 무분별한 개발과 그로 인해 발생한 환경 파괴는 난공불락의 세계 보물 창고인 북극해 항로를 열었다. 북극은 그 자체로 빙하에 갇힌 지구의 보물창고로, 북극해의 경우 태평양과 대서양을 연결하는 지름길이다. 이런 북극해의 접근성은 단순히 경제적 분야에 국한되는 것이 아니라 군사안보 분야에도 영향을 주면서 이해당사국 간의 갈등을 야기하기도 한다. 이렇게 개방된 북극해는 지중해·대서양·인도양·태평양에 이어 미래의 해양 중심지로 자리매김하고 있다.

상술하듯, 기후 온난화로 인한 북극해 항로의 개방은 이미 가시화되고 있다. 〈표 9〉에서 보듯이 북극해 항로를 통한 화물 수송량의 변화와 운항일수는 빠른 속도로 증가하고 있고, 지금 현재도 빠른 속도로 북극의 항로 개척이 이루어지고 있다. 북극해 항로는 미국 알래스카와 러시아 본토 사이의 베링 해협을 통과한다. 북극해 항로는 두 라인으로 나뉘는데, 첫 번째는 러시아의 영토를 따라서 세계 제1의 항구 암스테르담으로 이어지는 북동항로이고, 두 번째는 알래스카와 덴마크의 그린란드, 캐나다를 통과하여 미국의 뉴욕으로 도착하는 북서항로이다. 부산을 기준으로 기존의 해운라인이 부산-말라카 해협-호르무즈 해협-지중해-로테르담 라인으로서 지구의 지형적 특징을 따라 많이 돌아가야 한다는 단점이 있었다. 하지만 북극해 항로가 더욱 활성화되면 기존 항로의 단점을 보완하는 역할을 하게 될 것이다.

〈표 10〉을 보면, 부산을 기준으로 기존의 해운 라인과 북극해를 통한 해운 라인의 차이를 알 수 있다. 극동-유럽항로는 부산-싱가포르-로테르담을 연결하는 라인으로, 운항거리는 20,100km이지만, 북극해를 통과할 경우 운항거리가 12,700km로 7,400km가 단축된다. 이를 운항시간으로 계산하면 극동-유럽항로는 24일이 소요되지만, 북극해

연도	물동량(단위:천 톤)	운항일수
1935	246	93일
1940	289	93일
1950	503	122일
1960	1013	128일
1970	2400	140~150일
1980	4951	연중 내내/서쪽지역
1987	6579	연중 내내/서쪽지역

〈표 9〉 북극해 항로를 활용한 화물수송량의 변화와 운항 일수의 변화(1935~1987)
(출처: Jan Drent, The Northern Mariner/Le Marin du nord, 1993; 김석환, 통일연구원, 2010.)

구분	극동-유럽항로	북극해 항로	비고
운항구간	부산-싱가포르-로테르담	부산-북극해-로테르담	
운항거리	20,100km	12,700km	7,400km
운항시간	24일	14일	10일
운항선박	일반 선박	Ice Class	
선박 건조가	기준시가	+30%	
선원비	일반항로 선비 적용	일반항로와 동일	
보험료	표준보험료	표준보험료+30%	
연료소모	표준 연료소모율	표준 연료소모율+20%	
운임	일반운임 적용	동일	

〈표 10〉 북극해 화물 운송의 경제성(기존 항로와 비교)
(출처: 『부산항 중심 물류흐름과 비전의 이해〈물류백서 2011.4〉』, 부산지방해양항만청, 2011.)

항로는 14일로 기존 항로의 운항시간을 10일 단축하는 효과를 본다. 이외에도 기존의 극동-유럽항로는 호르무즈 해협 인근의 소말리아 해적, 말라카 해협에서의 해적들의 출몰에 대한 리스크와 긴 해상일정이 난점이다. 그러나 북극해 항로가 국제항로가 될 경우, 부산-블라디보스토크-무르만스크-암스테르담의 라인이 연결되어 기존의 해양라인을 2/3로 단축시킬 것이며, 해적의 출몰과 피랍의 위험성에서 자유로워진다.[27]

북극은 이런 지경학적 · 지정학적 중요성과 더해 세계적인 자원 고갈 문제를 해결할 자원의 보고라는 점에서 강대국들의 이목을 집중시키고 있다. 북극해와 영토를 맞대고 있는 8개의 국가들은 북극 위원회(Arctic Council)를 조직하여 활동하고 있다. 8개의 회원국은 러시아, 캐나다, 노르웨이, 덴마크(그린란드), 미국, 스웨덴, 핀란드, 아이슬란드이고, 스웨덴, 아이슬란드, 핀란드를 제외한 5개 국가는 'Arctic 5'로 북극해에 대한 이해관계를 분명히 하고 있다.[28] 하지만 북극의 전략적 이해를 표명하고 있는 중국, 한국, 일본, 유럽연합 등은 특정 국가들의 독식에 반대하고 있다.

중국도 북극을 향한 경쟁구도에 동참하고 있다. 〈그림 18〉의 지도처럼, 중국도 상하이를 기점으로 북극해 항로를 통과하는 시험운항을 하고 있다.[29] 쇄빙선 아라온호를 건조한 한국과 쇄빙선 쉐롱호(雪龍號)

27 Jan Drent, 「Commercial Shipping on the Northern Sea Route」, p.5; *The Northern Mariner/Le Marin du nord*, April 1993.(재인용: 김석환, 「러시아의 북극 전략」, 배정호 외, 『21세기 러시아의 국가전략과 한 · 러 전략적 동반자관계』, 통일연구원, 2010, p.194.)

28 Jan Drent, ibid.(재인용: 김석환, 앞의 논문, p.177.)

29 중국은 2012년 9월 27일, 중국의 쇄빙선 쉐롱호는 과학적 탐사를 목적으로 상하이를 출항하여 일본 쓰가루 해협을 지나 북극해로 진입(일반선)했고, 이후 탐사를 마치고 소야해협을 통해 동해로 들어와 청다오에 정박하면서, 93일의 여정을 마무리

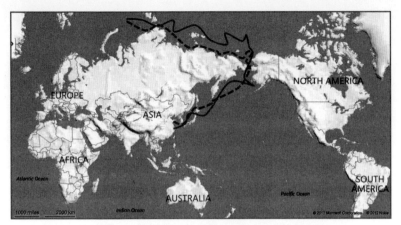

〈그림 18〉 중국 쇄빙선 쉐롱호(雪龍號) 북극해 경로
(中國地質科學院地質力學研究所)

를 보유한 중국 간에 2009년 11월 17일 제10차 한중 해양과학기술협
력을 위한 정부 간 회의를 개최하였고, 북극해 공동조사를 위한 양국
연구자 교환과 심해저 자원 개발을 위한 기술 협력을 추진하기로 하
는 등의 한중 간 협력을 하고 있다.[30] 중국은 세계적인 극 지역 과학 연
구 능력을 바탕으로 북극 위원회의 옵서버 국가로서 활동하고 있으
며,[31] 유엔 해양법의 원칙을 강조하며 중국의 북극해 항로 문제의 지정
학적 전략을 갖추고 있다.[32]

필자는 북극 지역의 중국 진출을 위해서 동해의 통로를 갖춘 지린

했다고 발표했다. 中國地質科學院地質力學研究所,「地質力學所科研人員參加中國第
五次北極科學考察凱旋歸來」, 極地空間數据共享服務系統, 〈http://polar.chinare.gov.
cn:8039/xuelong_N_pole.html〉.(검색일: 2012년 11월 24일.)

30 민경호,「아라온 활용, 중국과의 북극해 공동연구 본격 추진」, 아시아뉴스통신,
2009. 11. 18.
31 Linda Jakobson,「China Prepares For An Ice-Free Arctic」, *SIPRI Insights on Peace and
Security*, No.2010/2, p.9.
32 李振福,「北極航線地緣政治格局演變的動力機制研究」, 內蒙古社會科學, 第32卷 第1
期, 2011, pp.17-18.

성의 역할이 중요하다고 생각한다. 특히, 나진항을 통한 해양라인은 중국 지린성이 북극 진출을 통해 미국시장과 유럽시장을 연결하기 위한 통로 역할을 하게 될 것이며 창지투 개발계획과 '도로와 항만, 지역 일체화 전략'의 연계는 북극해 항로 진출을 위한 포석이 될 것이다. 중국 지린성과 북극해의 연결 가능성을 살펴보면서, 중국과 북극해 관련 자료를 발견했다. 해사 대학 리쩐푸(李振福)의 중국 북극해 항로 진출에 대한 SWOT 분석을 살펴보면, 우세한 점(Strength)으로는 1)중국의 주요 수출국 지위, 2)중국 국제 지위의 제고, 3)중국 북극 과학적 연구와 북극연구의 강화, 4)중국 해운 기업의 경쟁력 제고를 들고 있고, 열세적인 면(Weakness)은 1)중국이 참여하는 국제 사무 부문에서 절대적 발언권을 갖추지 못하고 있다는 점, 2)서양 문화가 주요 기초가 되는 국제법상에서 중국 문화 요소로서의 약점, 3)중국은 북극 연안 국가가 아니라는 점, 4)중국 선박 건조 기술과 물류 계획의 부족한 선진화로 보고 있다. 기회(Opportunity)로서는 1)해운기업의 물류비용 절약, 2)아시아의 높은 위도에 위치한 항구가 새로운 국제 해운 중심으로 변모, 3)최고의 여행 가치를 갖는 북극항선, 4)국제 무역과 해운 구조를 중국에 유리하게 조절하는 것 등을 들고 있다. 위협 요소(Threat)로서는 1)현행 국제법은 중국이 북극해 항로 권익을 얻기에 불리하게 되어있다는 점, 2)미국, 러시아, 캐나다 등 북극 연안 국가들의 북극 쟁탈전, 3)중국 해운 기업이 직면한 가열된 경쟁, 4)중국의 낮은 위도에 위치한 항구가 받을 부정적 영향을 제시하고 있다.[33]

우리는 이 자료를 통해 중국이 북극과 지리적으로 가깝지 않고, 국제 협력에 참여하기 어려운 상황에 놓여 있으며, 그리고 기술적으로도

---

33 李振福, 「結合可拓層次分析法的中國北極航線戰略的SWOT動態分析」, 〈http://wenku. baidu.com/view/9e95cd39376baf1ffc4fad5f.html〉.(검색일: 2011년 5월 8일.)

부족한 부분 등이 있다는 것을 알 수 있다. 또한 이 자료에서 주목할 부분으로 '중국의 낮은 위도에 위치한 항구가 받을 부정적 영향'과 '아시아의 높은 위도에 위치한 항구가 새로운 국제 해운 중심으로 변모'하는 점을 들 수 있다. 중국 연안에서 위도가 가장 높은 곳은 보하이 만에 위치해 있는 항구인데, 중국이 보하이 만에서 북극으로 나가기 위해서는 부산이 인접한 대한해협을 거쳐야 한다. 기존의 중국 항구도시로는 북극으로 진출하기에 어려운 부분이 있다는 것이다. 하지만 중국 지린성과 북한 나진항의 연결을 통해 북극으로 진출한다면, 중국의 물류 방향이 북극해와 더 가까워짐은 당연한 사실이다. 그리고 북극해의 개발이 가속화되면 아시아 내에서 위도가 높은 곳에 위치한 항구의 지리경제학적인 가치가 상승하게 되는데, 중국으로서는 북한 나진항에 대한 개발에 거는 기대가 더 커질 수밖에 없는 부분이다. 북극해와 중국 지린성의 이러한 연계는 한국의 부산을 기준으로 자연스럽게 중국 동북3성 지역과 중국 남방 연안 지역이 연결되는 해양 네트워크 형성에 더 큰 추진력을 부여하게 될 것이다.

결과적으로 지리적인 구조를 고려하면 중국은 〈그림 18〉처럼 상하이와 칭다오를 기준으로 북극 진입 경로를 생각해야 한다. 하지만 나진항 개발이 본격적으로 더 완성된다면, 중국 연안과 나진항을 중심으로 한 물류 노드가 부산을 정점으로 이어지고, 그 관련 동북아 해양 네트워크가 거시적 해양 네트워크의 커다란 노드가 되어 북극해와 연결될 것이다. 동해를 통과하는 주요 북극해 라인은 러일 사이의 소야 해협과 일본 홋카이도와 본섬 사이의 쓰가루 해협이 될 것이다. 중국의 동해상 네트워크 형성은 북극 연구 분야에서 한국 및 일본과의 협력을 가속화시킬 것으로 전망할 수 있다.

2. 중국의 대 한반도 영향력 확대

1) 북한의 개방개혁에 대한 주도권 확보

일반적으로 많은 사람들은 북한과 중국의 관계를 '순망치한(脣亡齒寒)'의 관계라 규정한다. 역사적으로 본다면 중국 공산당이 국공내전 시기에 북한에 머무르며 물자를 공급하던 시절도 있었고, 1950년 한국전쟁 당시에 중공군의 참전이 없었더라면 북한이 존재하지 못했을 수도 있다는 점에서 둘의 관계를 '혈맹관계'라 하기도 한다. 이러한 북중 관계에 큰 변화가 생기는데 이는 1992년 한중수교가 이루어지면서부터다. 네트워크 세계정치이론 관점에서 바라보면 연결되는 링크의 변화가 있던 시기로서, 중국과 한국 사이의 '구조적 공백'이 '사회적 자본'으로 채워지면서 동북아 전체 밑그림에 큰 전환이 이루어진 것이다. 한국은 중화인민공화국을 인정하면서 타이완과의 관계가 단절되었고, 중국은 대한민국을 인정하면서 북한과의 관계에 어려움을 겪었다. 그러나 1991년 소련의 해체와 동유럽 국가들의 와해로 인해 북중 관계는 새로운 단계에 들어섰다.

먼저, 북한과 중국 관계를 이해하기 위해서는 북한 지도부와 중국 지도부의 관계 변천을 살펴볼 필요가 있다. 진정한 의미에서 북한과 중국의 '혈맹관계'는 혁명세대인 중국 마오쩌둥(毛澤東) 주석과 북한의 김일성 주석 간의 관계이다. 김일성 통치 시기에, 중국이 직접적으로 한국전쟁에 북한의 혈맹으로서 참전했고, 중국의 마오쩌둥 역시 자신의 아들을 한국전쟁 전장에서 잃었던 만큼 북한과 중국 지도

부층의 교감이 짙게 형성되었던 것은 사실이다. 하지만 북한의 김일성이 1994년 7월 8일에 세상을 떠나면서 이 시기는 한중 수교 이상의 전환점이 되었다. 김일성 북한 주석의 사망으로 김정일 위원장이 북한의 지도자로서 그 자리를 승계하였지만, 중국과의 관계에서 한국전쟁 당시의 인연만을 강조하기에는 레버리지의 한계가 존재했다. 다시 2011년 12월 17일, 북한 김정일 위원장이 사망하면서 북중 관계 변화에 재차 세계의 이목이 집중되었다. 김정일 위원장이 갑작스럽게 사망하면서 그의 아들인 김정은이 북한의 권력을 승계하고 북한 내 3대 세습을 이어가게 되었다. 북한 지도자 권력이 김일성 가문의 3대 세습으로 이어지면서, 중국을 비롯한 다른 국가들의 정치적 인정을 받기 어려운 부분이 있다. 특히, 북중 관계에서 실용적인 관계가 아닌 '혈맹'을 위해 무상 지원과 원조를 기대하는 것은 더 어려워진 것으로 판단할 수 있다.

한편 중국에서도 지도층의 변화가 발생하였다. 문화대혁명의 악몽에서 벗어나 미국과 관계 정상화를 이룬 중국은 1976년 저우언라이 (周恩來) 전 총리, 마오쩌둥 전 주석, 쭈더(朱德)가 운명하면서 중요한 패러다임 전환을 맞이하게 된다. 혁명 제1세대가 떠나고 혁명 제2세대가 국정을 운영하게 되면서 '흑묘백묘론(黑猫白猫論)'의 실사구시 정책을 펼친 덩샤오핑(鄧小平)의 등장과 장쩌민(江澤民) 혁명 제3세대의 존재는 북한의 김일성 체제와 이를 계승한 김정일 체제에 대해 호의적이면서 말 그대로 입술이 없으면 이가 시리다는 '순망치한(脣亡齒寒)'의 관계를 유지했다. 당시에 이런 북한과의 관계 유지는 경제성장의 기치를 앞세워 주변국가의 안정을 강조한 중국의 정책과 부합되는 것이기도 했다. 하지만 인치통치에서 법치통치로 변화를 추구하던 중국은 후진타오(胡錦濤) 정권기에 본격적인 집단지도체제를 갖추었고, 중국 제4세대 지도자들은 협력과 견제를 통해 국정을 운영했다. 또 제4세대는 이전 세대와 달리 혁명의 경험이 부재하고, 북한과의 역사적 공감대 역시 옅어지면서, 북중간의 관계는 비교적 실용주의적 외교로 변모한다. 특히, 기존의 당이 곧 국가였던 마오쩌둥 시절과는 다르게 지금의 중국은 비교적 다양화된 국정운영이 이루어졌다. 중국이 기존의 인치를 벗어나 법치를 강조하고 수치를 통한 과학적 발전을 구호로 경제성장을 펼치면서, 중국 내부에 모호한 북한과의 관계보다는 실용을 앞세우는 외교 정책적 기류가 형성되었음을 알 수 있다.

2012년 11월, 중국 공산당 제18차 전국대표대회에서 중국 제5세대 지도부가 중국 권력 무대에 주인공으로 등장했다. 시진핑(習近平) 중국 주석이 2012년 중국 공산당 총서기에 오르고 2013년에 공식으로 중국 국가 주석이 되면서, 제도적 개혁과 개방의 노선의 유지와 함께 중국 사회 전반에 걸친 불균형 해소를 천명함에 따라 중국 사회 전체의 분위기 쇄신이 점쳐졌다. 중국 제5세대 지도부와 북한의 김정은 정권의 관계는 중국 마오쩌둥과 북한의 김일성 관계와 대조했을 때, 이념과 한국전쟁의 혈맹이라는 점을 부각시키지는 못한다. 중국에게 있어 동북아 주도권 유지를 위해 북한의 요소가 여전히 중요하다는 것은 변함없지만, 중국 내에도 다양한 이해집단이 형성되고 실제로 외교 정책에도 영향력을 발휘하는 시점에서 중국이 손해만 보며 이념적으로 북한을 돕기에는 무리가 있다고 해석해야 한다. 특히 중국에게 있어 지속 가능한 경제성장을 위해서는 주변 지역의 안정이 필수불가결한 요소인데, 북한은 1993년 제1차 북한 핵위기를 시작으로 이어져오는 다섯 차례의 한반도 핵위기, 천안함 침몰 사건, 연평도 포격사건, 2012년 12월 위성발사 등으로 동북아 위기를 초래했다. 주변지역의 안정을 원하는 중국과 위기 창출을 통한 주변지역 관계 개선을 원하는 북한 사이에서, 중국은 국제적 경제제재 참여로 직접적으로 이념과 옛정을 위해 북한을 보호해주는 시기를 끝내고, 끈끈한 정보다는 실용주의를 추구하려는 움직임을 보이고 있다.

이런 배경 속에서, 2011년 5월 20일에 중국을 방문한 김정일 위원장이 헤이룽장성 무단장(牧丹江)을 거치면서 김일성 주석의 항일혁명투쟁사가 깃든 징보후(鏡泊湖)를 방문한 것은 그 의미가 크다. 김정일의 행보는 중국인에게 중국 내의 김일성의 활동을 상기시켜 북한이 중국의 혁명동지임을 고취시키고, 중국과 북한의 동질감을 강조하기 위한 것으로 분석할 수 있다. 또, 김정일은 방중 일정에서 이미 퇴임한 장쩌민 전 주석을 만나기 위해 양저우로 이동하는 등의 파격적인 모습을 보였는데, 주목할 점은 제3세대 지도부이면서 당시 북중 관계에 있어 긴밀한 관계를 가졌던 시절에 정권을 잡았던 장쩌민 전 주석을 방문했다는 것이다. 북한 김정일의 장쩌민 전 주석과의 회담은 중국의 현 지도부와 협상하기 위한 하나의 카드로 작용했다고 해석할 수 있다.

이후 베이징에 도착한 김정일 위원장이 이러한 배경으로 중국의 각층 지도부들과의 대화를 통해 경제협력, 한반도 문제, 북핵 문제, 6자 회담, 김정은 승계 문제 등과 같은 논의를 진행했다고 하면, 위의 사전 활동들은 분명 협상력을 높이기 위한 것으로 볼 수 있는 것이다. 하지만 다시 반대로 생각하면 이는 현재 중국 제4세대 지도부가 북한과의 관계를 실용주의적으로 생각하고 있다는 사실을 반증한 것이다. 이제 중국의 지도부가 제5세대로 전환된 2012년부터 북중 관계는 더 실용적으로 변하게 될 것이고, 이러한 이유로 2011년 5월 북한 김정일의 행보는 다소 예상 가능한 것이었다.

지난 북한의 '선군정치'를 위한 정치적 행보는 한반도 정세를 난관에 빠뜨려왔고 북중 관계의 부침이 생기게 한 또 다른 변수였다. 물론, 빌 클린턴에서 오바마로 이어진 미국 행정부의 변천 역시 한반도 정세에 막대한 영향을 준 변수라 계산해야 하지만, 북한의 변수도 북중관계 및 동북아 관계의 변화를 이끌었던 중요한 변수임을 부정할 수 없다. 1993년 3월 12일 북한이 핵확산방지조약(NPT)를 탈퇴하면서 빚어진 제1차 북핵 위기와 2002년 제2차 북핵 위기를 거쳐, 2006년 10월 9일 제1차 북핵 실험, 2009년 5월 25일 제2차 북핵 실험은 남북한 문제를 동북아의 문제로, 동북아의 문제를 국제 문제로 확장시킨 일련의 사건들이었다. 그 결과로 대북 결의 825호(1993년), 1695호(2006년), 1718호(2006년), 1874호(2009년)가 발의되었으며, 2010년에는 천안함 침몰 사건이 발생하여 한국의 이명박 정부는 중국을 제외한 국제조사단의 결과를 바탕으로 북한의 소행이라 결론 내렸으며, 북한은 유엔 안보리 차원의 경제제재와 미국·일본의 경제제재 등을 받게 되었다.

이런 경제적 난관 속에서 북한이 2009년 11월 실시한 화폐개혁 실패는 결국 북한 내에 잔존하던 시장을 말살시키고, 주민들이 갖고 있던 화폐 중 소액의 일정량을 제외하고 휴지 조각으로 만들면서 화폐의 생명인 화폐 발행 은행의 신뢰도를 떨어뜨렸고, 북한의 장기적 거시경제 상황을 더욱 악화시켰다. 이렇듯 '선군정치'를 위한 북한의 정치적 행보는 무리수가 많았고, 국제사회 고립과 북한 내의 경제적 위기를 자초하였다.

북한 경제적 위기가 체제 불안으로 전이되던 시기에, 중국의 창지투 개발계획과 북한의 나선특별시 자유무역지대 계획은 서로의 이해관계가 부합되는 사업이었다. 중국은 창지투 개발계획과 광역두만강

사업의 연계를 통해 낙후되었던 동북지역 노(老)공업단지를 진흥시킬 수 있게 되었고, 거기에 나진항을 빌려 동해 진출을 마련함으로써 중국의 지역개발계획에 화룡점정을 찍을 수 있었다. 특히 단둥과 신의주를 연결하는 신압록강 대교의 건설을 2009년 원자바오 중국 총리가 방북하면서 약속했고, 북한-중국 간의 경제협력 활성화를 추진하게 되었는데, 이는 국제적 경제제재와 북한 내 화폐개혁의 실패로 경제위기를 겪던 북한에게 유일하게 기댈 수 있는 것이었다.

하지만 이러한 상황을 근거로 한 북한의 '동북4성'화 논의는 섣부른 판단이다. 북한의 대 중국 무역의존도 급증은 최근 한국 정부의 대북 정책이 강경책을 견지하고 있고, 미국과 일본 역시 국가 차원의 대북 견제를 실시하는 등의 외부적 원인에 의해 북한의 경제적 상황이 자연스레 중국으로 기울어졌던 것이다. 단둥-황금평·어적도·위화도-신의주로 이어지는 개발과 훈춘과 나선시의 사회기반시설 구축, 중국의 원조 및 투자가 활발히 이루어지고 있는 상황이지만, 이전에 김정일이 했던 "세상에서 제일 믿지 못할 국가가 중국"이라는 발언에서 볼 수 있듯이 막연하게 북한이 중국에 기대는 것으로 판단하기엔 이른 점이 있다.

북한은 2010년 나선특별시 지대법 개혁을 통해 외국인들에게만 열어놓았던 투자의 길을 동포에게도 개방했고, 이후 자유무역지대에 중국은 물론이고, 러시아, 일본, 미국 등의 투자가 가시화될 경우 나선특별시를 기준으로 경제적 세력 균형(Balance of Power)이 이루어질 수 있는 정치적·경제적 카드를 활용할 공간이 충분히 있다. 국제 경제제재와 천안함 침몰 사건·연평도 포격사건 등으로 국제적 고립을 겪고 있으며, 화폐개혁 및 김정은 승계 문제로 내부 문제를 해결해야 하는 김정일 위원장에게 있어 당시 나선시와 신의주 통로 개방은 건곤일척의 도박을 하는 것이라 볼 수 있다. 김정일이 2010년 8월 북한에 수감된 곰즈를 석방시키기 위해 방북한 지미 카터 미 전 대통령과 회담하지 않고 중국 동북지역을 향해 창춘에서 후진타오 중국 주석을 만난 것도 중국 동북진흥개발계획과 북한의 경협 연결을 해외에 알리기 위한 전략의 일환이라고 보는 분석이 가능하다. 또, 2011년 5월 27일 김정일 위원장의 방중 기간 북한을 방문한 로버트 킹 인권담당 특사의 요청으로, 수감되었던 전용수 목사를 김정일 위원장이 방중을 마치고 돌아오는 날에 맞추어 석방시켰다[34]는 점도 이런 맥락에서 분석 가능하다. 이처럼 북한은 특유의 줄다리기 외교와 벼랑 끝 전술로 미국과 일본, 한국의 반응을 이끌어내기 위해 노력하고 있어 '중국으로의 종속론'은 기우이며, 경제적 정황에 비추어 보았을 때, 북한 전체의 중국화의 정도는 아니지만 북한 내부에 대한 중국의 경제적 영향력이 제고될 것임은 자명하다.

다음으로, 2011년 12월 김정일 위원장의 갑작스런 사망이 북한 경제개혁의 또 다른 변수가 되고 있다. 김정일 위원장의 아들 김정은이 북한 권력을 안정적으로 장악해가고 있고, 장성택 노동당 행정부장의 숙청 이후 부상하고 있는 박봉주 내각총리와 이복누이인 김설송이 그 권력을 뒷받침하고 있다.

박봉주 내각총리는 2003년 임명되었다가 2007년 해임 뒤 2013년 4월부터 내각총리직을 수행하고 있다. 시장경제 도입을 시도했던 개혁 성향의 엘리트로서, 2004년에는 가족영농제, 기업경영자율화, 노동행정체계 개혁조치를 실시했고, 경제관리구조와 가격관리, 상품유통관리, 금융구조 등의 시장경제 도입을 시도했었다. 정성장 세종연

---

34 이도경, 「北, 억류했던 전용수 목사 석방, 美 식량지원·대화재개 노림수」, 국민일보, 2011. 5. 27.

구소 선임연구위원은 그간 장성택의 업무와 내각의 업무가 겹쳐 혼선이 있었는데, 장성택의 숙청 이후 북한의 내각책임제 강화에 힘입어 박봉주 내각의 경제정책이 더 큰 힘을 얻을 것이라는 전망을 하기도 했다.[35] 그와 함께 김정은식 경제개혁을 도울 후견인이 김정은의 이복누나 김설송이다. 〈시사인〉의 남문희 대기자는 2013년 4월 8일자 기사에서 과거 김정일이 김정은에게는 정보기관과 보위부 등을 연결해놓고, 당과 군의 핵심부는 김설송을 중심으로 편제를 짰으며, 최고 브레인들이 집결해 있는 당 중앙위를 김설송에게 연결함으로써 김설송이 IT와 인트라넷에 기반한 기존 권력 기반 위에 브레인 네트워크, 즉 의사결정의 중추를 장악하도록 안배했다고 보도한 바 있다.[36]

이렇듯 북중 접경지역의 개발을 둘러싼 다양한 배경이 존재하고, 이를 종합적으로 보면 북한의 지도부가 3대에 걸쳐 세습하면서 그 권위가 약화되고 있으며, 중국 지도부와의 혈맹관계에 의한 경제 원조도 힘들어지고 있는 상황이다. 즉, 이념에 의한 원조보다 실용에 의한 거래가 향후 북중 경협의 주요 테마가 될 것이다. 북한의 김정은 체제 이후, 한국과 중국의 주요 전문가 분석과 달리 북한의 체제는 안정화되어가는 모습이다. 북중 경협 관련해서는 박봉주 내각 총리가, 대내적으로는 그의 이복누이인 김설송이 그를 뒷받침하고 있다. 김정은 체제 이후의 북한 행보를 분석해보면, 2012년 12월 12일 탄도미사일로 변형 가능한 위성 발사 성공, 2013년 2월 12일에는 제3차 핵실험 감행, 2013년 3월 28일은 '한반도 위기태세' 돌입 공동성명 발

---

35 김영태, 「박봉주 내각 경제정책, 장성택 공백 영향 받나?」, CBS노컷뉴스, 2013. 12. 19.

36 남문희, 「김정일 위원장이 초지일관 사랑했던 김설송」, 시사인 [290호], 2013. 4. 8.

표, 개성공단 중단 위기를 겪는 등 남북 간의 경협 위기에 봉착하기도 했다.

필자는 2013년 3월 28일 중국 랴오닝성 단둥시에 현장답사를 다녀오면서 북중 경협에 대한 판단 근거를 마련할 수 있었다.[37] 우선, 김정은 체제가 감행한 일련의 사태는 두 가지 측면에서 판단할 수 있다. 첫째는 대내적 결속력 강화, 두 번째는 미국과의 국교 정상화를 위한 포석이다. 이 두 가지 목표는 다시 북한의 경제발전이라는 최종 목표와 이어진다. 북한 신의주와 압록강을 두고 마주하는 단둥시는 북한의 현황을 살피기에 좋은 조건을 갖추고 있다. 필자는 2011년 10월 방문 이후 다시 2013년 3월에 단둥을 방문하였다. 일단 김정은 시기 이후, 압록강 주변에 북한의 변화가 눈에 띄었다. 먼저 각종 선박의 등장이다. 기존에 압록강 하류에 전혀 보이지 않았던 선박들이 눈에 띄었는데, 컨테이너선, 강모래 채취선, 북한 측 유람선 등이었다. 이 중에 한반도 위기태세를 공동성명한 당일에 보였던 북한 측 유람선은 마치 중국에 북한의 안정을 보여주기 위한 것으로 보이기까지 했다.

다음으로 전기의 공급이다. 2011년에 방문했을 때는 전기라고는 전혀 볼 수 없던 신의주에 2013년 방문 시에는 작업을 위한 공간에 24시간 전기가 사용되고 있음을 직접 확인했다. 현지 주민의 인터뷰에서는 전기 고압선이 북한 신의주 압록강변을 따라 연결되고 있다는 정보를 얻을 수 있었고, 2011년에는 볼 수 없었던 전기라인을 2013 당시에는 황금평 입구 측에서 전기 변압소와 함께 발견할 수 있었다.

---

37 필자 블로그, 〈http://changzhu.tistory.com/entry/김정일-시기와-김정은-시기의-신의주단둥-분위기-비교〉.

끝으로 2014년 7월에 완공되어 개통될 것으로 보이는 신압록강대교 주변의 상황이다. 지리적으로 북한의 신의주와 중국의 단둥 신구(新區)를 연결하는 신압록강대교는, 사실상 북한의 평양과 중국의 베이징을 잇는 국제 교량의 역할을 담당하게 될 것이다. 이는 단둥의 신압록강대교 주변 상황에서 그 근거를 확인할 수 있었는데, 먼저 단둥 국제공항이 신압록강대교와 연결될 것이라는 점, 단둥 신 시청청사가 대규모로 신압록강대교 근처로 옮겨졌다는 점, 홍콩의 기업이 신압록강대교를 중심으로 마천루 형성을 위한 계약을 맺고 건설 준비를 시작했다는 점, 주변의 황금평 개발과 둥강시·단둥시 연계 개발의 중심에 위치했다는 점 등에서 그 근거를 확인할 수 있었다.

필자는 북중 경협의 바로미터라 할 수 있는 단둥의 현장답사를 통해 북한 김정은으로의 지도부 변경이 결과적으로 북한이 경제정책을 유연하게 가지려는 결과로 이어지고 있다고 판단하였다. 북한은 국내의 경제성장을 위해 핵무기를 통한 외교적 게임을 펼치고 있다. 북한은 2013년 제3차 핵실험을 감행한 후에, 미국을 포함한 국제사회에 핵보유국으로 인정받기 위한 움직임을 보였다. 이후, 북한은 핵보유뿐만 아니라 이란으로의 핵확산까지도 가능하다는 것을 미국 측에 과시하면서, 고의적으로 남한과의 정국을 뒤흔들어 미국을 자극시킨다. 미국이 동아시아의 개입을 통해 중국을 다시 견제하여 미중 간의 경쟁 속에서 북한 국내의 경제 개발을 위한 자금을 마련하려는 움직임을 보이고 있는 것이다.[38] 하지만 미국의 대북제재 강화, 박근혜 정부의 대북 강경노선으로 북한은 정치적·경제적 난관에 봉착한 상황

---

38 남문희, 앞의 기사.

이다.

남북 경협의 중단과 미국·일본의 경제제재가 지속되고 있지만, 중일 간의 관계가 센카쿠 열도(댜오위댜오)로 인한 격한 분쟁으로 이어지면서 북한의 요소가 어떻게 작용할지도 관심이 가는 부분이다. 2011년 11월 17일에 북한과 일본이 몽골 울란바토르에서 외무성 국장급 회의를 가지고, 북한의 일본 납치 문제와 미사일 문제 등 민감한 사안에 대해 협의하면서, 북한과 일본 사이의 경제협력이 동북아 주도권 다툼 속에서 지속될지도 관심을 가질 부분이 되었다. 특히 일본의 아베정권은 2013년 7월 21일의 참의원 선거에서 압승을 거두며 대북정책의 변화에 여유를 갖게 되었다. 성공회대 양기호 교수는 〈오마이뉴스〉에 투고한 기사를 통해, "2002년, 2004년 두 차례 방북으로 일본인 납치자를 귀국시켜 떨어진 인기를 단번에 만회했던 고이즈미 전 수상은 아베의 외교모델"이며, "비밀리에 북일 교섭의 전문가, 이지마 특별보좌관을 평양에 보냈다"[39]고 밝혔다. 비밀리에 파견되었다가 북한의 중앙방송에 의해 이지마 특별보좌관의 평양 방문이 공개되었는데, 이지마 특별보좌관은 일본 내 북한 전문가로서 북한 제2인자인 김영남과의 회담을 통해 일본인 납치문제에 대해 의견을 교환하고 전후보상과 국교정상화까지 포괄하는 광범위한 대화를 나눈 것으로 알려졌다.[40]

일본의 대북 정책 변화는 동북아의 새로운 관계 네트워크를 그리고 있다. 북한을 둘러싸고 남한과 미국은 강경노선을 취하고 있고, 중국은 안정된 문제해결을 주장하며 표면적으로 비핵을, 실질적으로는 북중 경협을 진행하고 있다. 일본의 움직임이 한미 노선과 다르게

---

39 양기호, 「우경화된 아베정권이 북한에 특사를 보낸 이유」, 오마이뉴스, 2013. 5. 24.
40 양기호, 앞의 기사.

진행되면서, 다시 중국과 일본 간에 북한 내에서의 협력 및 경쟁이 이루어질 것으로 전망된다. 다시 말해, 남북 간 개성공단 위기로 말미암은 남북 경협의 위기 속에 북일, 북중 간의 경제협력이 그 자리를 대치하게 될 가능성이 농후해졌다는 것이다. 중국의 동북3성 개발과 창지투개발계획, 북한 나선특별시 개발, 그리고 일본의 북한 진출, 블라디보스토크를 중심으로 한 러시아의 태평양 진출 기지 확보 등은 구한말 한반도를 둘러싼 강대국의 이권 경쟁과 흡사해 보인다. 북방경제의 남하와 해양세력의 자본 북벌이 한반도에서 교차되는 이 시점에, 필자는 남북한 간의 관계가 동북아의 정세를 결정지을 것이라 주장한다.

2) 경제 해양라인을 통한 남한 유인

〈그림 19〉는 창지투 지역이 개발되면서 훈춘-나진을 통해 동해상에서 중국이 개척 가능한 항로를 그린 것이다. 이 중에 훈춘·나진·상

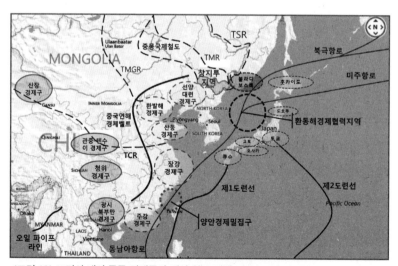

〈그림 19〉 도련선 내의 중국 경제구와 예상 항로 연계도(필자 그림, 배경 지도 출처 : bing map.)

하이는 이미 외국의 경계를 넘어 국내화물을 운송한다는 개념인 '국내무역 화물 초국경 운수(內貿貨物跨境運輸)' 방식인데, 중국이 이미 항선을 개척한 상황이다. 북극해 항로, 미국항로, 타이완항로는 위에서 언급하였다. 환동해경제협력구는 광역두만강개발계획과 함께 해당국들이 관련 논의를 지속해왔으며, 관련국들이 사회기반시설을 갖추어가고 있어 중국이 진출할 경우 무역에 있어 탄력을 받을 것으로 보인다. 우리가 주목할 부분은 중국의 '국내무역 화물'이다. 훈춘과 나진을 지나 영토를 맞대지 않은 동해를 통과하여 상하이로 향하였음에도 국내화물로 취급하였다는 것은 동해를 내해로 규정하고 있다고 보아도 무방한 것이다. 이 해운라인이 더 활성화될 경우, 한국은 중국의 '국내무역' 라인에 둘러싸이게 되는 것이다.

중국의 이런 움직임의 배경을 논하면서, 지난 이명박 정부 시기의 한중 관계 악화를 배제할 수 없다. 이명박 정부는 2008년 5월 베이징에서 한중 간의 관계를 '전략적 동반자관계'로 격상하면서, 양국 관계에 발전이 있을 것으로 보였다. 하지만 여러 가지 국내외적 요소로 말미암아 관계가 소원해진 것이 사실이다. 2008년 8월에는 한국의 방송사가 중국 베이징올림픽 개막식 리허설 영상을 공개하면서 당시 중국 내부에 한국에 대한 비판의 여론이 일더니, 2010년 5월 중국 상하이 엑스포가 개최되기 직전에 발생한 천안함 침몰 사건으로 한중 관계가 위기로 내몰리는 발화점이 되었다. 후진타오 전 주석은 이명박 전 대통령과의 정상회담 3일 뒤, 아무런 언급 없이 김정일 위원장과 정상회담을 가졌다. 이를 항의하기 위해, 2010년 5월 7일 현인택 당시 통일부 장관은 신임 주한 주중대사를 초치하며 중국 측이 천안함 침몰 사건에 대한 조사 기간 중 김정일 위원장과 정상회담 갖는 데 대해 한국정부에 통보하지 않았음을 비판하였는데, 천안함 사건을 중국이 민감하게 여기는 '천안문 사건'으로 실언하면서 문제가 일기도 했다. 한국정부는 2010년 5월 20일에 한국의 동맹국(미국, 영국, 호주, 스웨덴) 위주로 구성된 국제 전문가 조사단의 천안함 사건 조사 결과를 공개하였고, 중국과 러시아는 이 결과에 의문을 보냈다. 특히, 러시아는 차후 러시아 자체 조사단을 파견하기도 하였다. 하지만 중국은 결과를 받아들이지 않았고, 결국 천안함 침몰 사건으로 소집된 유엔 안보리에서도 규탄 성명이 나왔지만 중국과 러시아의 반대로 가해자를 명시하지 못하면서 한국 외교의 실패로 돌아갔다. 고 황장엽 씨의 말대로 천안함 사건 조사단에 중국도 함께 참여시켜 균형적으로 조사를 진행하지 못한 후과였다.

천안함 침몰 사건 결과가 나온 후 미국은 2010년 8월 실시된 한미 군사 연합 훈련을 통해, 한국 정부 요청으로 미국의 조지워싱턴 핵추진 항공모함이 한국 서해상에서 군사 훈련을 하게 되었다고 발표하였는데, 이로 인해 중국은 한국 정부에 규탄 성명을 발표하였고 결국 한국정부는 이를 수용하여 훈련 장소를 서해에서 동해로 변경하면서 한국의 외교상에 허점을 노출하였다. 이후 2010년 11월 연평도 포격 사건이 발생하고, 중국은 다이빙궈(戴秉國) 당시 국무위원을 파견하여 국면을 진정시키고자 했지만, 중국의 외교 정서를 잘 이해하지 못한 한국정부가 다이빙궈 국무위원의 제안을 거절하면서 중국의 외교가에 충격을 주기도 했다. 이후, 결국 2010년 11월 28일 본격적으로 진행된 한미 연합 군사 훈련으로 서해상에 중국의 연안 군사정보 수집이 가능한 조지워싱턴 호가 진입했다. 더 나아가 이를 계기로 한미일 군사 협력이 이루어지면서, 중국 언론에서는 이 군사 협력이 북한뿐만 아니라 중국을 대상으로 하고 있는 것이라 분석을 하였고, 결과적으로 한국과 중국의 관계는 악화일로를 걷는다.

이명박 정부 당시의 한중 외교 후퇴는 결국 북중 간의 밀월로 이어졌다. 당시 개성공단을 제외한 남북경협이 중단된 상황이고, 북한의 경제위기 극복을 위한 외화벌이 모색 시기와 중국의 동해 진출을 위한 '차항출해' 전략의 수요가 맞아떨어지면서 창지투 개발 지역과 나선특별시의 연결이 실현되었다. 중국 동북3성 지역의 풍부한 석탄 자원, 그리고 중국 남방지역의 전기 발전을 위한 석탄 수요가 적절한 수요-공급 곡선을 그리면서, 중국은 동북3성의 석탄이 어떻게 하면 가장 저렴한 비용과 효율성으로 운송될 것인지에 대한 고민을 하게 된다. 기존에 중국 헤이룽장성과 지린성의 자원은 중국 고속도로의 불규칙한 톨게이트 비용과 석탄 운송 중 트럭 기사들의 횡령, 그리고 비효율적 운송시간 등으로 그 가치를 발하지 못했다. 중국 측은 북중 간의 밀월이 가능한 시기를 통해 동북3성 지역을 국가급 개발 프로젝트로 격상시키고, 지린성의 창지투 개발 프로젝트와 북한의 나진항 연결에 박차를 가했다. 다시 말해, 중국 지린성이 갖추지 못한 해양력의 '지리적 요소'를 북한의 나진항을 빌리면서 확보했던 것이고, 나선을 통과하는 중국 해운 라인을 국내 무역으로 인정하려는 중국 정부의 의지에 의해 화룡점정을 찍었던 것이다. 요컨대 중국은 창지투 개발을 통해 북한의 나진항을 통과하여 동해로 진출하게 되었고, 〈그림 19〉처럼 해양 네트워크를 형성하는 과정에 놓여 있다. 하지만 당시 한국정부는 미국에 지나치게 편중되어 한중 간의 관계를 악화시켰고, 중국이 형성하고 있는 해양 네트워크 내에 포위되어갔다.

중국은 동해로 진출하면서 중국의 동북3성과 중국 남방 지역의 지리적 중간 지점인 한반도의 요소를 배제할 수 없다. 중국의 이러한 동해 진출은 한국과 북한을 포함한 한반도에 경제협력을 위한 유인책으로 작용한다. 특히 한국은 서울에 집중된 정치·경제·문화적 사회기반시설로 인해 서울에 밀집한 인구구조를 갖게 되었고, 지방은 갈수록 경제난을 겪고 있음을 고려할 때, 실제로 중국의 투자 가속화로 인해 중국과의 경제적 협력이 이루어질 경우 한국의 지방 균형 발전에도 적지 않은 시너지 효과를 발휘할 것이다.

먼저, 이미 진행 중인 강원도 지역과 경북을 연결하는 환동해 국제 교류·관광권 지대에 중국의 상선이 자유롭게 들어서면 한중 경제는 더욱 활성화될 것으로 보이고, 러시아와 일본, 미국의 본 경제지대에 대한 투자가 경쟁적으로 이루어질 수 있다는 강점이 있다. 다음으로, 강원·경북 지역의 발전과 부산의 해운 물류 중심지 역할, 인천, 군산을 잇는 서해안 개발에도 탄력을 받을 것으로 보여, 정치적으로도 중국의 경제 유인책은 유효할 것이다.

더욱이 〈그림 19〉에서 보이는 것처럼 환발해 경제구, 장강 경제구, 주강 경제구와 양안 경제협력에 따른 경제교류밀집구를 통해 서구 대개발을 이어가게 될 계기를 마련과 동시에 북한 경제에 대한 중국의 영향력 확대와 남한의 경제협력 참여는 한반도 통일에도 기여할 확률이 높다. 지난 '도광양회(韜光養晦)'와 '유소작위(有所作爲)'의 중국이 북한을 '순망치한(脣亡齒寒)'의 관계로 삼아 미국과 일본의 동북아 세력 확장을 방어하는 역할을 했다면, 지난 10년간 괄목할 수준의 경제발전을 이룬 중국은 '화평발전(和平發展)'과 '조화사회(和諧社會)'의 기치를 앞세워 적극적인 정책으로 한반도에 영향을 끼쳐 '매력 공세(Charm Offensive)'를 앞세울 것이며, 한국은 이러한 중국의 매력공세를 지렛대 삼아 줄다리기 외교를 통한 일본, 미국과 관계를 개선하는 것도 가능해진다.

동해상에서 새로 등장한 중국과 그 중국에 의해 다시 형성되는 해양 네트워크는 양날의 검이다. 중국이 동해상의 새로운 행위자로 등장하면서 환동해지역 경제권은 더 활성화될 것이다. 하지만 중국의 나진 항 1호 부두와 4·5호 부두 개발은 현재 제도적으로 군사 활용 단계는 아니지만 북중 간에 제도만 개선된다면 물리적으로는 가능한 단계이다. 즉, 중국의 동해 진출이 경제적으로는 긍정적일 수 있으나 안보적으로는 부정적인 효과를 갖는다고 정리할 수 있다.

하지만 우리가 주목할 부분은 중국이 만들어낸 새로운 네트워크이다. 북한의 나선특별시의 경우 중국의 출구이지만, 중국으로 들어가는 입구의 역할도 가능한 노드이자 스위처이다. 남한의 입장에서, 북한은 중국과 러시아에 입장할 수 있는 게이트와 같은 지정학적 위치에 있다. 하지만 북한 자체의 폐쇄성과 남북의 특수한 정치적 상황으로 그 역할은 지리적인 상식 수준에 머물고 있다. 이러한 배경하에, 중국이 나선특별시를 북·중·러 간의 느슨한 형태의 국제적 스위처로서 활용하게 된 것이다. 이는 단순히 한국에 대한 경제적 유인책이 아니라, 한국이 대륙으로 진출할 수 있는 해양 네트워크의 시발점으로도 해석할 수 있는 부분이다. 현재는 중국이 동해 위의 네트워크를 장악하게 될 수 있는 유리한 입장이지만, 남북한이 경제협력을 재개한다면 나선특별시 내에 경제적 '힘의 균형(Balance of power)'을 실현하여 네트워크의 성질을 바꿀 수 있다.

3. 동해를 통해 바라본 동북아 정세에서의 중국 영향력과 전략

1) 러시아-일본 간의 북방4도 분쟁에 대한 중국의 영향력

중국의 동해 진출은 동북아 영토분쟁에서도 영향력을 미칠 것이다. 먼저, 일본이 자국 영토라고 주장하는 곳은 러시아의 북방4도, 중국의 센카쿠 열도(댜오위다오), 한국의 독도이다. 러일 간의 분쟁 지역인 북방4도의 역사는 1855년 러-일 통상조약에서 시작된다. 당시 사할린은 러시아와 일본이 공동 관리하게 되었으며 쿠릴 반도 및 열도는 러시아의 영토로 인정되었다. 이후 1875년에 사할린 쿠릴 열도 교환 조약이 체결됨에 따라 사할린은 러시아의 영토가 되고 쿠릴 열도는 일본 영토로 남게 되었지만, 러일 전쟁에서 일본이 승리함으로써 1905년 체결된 포츠머스 조약에서는 북위 50도 이남과 쿠릴 열도를 일본의 영토로 인정하게 되었다. 하지만 〈그림 3〉이 보여주듯, 당시 소련은 1945년 8월 8일 일본에 선전포고를 하면서 〈그림 3〉의 방향으로 진격하였고 1946년 북방4도의 자국령 편입을 선언하면서 당시 거주하던 일본인을 본토로 강제 추방하였다. 결국 1951년 9월 8일 체결된 샌프란시스코 강화조약에 의해 국경 획정에 대한 논의가 있었으나, 이 조약에 북방4도가 포함되지 않아 논란이 되었다. 결국 1956년 일본과 소련이 소일공동선언을 하고 국교 정상화를 이루었으며, 소련은 하보마이와 시코탄을 일본에 반환하기로 하였다. 하지만 두 개 섬만 반환받을 경우 나머지 두 개 섬의 영유권을 포기해야 하기 때문에 이를 일본 측이 거절하면서 분쟁이 더 커지게 되었다.

2010년 간 나오토 당시 일본 총리는 러시아와의 영토분쟁에 대해 경제적 지원을 통한 유리한 협상을 원했지만, 러시아 정부는 1945년 일본의 항복문서 작성일인 9월 2일을 '제2차 세계대전 종전기념일'로 선포하였고, 2010년 9월 드미트리 메드베데프 러시아 전 대통령은 중국을 방문하여 후진타오 당시 중국 주석과 정상회담 공동 성명에 "제2차 세계대전 역사에 대한 왜곡을 허용하지 않겠다"[41]는 내용을 발표하면서 일본과의 영토분쟁에 강경히 대응하였다. 특히, 2010년 11월 1일 메드베데프 전 대통령의 북방4도 방문은 중국과 일본 간의 센카쿠 열도(댜오위다오) 분쟁이 가열되고 있는 기간에 이루어진 것이고, 이후 이어진 아시아·태평양 경제협력체(APEC) 참가차 일본이 요코하마를 방문하면서 더욱 긴장이 가중되었다. 특기할 점은 2010년 11월 13일에 일본 요코하마의 APEC 폐막식에서 일본 간 나오토 전 총리, 중국 후진타오 전 주석, 러시아 드미트리 메드베데프 전 대통령 간에 영토문제에 관한 정상회담이 열렸는데, 22분 만에 회담은 종결되었고 의견교환은 이루어지지 않은 것으로 알려졌다.[42]

2012년 9월에 러시아의 블라디보스토크에서 개최된 APEC 정상회담에서는 후진타오 전 주석과 일본 노다 요시히코 전 총리 간에 15분간 '복도외교(走廊外交)'[43]가 있었으나, 이후 일본의 센카쿠 열도 국유화 조치가 이루어지면서 중국 내 대규모 반일 시위가 일어났다. 이는 2010년 9월 센카쿠 열도(댜오위다오) 인근 해역에서 중국의 어선이 일

---

41 신정록, 「메드베데프, 쿠릴열도 남방섬(일본명 북방영토) 전격방문-日·러 '영토 갈등'도 재점화」, 조선일보, 2010. 11. 2.

42 신정록, 「[요코하마 APEC 정상회담의 폐막] 간 나오토 日 총리, 中·러와 연쇄 정상회담-영토 얘기 꺼냈지만 '싸늘한 반응'」, 조선일보, 2010. 11. 15.

43 陳淨, 「中日難現第三次'走廊外交'」, 國際金融報, 2012年11月6日, 〈http://news.hexun.com/2012-11-06/147637816.html〉.(검색일: 2012년 12월 5일.)

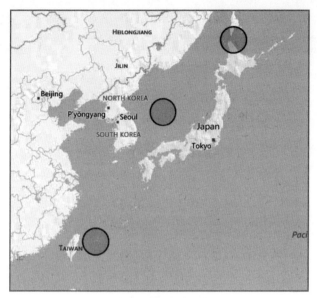
〈그림 20〉 일본의 영토 분쟁

본의 해상보안청 순찰함과 부딪히는 사건이 생긴 지 2년 만에 센카쿠 열도(댜오위댜오)가 중일 갈등의 뇌관으로 떠오르면서 중일, 러일, 한일 간의 해양 영토 갈등이 격화되는 양상이다.

중국의 선박이 동해로 진출하면서 본격적인 네트워크를 형성할 경우 영토 분쟁에 대한 영역에 있어서 변화를 초래할 것으로 보인다. 특히 〈그림 20〉상에 표시된 것처럼 일본과 주변국 간의 영토분쟁 지역인 센카쿠 열도(댜오위댜오) 지역에서 중국 내륙·타이완의 협력과 러시아의 북방4도에 대한 이해관계가 더해지고, 2011년 3월 일본 정부가 일방적으로 중학교 교과서 검정 결과를 발표하여 문제가 되고 있는 한국의 독도 수호 정책이 함께 어우러질 경우, 동북아 내의 영토분쟁에 있어 일본은 불리한 형세에 놓이게 될 것이다.

이러한 갈등 상황 속에서 동해상 중국 해군의 활동을 살펴보면,

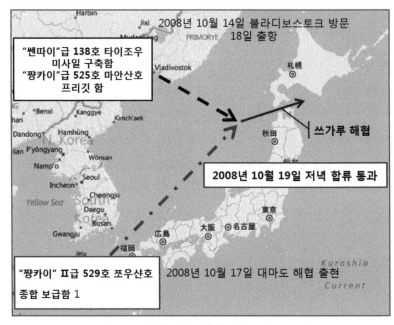

〈그림 21〉 중국 해군의 동해 출현(鳳凰網獨家制圖)

2005년 상하이협력기구 차원에서 실시된 '화평사명 2005'에서 보듯 황해와 자루비노 지역의 동해상에서 중국-러시아 해군 합동 훈련이 동시에 진행된 바 있었고, 〈그림 21〉의 홍콩 피닉스에서 보도한 대로 2008년 10월 북태평양 부근에 실시된 중국-러시아 간 훈련을 마치고 러시아의 블라디보스토크 해군기지에서 출항한 중국의 장카이급 프리깃함 마안산(馬鞍山)호, 현대급 미사일 구축함 타이저우(泰州)호와 쓰시마 해협을 지나 동해상에서 합류한 최신형 프리깃함 054A 장카이(江凱) 2급 저우산(舟山)호, 신형 보급함으로 이루어진 선박이 일본의 쓰가루 해협을 통과한 사건이 발생한 적이 있었다.[44]

---

44 중국 봉황방송에서 단독으로 만든 그림 자료를 토대로 필자가 편집하여 만든 그림이다. 봉황티비 보도 자료 참조는 鳳凰網獨家制圖,「日本稱首次發現我艦隊穿

2012년 4월에는 중국과 러시아 간 연합 훈련이 실시되어 주변국을 다시 긴장시켰다. 중국의 칭다오와 러시아의 블라디보스토크 간에 열린 중러 훈련에서, 중국은 배타적경제수역(EEZ)을 보호하는 게 목표고 이는 제3방을 겨눈 훈련이 아니라고 발표했지만, 그 범위를 '황해와 동중국해'로 두어 일본과 마찰을 초래했다. 이어 러시아 역시 배타적경제수역 보호가 목적이지만 일본과 분쟁 중인 북방4도 전체를 배타적경제수역에 포함한 상태에서 중국과 군사훈련을 감행하여 일본과 갈등을 일으켜 국제적 이슈가 되고 있다.[45]

이러한 중국 해군 활동을 반추해보았을 때, 중국의 동해 진출은 동해상에서 중국의 전략적 억제력을 제고시킬 것이며, 일본에 대한 압박과 동시에 미국에 대한 견제로 작용할 것으로 보인다.

2) 한반도 서해와 동해에 대한 중국의 복합적 해양 전략

중국의 인도양 진출과 제1도련선에서 벗어나기 위한 노력은 지구상의 해양을 관리하던 미국에게 해양 패권국의 자리를 위협하는 것으로 받아들여졌다. 미국은 특히 인도양의 중앙에 위치한 영국령 디에고가르시아에 주둔하는 미 제5함대와 괌에 주둔하는 미 제7함대가 각각 인도양과 서태평양 지역의 안보를 담당하고 있는데, 이 해역에 대한 도전을 받고 있다고 여긴다.[46] 중국의 해양진출에 이어, 중국을 둘

津輕海峽入太平洋(圖)」, 新華網, 2008. 10. 21., 〈http://www.tianshui.com.cn/news/junshi/2008102110415184534.html〉, 지도자료는 〈http://www.bing.com/maps/#〉.

45 檸檬, 「目前直指美日韓: 中俄日本海軍演路線很耐人尋味(圖)」, 商業新聞網, 2012. 4. 9, 〈http://media.itxinwen.com/2012/0409/404380_4.html〉.(검색일: 2012년 9월 4일.)

46 미국 오바마 정부의 아시아-태평양 안보전략에서 미국에게 있어 아시아-태평양 지역은 그 어느 때보다 중요하다고 하면서, 미국 국가 안보 이익에 대해 명시하였다.

러싼 주변 국가들의 움직임도 미국을 긴장하게 했다. 미국에게 있어서 2000년대의 아시아-태평양권 국가들의 정권[47]은 미국과의 동맹에 경도된 외교보다는 비교적 자주적이고 실리적인 균형외교를 추진하였고, 이로 인해 미국의 해양 전략은 난관에 부딪혔다. 특히 제1도련선의 가장 중요한 부분을 차지하고 있는 일본의 하토야마 유키오 전 총리는 미국을 벗어나 아시아로 간다는 '탈미입아(脫美入亞)' 외교 노선을 표방하기도 하였고, 오바마 미국 정부와는 일본 주둔 미군기지(오키나와 후텐마 기지) 관련 갈등을 노정하기도 했다.

이에 미국은 서태평양 지역과 동중국해, 남중국해의 영향력을 강화하기 위해 본격적인 군사적 움직임을 보였다. 2009년 10월 13일부터 16일[48]까지 한반도 서해상에 핵추진 항공모함 조지워싱턴 호가 처음으로 출현했다.[49] 즉, 중국 측이 주권선으로 여기는 제1도련선 범위 안

미국 국가 안보 이익(U.S. National Security Interests): 미국 본토, 영토, 시민들, 동맹국들과 이익들의 방어; 지역적 안정 보존과 미국의 접근 및 이익을 위협하거나 방해하는 지배적 파워나 집단적 파워 방지; 지역적 번영과 자유 무역 및 시장 접근 촉진; 안정적이고 안전하며 비확산 국제 핵 질서; 훌륭한 통치와 민주주의, 개체의 인권, 종교적 자유와 같은 국제 규칙과 가치의 촉진; 지역 안정과 미국 이익의 보호를 위한 필수조건으로서 항해 자유 보장. Ralph A. Cossa, Brad Glosserman, Michael A. McDevitt, Nirav Patel, James Przystup, Brad Roberts, *The United States and the Asia-Pacific Region: Security Strategy for the Obama Administration*, February 2009, IDA, Pacific Forum CSIS, INSS, CNA, Center for a New American Security, pp.9~10.

47 대한민국 노무현 전 대통령(2003. 2. 25.~2008. 2. 24.), 호주 연방 케빈 러드 (Kevin Rudd) 총리(2007. 12. 3.~2010. 6. 24.), 일본 총리 하토야마 유키오(2009. 9. 16.~2010. 6. 8.), 타이완 총통 마잉지우(2008. 5~현재.)

48 2009년 10월 6일 원자바오 중국 총리가 방북하여 김정일 위원장과의 회담을 갖고 경제협력에 대한 협정을 맺은 이후 발생한 사건으로 상호 간의 관계를 살펴볼 가치가 있다.

49 2010년 11월 월스트리트 저널은 기사를 통해 미국의 항공모함이 서해에 진입하는 것에 대해 규탄하는 중국의 소식을 실으면서 2009년 이미 조지워싱턴 호가 서해에 들어간 적이 있음을 마지막 구절에서 밝히고 있다. "The U.S. last conducted exercises in the Yellow Sea in October 2009. Those drills also involved the USS George

으로 미국의 항공모함이 진입했다는 의미이다. 이후, 2009년 11월 10일부터 조지워싱턴 호는 애뉴얼엑스(ANNUALEX) 21G 2009[50]에 참가하기 위해 일본 가나가와(神奈川) 현 요코스카(橫須賀) 기지에서 출항하여 태평양 일대에서 대규모 미일 군사 합동 훈련을 실시하였다.

미국이 동북아 지역의 영향력 확장을 모색하는 가운데 발발한 천안함 침몰 사건은 전략적으로 보았을 때 중국에 치명적으로 작용하였으며, 미국에 있어 위기 극복의 계기가 되었던 사건이었다. 2010년 3월 8일부터 3월 18일까지 키리졸브·독수리 훈련이 서해상에서 진행되었고, 2010년 3월 25일부터 천안함 침몰 사건 직전까지 태안반도 앞바다에서 한미 군사 훈련이 진행되었는데,[51] 2010년 3월 26일에 천안함 침몰 사건이 발생하였다. 2010년 5월 20일에는 천안함 침몰 사건 조사 발표가 나오면서, 중국에 대한 미국의 외교적 압박이 본격화되었다. 2010년 7월 24일, 베트남 하노이에서 열린 아세안 지역 안보 포럼(ARF)에 참석한 힐러리 클린턴 미국 국무부 장관이 남중국해에 대

Washington." Jay Solomon, 「China Warns U.S. as Korea Tensions Rise: Beijing Bears Rising Cost for Support of Pyongyang; New Take on Naval Exercises」, *The Wall Street Journal*, November 26, 2010, 〈http://online.wsj.com/article/SB100014240527487 04008704575638420698918004.html〉; 다른 자료, 〈http://thetension.blogspot. com/2009/10/combat-camera-aboard-uss-george.html〉.(검색일: 2011년 6월 7일.)

50 Mass Communication Specialist 2nd Class (SW) John J. Mike, USS George Washington Public Affairs, 「George Washington Begins ANNUALEX 21G」, *Official Website of the United States Navy*, 2009.11.11., 〈http://www.navy.mil/search/display.asp?story_id=49588〉.(검색일: 2011년 6월 7일.)

51 원태재 국방부 대변인은 2010년 6월 7일 정례브리핑에서 "한미 연합 키리졸브 및 독수리 훈련이 3월 23일부터 26일까지 서해 태안반도 인근 해상에서 실시됐다"고 밝혔다. 안은별, 「국방부 '침몰 당일 대잠훈련' 사실은 시인했지만: 훈련 위치, 종료 시간 및 이유 등은 〈AP〉 보도와 달라」, 프레시안, 2010. 6. 7., 〈http://www.pressian. com/article/article.asp?article_num=10100607173219&section=05〉.(검색일: 2011년 6월 7일.)

해 미국의 이익이 직결된 지역이라 말하면서 중국에 대한 압박을 강화시켰다. 바로 다음 날인 2010년 7월 25일부터는 '불굴의 의지(Invincible Spirit)' 한미 군사 연합 훈련이 동해상에서 진행되었다. 이는 일본 요코스카 기지에서 출항한 미국의 조지워싱턴 핵 항공모함이 참여한 훈련으로, 본래는 서해에서 함께 훈련을 진행하려 했으나 중국 측의 반발로 한국 정부가 훈련 장소를 동해로 변경하였던 것이다. 이렇듯 천안함 사건 이후 미국은 표면적으로는 북한을 목표로, 실질적으로는 중국을 안보적 대상으로 삼아 압박을 가했으며 중국의 직접적인 반발을 사기도 했다.

2010년 8월 8일에는 미국 항공모함 조지워싱턴 호와 함께 구축함 존 메케인 호가 동중국해를 거쳐 베트남 다낭 항에 입항하여 미국-베트남 관계 정상화 15주년을 기념하는 '비전투성' 군사 훈련을 하기도 했다.[52] 2010년 11월 23일 북한 연평도 포격사건이 발생하면서 이 사건에 대한 대응으로 2010년 11월 28일에 한국 서해상에서 한미 연합 군사 훈련이 실시되었는데, 조지워싱턴 호가 서해상으로 진입하여 훈련에 참가하면서 미국은 중국의 강한 규탄을 받기도 했으며, 중국도 이에 대응하기 위한 실탄 훈련을 실시했다. 미국은 이에 그치지 않고 2010년 12월 3일 그동안 실시했던 미일 간 훈련 규모 중 최대 규모인 합동 군사 훈련 'Keen Sword 2011'을 일본 오키나와와 북동 태평양 일대에서 실시하면서 중국을 압박하기도 하였다. 또, 2011년 2월 28일부터 3월 10일까지 2011 키리졸브 훈련을 실시하는 등 동북아 지역에서 미국의 영향력이 확대되었다. 태평양과 인도양 진출에 대한 중국의 노력과, 관련 해역 이익을 방어하기 위한 미국의 갈등이 첨예하게 전개

---

52 소준섭, 「남중국해 덮는 '패권' 한랭전선: 미국, 베트남 해군과 해상 합동 군사 훈련 실시-확장하는 중국 군사력에 대한 견제 포석」, 시사저널 1087호, 2010. 8. 18.

되고 있음을 알 수 있다.

중국은 이러한 동북아 정세를 배경으로 주변 연안을 안정화시키고 원양 전략을 통한 인도양 및 태평양 진출을 도모하기 위해 동북아에서의 해양 전략을 다시 수립하고 있다. 필자는 중국이 서해안에서 최첨단 무기를 중심으로 한 억제력(Deterrence)을 갖고 미국의 해군, 특히 항공모함의 진입을 견제하면서, 남중국해와 동중국해, 황해 지역과 같은 중국의 핵심이익이 집중되어 있는 해상교통로의 안정을 위한 '접근 억제 전략(Anti-Access Operation)'을 강화할 것이라 본다. 이와 동시에, 중국은 한반도 동해지역과 상하이 및 타이완이 연결되는 해운 라인을 국내물류로 취급하고, 훈춘-나진-중국 남부 혹은 타이완으로 이어지는 해상 라인을 정례화시켜 '경제적 방어체제(Economic Shield System)'[53]를 구사할 것으로 본다.

2009년 중국의 국경절 행사 기간 천안문 광장에서 벌어진 열병식에서 중국의 최첨단 무기들이 공개되고, 2011년 1월 11일 스텔스 기능을 갖춘 전투기 시험 비행에 성공하는 등 중국 군사 기술의 비약적인 발전이 이루어졌다. 2010년 천안함 침몰 사건과 연평도 포격 사건 등으로 서해상에 조지워싱턴 호의 진입이 언론화되고 실현되면서 중국의 핵심 지역에 대한 전략적 노출이 이어지고, 그에 대한 대비책으로 중국은 대함 미사일을 실전 배치하는 등의 억제력 강화를 추진하고 있다. 이제까지 공개된 최첨단 무기로는 '콩징(空警)-2000', 핵 탑재가 가

---

53 '경제적 방어체제(Economic Shield System)'란, 필자가 주장하는 개념으로, 본래 해당이 없던 해역에 무역선이나 상선을 띄우는 정책을 펼쳐 그 지역에 영향력을 확대시켜, 안보 전략적으로 그 해당 해역의 안보적 문제에 개입할 수 있게 하여 상대 국가들의 해당 해역 군사훈련을 저지시키고, 자신의 안보를 확보함과 동시에 그 해역의 영향력을 확대시킨다는 의미로 사용했다. 마한의 해양 전략과 상통하는 개념으로, 경제적 해양교통선을 통해 안보적 영향력을 확장시킨다는 전략이다.

능한 대륙간 탄도미사일(ICBM) '동펑(東風)-31', 항모킬러 미사일이라고 불리며 외국 항모 공격에 대비할 수 있는 순항미사일 '창젠(長劍)-10',[54] 인공위성, 무인 비행기, 레이더 등의 도움을 받아 항공모함을 직접 타격할 수 있는 중거리 대함 탄도미사일(ASBM) '동펑(東風)-21D',[55] 사거리가 8,000km로 미국 본토까지 도달이 가능한 잠수함 발사 탄도미사일(SLBM) '쥐랑(巨浪) 2호(JL-2)' 등이 있고, 중국의 잠수함 보유는 2010년을 기준으로 하였을 때, SSN형으로 3~4대의 한(漢)급 잠수함과 2대의 상(商)급 잠수함, FBM형으로 1대의 하(夏)급 잠수함과 4대의 진(秦)급 잠수함, SS형으로 3~4대의 원(元)급 잠수함과 12대의 킬로급 잠수함, 21대의 송(宋)급 잠수함, 21대의 명(明)급 잠수함 등이 있다.[56] 또, 2011년 1월 11일 미국 로버트 게이츠 국방장관의 방중에 맞추어 시험 비행한 중국 제4세대 스텔스 전투기 젠(殲)-20(J-20)은 주변국에 안보 딜레마 현상을 초래하였고, 2013년 7월에 진수된 바야크 형 항공모함은 중국의 제1도련선 내의 억제력을 강화시킬 것으로 보인다. 요컨대 중국은 이러한 최첨단 무기를 통해 황해를 포함한 근해 해역에서 접근억제 접근 전략을 전개하고 있고, 원해전략 수립의 기반을 마련하고 있다.

이렇듯, 〈그림 19〉처럼 중국에 의해 형성된 해양라인은 동해상에 중국의 새로운 해양 전략이 형성됨을 의미한다. 중국은 이미 2011년 1월 훈춘-나진항-상하이로 이어지는 "국내무역 화물 초국경 운수(內貿貨物跨境運輸)"에 의해 동해 라인에 새로운 물류 해양 교통선을 개척해

---

54 신경진, 「뉴스 인 뉴스 〈57〉 중국 건국 60주년 열병식의 첨단 무기」, 중앙일보, 2009. 12. 8.

55 길윤형, 「중 대함 미사일 수년내 실천 배치」, 한겨레신문, 2010. 12. 29.

56 Bernard D. Cole, *The Great Wall at Sea: China's Navy in the Twenty-Frist Century*, Second Edition, Naval Institute Press, p.93.

가고 있다. 동해를 거치는 중국의 물류라인이 중국 국내무역으로 취급되면서, 동해와 대한해협을 통과하는 해역의 새로운 경제적 가치가 발생하였다. 이는 지린성과 상하이를 잇는 새로운 링크가 생겼음을 의미하고 중국 네트워크 영역의 확대와 함께 한국이라는 노드와 연결될 라인이 만들어졌음을 의미하는 것이다. 또, 상선 및 무역선을 보호하기 위해 군사력을 통한 해상교통로 확보가 필연적인 것이라 주장하는 알프레드 마한의 해양력 이론으로 분석하고, 마오쩌둥의 적극적인 방어 전략적 측면에서 바라보더라도 중국은 동해상에 '경제적 방어체계'를 형성할 것으로 보인다. 중국이 북한의 나진항을 군사적으로 활용하는 것은 현실적으로 어렵다 하여도, 중국 해군이 러시아와의 해상 연합 훈련 방식으로 동해상에 출현하는 것은 이루어질 개연성이 충분하다.[57]

---

65 피츠버그 러시아 연구소는 Keith Luse 대외관계 관련 미 상원의원과 인터뷰를 통해 나진항을 통한 중국의 동해 진출은 미국의 해양 이익에 악영향을 줄 것이라 하였다. Lou Kilzer, 「China gains foothold via North Korea Port」, Pittsburghive, 2011. 2. 20.

5장

**변방의 중심이 되는
동북아 신 네트워크**

1. 정책 제안에 앞서

이 장은 이 책의 변방(邊方)이다. 필자는 정책제안서의 형식을 빌려 새로운 동북아 복합 네트워크를 제시하고자 한다. 큰 틀에서 보는 결론부터 말하면 〈그림 22〉가 보여주듯, 필자는 부산을 이 네트워크의 정점(頂點)으로 하고 다롄(大連)-단둥(丹東)을 좌측날개로 하며 나선특별시-블라디보스토크-훈춘(琿春)을 우측날개로 삼는 삼각축 해양 네트워크(Triangular Marine Network, 三角軸網絡)를 추진해야 한다고 주장한다. 필자가 제시한 삼각축 해양 네트워크는 거시적 네트워크, 미시적 네트워크와 더불어 복합형 네트워크를 구축하게 된다.

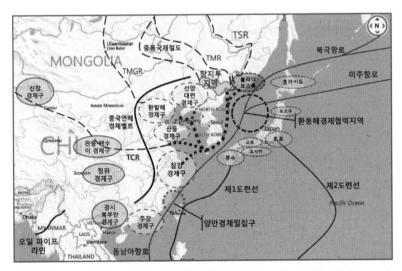

〈그림 22〉 새롭게 형성될 삼각축 해양 네트워크 구상도(필자 그림, 배경 지도 출처: bing map.)

먼저, 필자가 말하는 거시적 네트워크란 삼각축 해양 네트워크와 주변 국가 및 경제구의 네트워크를 의미한다. 거시적 네트워크와 삼각축 해양 네트워크 간의 연계를 살펴보면 다음과 같다. 삼각축 해양 네트워크는 거시적으로 좌로는 중국의 보하이만(渤海灣)-산둥(山東)반도-장강(長江)경제구-양안(兩岸)밀집구-주강(珠江)경제구-광시(廣西)북부만경제구-아세안(ASEAN)으로 이어지는 해양네트워크와 링크되고, 우로는 러시아-일본-미국·남미-북극으로 이어지는 해양네트워크와 새로운 링크를 이룬다. 이러한 네트워크와 네트워크의 연결은 기존의 남북한-중국동북지역과 러시아 사이에서 존재하던 '구조적 공백(Structural Holes)'[1]을 메워 '사회적 자본'이 유입되는 과정이고, 전 한반도를 범위로 하는 삼각축 해양 네트워크의 각 꼭지점들은 다시 동북아의 새로운 '의무통과점(Obligatory Passage Point, OPP)'[2]이 되는 것이다.

이 삼각축 해양 네트워크에서는 미시적 네트워크도 발생한다. 미시적 네트워크는 삼각축 해양 네트워크 내에서 각 항구도시를 중심으로 남북한 간의 해양 교류가 발생함을 의미한다. 이와 동시에, 이러한 미시적 네트워크는 기존의 남북한 도시 간의 교류에만 편중된 것이 아니라, 중국 북부-북한-남한-일본·중국 남부-아세안 라인, 중국 북부·러시아 극동-북한-남한·일본-중국 남부 라인, 그리고 중국 북부·러시아-북한-일본-미국·유럽 라인 내의 각 항구도시들과도 높은 개방성과 호환성을 가지고 새로운 '사회적 자본' 라인을 이루는 것을 의미한다. 이때, 남한의 지방 항구 노드로는 서해권(인천-송도-서산-

1 김상배, 「한국의 네트워크 외교전략 행위자-네트워크 이론의 원용」, 『국가전략』 2011년 제17권 3호, 세종연구소, 2011, p.17.
2 김상배, 앞의 논문, p.12. 김상배는 Callon의 글을 인용하여, '의무통과점(Obligatory Passage Point, OPP)'을 "네트워크상에서 다른 행위자들이 반드시 거치게 함으로써 자신에게 끌어들이는 지점"이라 정의했다.

당진-아산-평택-새만금-목포), 동해권(속초-양양-강릉-포항-울산-부산), 남해권(부산-창원-진주-광양-순천-여수-해남-목포), 그리고 제주도로 이어지는 라인이다. 북한의 경우에는 서해권(황금평-신의주-남포-개성-해주), 동해권(나선-청진-김책-단천-함흥-원산)이 이에 해당한다 할 수 있다.

필자는 한반도 전체를 감싸는 '삼각축 해양 네트워크'라는 개념을 제시했고, 삼각축 해양 네트워크를 중심으로 형성되는 거시·미시적 네트워크의 범위와 각각의 노드를 설명했다. 삼각축 해양 네트워크와 거시적·미시적 네트워크의 개념은 앞으로 필자가 설명하게 될 '물류-구조 복합형 네트워크'의 개념 중에 '물류 네트워크'에 해당한다. 다시 말해 필자는 한반도 해양 '공간'이라는 실체 위에 한반도를 중심으로 새로운 동북아 물류 네트워크를 펼쳐야 한다고 주장하는 것이다.

필자가 말하는 '구조 네트워크'란, 추상적인 의미의 관계를 표현한 개념으로, 단순히 국가-국가 간의 관계가 아닌 국가·지방정부·기업·개인 등의 다양한 행위자들이 공간의 한계를 초월한 네트워킹을 펼쳐가는 형태이다. 다시 말해 '물류 네트워크'가 실체가 존재하는 하드웨어와 같은 네트워크라면, '구조 네트워크'는 소프트웨어와 같은 추상적 네트워크에 해당한다. '삼각축 해양 네트워크'와 더불어 연계될 거시·미시적 네트워크가 완성될 경우, 새로운 행위자들의 다양한 구조 네트워크가 발생하게 된다.

이런 의미에서, 한국 중앙정부는 새로운 동북아 네트워크가 형성할 '구조 네트워크'의 발생에 대비해야 한다. 이를 대비해 한국 중앙정부는 중앙세와 지방세의 세율 조정을 통해 지방정부의 재정 독립성을 확보해주고 강화해야 한다. 한국 중앙정부는 한국의 지방정부가 조정된 세율을 통해 자신의 관할 지역을 근거로 자치를 실현하여 해외투자를 유치할 수 있는 무대를 마련하고, 반대로 지방정부가 해외로 진출할 수 있도록 동력을 주입해줘야 한다. 요컨대 한국 정부는 네트워크 국가의 새로운 프로그램 디자인을 통해 지방정부가 세계무대에서 활동할 수 있도록 중앙정부 차원에서 경제적 뒷받침을 해주어야 한다는 것이다.

이런 의미에서 '미시적 네트워크'는 '물류-구조 복합형 네트워크'가 되어야 한다. 미시적 네트워크가 물류 네트워크 의미에서는 남북한 간의 항구도시 간 네트워크에서 동북아 전체 네트워크로 연결된다. 즉, 미시적 네트워크와 거시적 네트워크 간의 '접맥'이 이루어진다. 이런 물류 네트워크 성격의 미시적 네트워크의 무대에 국제무대의 다양한 행위자들이 참여함으로써 새로운 구조 네트워크가 구현된다. 예를 들면, 북한의 토지 위에 중국의 자본으로 인프라가 건설되고, 그 위에서 남한의 기술력과 북한의 노동력으로 상품 및 서비스의 가치를 생산 및 창출하여 타 지역의 시장과 네트워킹하는 것이다. 이런 물류 네트워크상의 구조 네트워크는 추후 상술할 예정인 '물류-구조 복합형 네트워크'에 해당한다. 물류 네트워크와 구조 네트워크 간의 상호작용 및 관계 형성에 따라 '물류-구조 복합형 네트워크'가 형성되는 것이라 이해해도 무방하다. 한반도 위의 '물류-구조 복합형 네트워크'는 기존에 존재하던 동북아의 '물류-구조 복합형 네트워크'와 연결되어 새로운 네트워크 형태로 변형된다.

한 생명체 내에 복잡하게 얽힌 혈관처럼 '삼각축 해양 네트워크'를 골간으로 거시·미시적 네트워크가 관계를 형성하게 된다. 혈관 내의 적혈구가 산소와 양분을 날라 생명체에 에너지를 부여하듯 자원, 물자, 인간이 동북아라는 '공간' 위의 '혈류(물류 네트워크)'를 이룬다. 다시 이 물류 네트워크 위에 다양한 외부 행위자들이 '뉴런(구조 네트워크)'이라는 신경체계를 형성하며 네트워킹하면서 '물류-구조 복합형 네트워크'를 실현한다. 이런 복합형 네트워크는 해당 지역과 지역 간의 지리적 가치를 상승시키고, 그 '혈류'를 따라 이동하는 경제 물자들은 민간 교류를 활성화하여 해당 지역 간의 문화적 공감대를 형성하며, 궁극적으로는 정치적 교류를 가능하게 한다. 이는 결국 현재 '변방'인 지역이 중심이 되는 네트워크가 동북아의 새로운 '심장'이 되는 것을 의미하는 것이다.

필자는 위에서 중앙세 · 지방세 비율 조정에 따른 지방정부의 세계무대 활동 활성화를 이야기하며 구조 네트워크 변형에 따른 대비를 주장했다. 이는 한국의 중앙정부가 세율개편을 통해 지방정부에 경제적 동력을 주입하는 과정을 의미한다. 필자는 경제적 동력을 얻은 지방정부가 상술한 해양네트워크의 핵심 노드가 되어 삼각축 해양 네트워크-미시 · 거시적 네트워크를 무대로 다른 노드들과 교류해야 함을 주장한 것이다.

중앙세 · 지방세 비율조정이 미시적 네트워크 안의 동력 마련이었다면, 이와 반대로 외부의 동력을 삼각축 해양 네트워크 내부로 끌어들이는 방안도 있다. 이는 남한의 범위를 넘어 한반도 전체 네트워크에 경제적 동력을 주입하는 방안으로, 여기에는 아시아개발은행(ABD)이나 국제부흥개발은행(IBRD) 등의 국제금융기관에서 펀드를 받는 방법, 한국 주도의 국제컨소시엄을 모집하는 방법, 남북협력기금을 직접 조성하는 방법, 남한 대기업의 직접투자를 종용하는 방법 등이 있다. 그 예로, KEDO가 주체가 되었던 46억 달러 규모의 경수로사업의 경우에는 남북협력기금과 미국 · 일본의 재정지원을 통해 재원을 조달받았다. 그 외에도 장전항 개발사업(현대아산), 남포항 하역시설 현대화(국양해운), 나진항 하역시설 현대화(현통그룹) 등의 과거 경험을 그 예로 들 수 있다.[3] 다시 말해, 해양 네트워크를 형성시키는 시발점이 중앙정부와 지방정부 간의 관계 재조정에 있다면, 한반도 내의 새로운 네트워크 설정은 국제조직과 다른 국가, 그리고 타국 지방정부를 포함한 지방정부, 해외기업, 국내 대기업, 중소기업, NGO 등을 망라한 구조 네트워크를 통해 이루어져야 한다는 것이다.

이러한 복합적이고 유기적인 삼각축 해양 네트워크를 통해 한반도가 지향할 수 있는 방향은 다음과 같다. 남북 경제협력이 다시 활성화된다고 하여도, 북한의 철도·도로 같은 인프라 시설이 낙후되어 남한이 지출해야 될 비용이 많이 발생한다. 하지만 남한이 북한과 항구의 교류를 중심으로 해양물류를 먼저 형성한다면 효율성 높은 접근이 가능해진다. 해양은 공간 이동에 물리적 제한이 없는 거대한 고속도로와 같다. 해양을 통해 남북한 항구들이 링크를 시작하면 남한은 선박을 통해 북한의 다양한 항구로 접근하기가 쉬워진다. 이러한 해양 물류의 장점을 십분 발휘해서 우선 북한 내 항구를 건설하고, 북한의 각 항구를 중심으로 형성된 해양 물류 네트워크를 내륙 물류 네트워크와 연결시켜야 한다. 이는 해양 네트워크와 내륙 네트워크의 복합 물류 네트워크 연결을 의미하는데, 이런 복합 물류 네트워크는 항구를 중심으로 하는 바둑판형 내륙 네트워크로 형성해야 함을 주장하는 것이기도 하다.

더 나아가 이런 복합 물류 네트워크를 한반도종단철도(TKR), 만주횡단철도(TMR), 시베리아횡단철도(TSR) 등과 연결함으로써, 한반도 자체가 사통팔달(四通八達)한 하나의 커다란 노드가 되도록 해야 한다. 한반도 전체를 바둑판형의 사회기초시설로 새로 디자인할 수 있

---

3   김범중, 「북한 항만개발과 남북한 항만교류 협력방안」, 『월간 해양수산 통권』 제219호, 한국해양수산개발원, 2002, p.23.

다면, 통일 이후에도 지방의 균형 발전이 이루어질 수 있는 토대가 마련될 것이다. 즉, 한국은 한반도 전체에 걸쳐 항만, 도로, 철로, 공항 등의 복합적인 물류 허브를 만들 수 있도록 조정해야 하고, 각각의 물류 허브가 자연스럽게 연결되도록 디자인해야 한다. 특히 필자는 이러한 허브들의 배후지 요소까지 계산하여 주변국을 고려한 한반도 내 복합적 물류 네트워크를 만들어야 한다고 주장한다.

요컨대 삼각축 해양 네트워크를 중심으로 내륙·해양 복합형 물류 교류를 활성화하고 다양화된 국제사회 행위자들이 복합형 물류 네트워크상에서 자유롭게 활동할 수 있도록 무대를 마련해주어야 한다는 것이다. 필자는 상술한 내용을 설명하고 분석하기 위해 '관계를 연결하는 네트워크'와 '공간 위의 네트워크'의 관계를 규명하고 그 관계 속에서 새로운 가치를 창출하고자 한다. 이를 다시 '관계를 연결하는 네트워크'와 '공간 위의 네트워크'의 관계를, 종적인 의미의 '구조 네트워크'와 횡적인 의미의 '물류 네트워크'의 관계라 표현하겠다. 구조 네트워크란, 국제정치에서 흔히 말하는 구조주의적 의미로서, 국가만을 유일무이한 세계무대 행위자로 보지 않고 국제조직, 국제지역연합, 국가, 국가기관, 지방정부, 글로벌기업, 중소기업, 가계, 노동자, 개인, 시민단체 등의 세부화된 조직들이 자신들의 이익에 영합된 정치활동을 하고, 경제 관계를 맺으며, 정보를 매매하고 공유하는 네트워크를 지칭한다. 이에 물류 네트워크[4]는 한정된 공간 위에 존재하는 물체와 물체, 그리고 인간이 함께 이동하며 이루는 네트워크를 의미한다. 다시 말해, 필자는 구조 네트워크와 물류 네트워크 간의 새로

---

4   한주성은 물류에 대해 재화가 공간적인 이동을 뜻하는 물류 개념이 생산과 소비를 포함하여 '정보의 흐름'까지 아우르는 종합적인 로지스틱스로 이해되어야 한다고 했다. 한주성, 『경제지리학의 이해』, 한울아카데미, 2007, p.400.

운 관계를 분석하여, 기존에 따로 존재했던 두 네트워크를 다시 복합형 링크를 통해 '연결 중심성'[5]과 '매개 중심성'을 높일 수 있다고 주장하는 것이다.

먼저 구조 네트워크와 물류 네트워크 간의 관계에 대한 설명으로 필자가 주장하는 구상의 밑그림을 그리고자 한다. 다음으로 삼각축 해양 네트워크의 노드에 해당하는 세 꼭지점(좌측 날개: 다롄-단둥, 우측 날개: 훈춘-나선-블라디보스토크, 정점: 부산)의 현황과 각 꼭지점의 제도적 연결 방안을 소개하고자 한다. 끝으로 정책 제안 부분에서 앞으로 이루어질 공간적 관계 변화에 대하여 서술하고 동북아시아가 추구해야 될 네트워크를 그려보며 그 네트워크를 전제로 새로운 통일 전략을 제시하면서, 필자가 그리는 구상을 완성하고자 한다.

---

5   김상배는 Freeman의 주장을 인용하여, "연결 중심성이란 네트워크에서 다른 행위자들과 연결된 관계의 숫자를 가능한 많이 늘림으로서 발휘하게 되는 중심성"이라 정의하고, "근접 중심성이란 네트워크상에서 행위자와 행위자들 간의 거리를 가능한 가깝게 함으로써 발휘하게 되는 중심성", 끝으로 "매개 중심성이란 네트워크상에서 어느 행위자가 다른 행위자들의 사이에 놓일 수 있는 정도"라 정의했다. 관련 내용은 김상배, 앞의 논문, pp.20-24.

2. 구조적 네트워크와 물류 네트워크 관계

이미 앞에서 언급하였듯 구조 네트워크와 물류 네트워크에는 개념적 차이가 있다. 전자는 다원화된 행위자들 간의 관계를 의미하는 것이고, 후자는 한정된 공간 위에서 발생하는 교류를 의미한다. 〈그림 23〉에서 보여주는 것은 '구조-물류 복합형 네트워크'이다. 구조 네트워크와 물류 네트워크 간의 관계를 설명하기 위해 간단한 역사를 서술하면 다음과 같다. 마뉴엘 카스텔은 그의 저서에서 "공간은 시간이

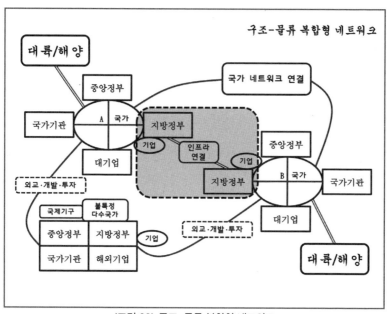

〈그림 23〉 구조-물류 복합형 네트워크

결정화된 것이다"[6]라고 하였다. 우리 인류는 탄소에너지라는 폭발적 동력을 찾기 전에 동물의 힘을 빌려 이동하였고, 그 이동에도 공간적 한계가 있었다. 2차 산업혁명시기 이전에는 경제활동과 정보 공유, 정치적 행위 모두가 한정된 공간에 갇혀 있었다. 이러한 시기에 발생되었던 문화는 그 해당 지역 내 인간과 자연 간의 대화에 따른 결과물이다. 하지만 산업혁명과 제2차 세계대전을 거치면서 인간은 공간의 한계를 극복하기 시작하였다. 인류는 해양 교통수단으로서 선박을 노선(櫓船)-범선(帆船)-동력선(動力船)으로 발전시켰다. 해양의 시기라 불리던 18~19세기에는 서구 열강 세력이 동력선을 통해 '개항'을 강요하였고, 화약을 쓰면서 강제적 교류가 실시되었다. 착취를 위해 개발했던 물류라인은 후에 고스란히 인류 교류사의 화석이 되어 현재도 그 공간을 차지하고 있다. 이 시기까지 물류 네트워크와 구조 네트워크는 큰 의미에서 다르지 않았다. 물론 문자를 통한 기록이나 다른 매체의 출현으로 제한적이나마 구조 네트워크 범위의 확장 현상은 있었으나, 제한적 물류 공간 위의 물류와 구조 네트워크 간 상호작용 범위는 크게 벗어나지 않았다.

이러한 물류 공간은 과학기술의 발전과 새로운 교통수단의 발명, 시장 자유화와 세계화의 과정을 거치고, 신자유주의 시대를 맞이하면서 그 규모와 이동 속도가 폭발적으로 늘어나고 빨라졌다. 물류의 규모가 늘고 이동속도가 빨라지면서, 세계는 거대한 하나의 지구촌으로 바뀌어갔다. 이와 동시에 인간은 공간과 시간을 극복하는 또 다른 네트워크를 발명해냈는데, 이는 인터넷이다. 인터넷을 통해 인류는 공간의 한계를 극복하고, 정보를 공유하기도 하고, 경제활동을 하며, 각자

---

6   Space is crystallized time. Manuel Catells, 「The Space of Flows」, *The Rise of the Network Society*, p.441.

가 정치적인 힘을 발휘하게 된다. 인터넷을 통해 앉은 자리에서도 관계를 쉽게 형성할 수 있게 되면서 물류 네트워크와 구조 네트워크 간의 분리[7]가 본격적으로 이루어진다. 이 시기에 다양한 이익집단이 출현하면서 국제무대상에 국가 이외의 다양한 행위자들이 등장했다. 이로써 구조 네트워크 내부에도 네트워크 세계정치이론에서 설명했던 복합형 네트워크가 형성되기 시작했다.

다양한 행위자들이 정보를 운용할 수 있도록 해주는 인터넷의 등장은 중세 시대 성경이 라틴어에서 각국 언어로 번역이 되는 순간, 그리고 한국의 조선 시대에 한자로 된 책들이 한글로 번역이 되는 순간과 같은 효과를 유발했다. 즉, 공간적·시간적·경제적 이유로 소수에게 독점되었던 정보를 실시간으로 공유할 수 있게 되었고, 네트워크 세계정치이론에서 언급한 중간의 '스위처' 없이 바로 노드와 노드가 연결되는 새로운 네트워크 형성이 가능해졌다.

이는 다시 새로운 이익단체가 발생함을 의미하는 것이다. 또, 기존의 인치(人治) 시기가 '짐은 곧 왕이다'라는 식의 중앙집권국가 시기였다면, 현대에 들어서면서 정치적 민주화를 이루어 국민이 주인이 되는 시기를 맞이하였고, 자본가들의 출현으로 경제적 의미에서의 권력자가 등장한다. 조선 후기 가난한 양반이 부유한 상인에게 돈을 빌리러 다녔던 시기를 생각거나, 중세 유럽에서 왕보다 돈이 많았던 로스차일드가를 생각하면 이해가 빠를 것이다. 이렇듯 물리적 폭력의 권력, 자본화 시기의 권력, 정보화 시기의 권력이 맞물리면서, 현재 국제사회는 네트워크 국가가 네트워크의 중심성을 유지하고 프로그래밍

---

7 물류 네트워크가 있는 곳에 구조 네트워크가 필연적으로 발생하지만, 구조 네트워크가 있는 곳에 물류 네트워크 혹은 실체가 있는 네트워크가 꼭 함께하는 것은 아니게 된다.

을 하되, 각 층위의 행위자들이 서로 국제무대에서 게임을 하는 시기가 도래했다고 하겠다. 이는 다양한 네트워킹이 전 지구적으로 공간과 시간의 한계를 극복한 이야기다.

물류 네트워크와 구조적 네트워크의 관계로 다시 돌아오면 이렇다. 〈그림 23〉에서 보여주는 의미를 설명하면, 네트워크 세계정치 이론에서 논하듯, 우선 A국가와 B국가 간의 관계는 단순 네트워크가 아닌 복합 네트워크이다. 즉, A국가와 B국가 간의 관계는 당구공처럼 단단한 두 행위자가 내부를 들여다볼 수 없는 블랙박스로 이루어진 외교적 행위를 전개하는 것이 아니라, 각 국가의 중앙정부를 포함한 각 층위의 행위자들이 함께 복합적으로 네트워크를 이루는 입체적 관계를 이루어가는 것이다. 국가 내부가 단순히 중앙정부-국가기관-지방정부-대기업-기업으로만 이루어진 것은 아니지만, 필자가 이해를 돕기 위해 단순화했음을 미리 밝혀둔다. 〈그림 23〉 가운데 A국가의 지방정부와 B국가의 지방정부 간에 인프라를 통해 연결을 이루고 있는 점선 부분이 있다. 이 두 지방정부는 각 국가의 변방에 해당하는 곳을 의미한다. 즉, 이 부분은 물리적 혹은 사이버 상의 국경선에 위치한 지방정부가 연결을 통해 국가를 비롯해 각 행위자 간 교류의 장을 열었음을 의미한다. 물론 여기에 해당하는 인프라 시설의 공간은 육지, 해양, 대기, 사이버, 우주 등 그 한계를 두지 않는다.

이러한 구조-물류 복합형 네트워크는 앞서 설명한 창지투 지역으로도 설명할 수 있다. A국가는 중국이며, B국가는 북한이다. 점선 내부에 위치한 A국가와 B국가를 연결하는 지점이 창지투 지역을 포함한 동북의 지린(吉林)성과 북한의 나선특별시이다. 이 변경지역의 연결지점에 구조-물류 복합형 네트워크가 발생한다. 이러한 변방지역의 연결로 북한(B국가)은 중국(A국가)을 통해 대륙으로 뻗어나갈 통로를 확보하고, 중국(A국가)은 북한(B국가)을 통해 해양(동해)으로 진입(저우 주취 전략)할 수 있게 된다.

이와 같은 틀을 바탕으로, 지린성의 창지투 개발구는 우선 지방정부 차원에서 '도로·항만·지역 일체화'를 통해 주변국가와의 연결을 추진했다. 이에 대한 노력으로 중국은 북한의 나선시와 청진시에 항구 사용권을 확보하여 중국 남방으로 이어지는 물류의 길을 열었다. 이는 지린성 네트워크의 '근접 중심성(closeness centrality)'을 확장함으로써 중국 동북3성 개발 계획과 북한 연계를 추진한 것이라 볼 수 있다. 각 국가의 해당 지방정부 간에 진행 중이던 창지투 개발계획에 큰 전환점이 있었다. 2009년 10월 원자바오 중국 전 총리가 재임기간 중 북한 평양 방문했던 것이 바로 그 전환점이었다. 기존에는 지방정부가 주가 되고 중앙정부는 인도(引導)하는 소극적 태도로 해당 지역 개발에 나섰더라면, 원자바오 전 총리의 방북 이후에는 중앙정부가 주도(主導)하는 적극적 태도로 바뀐 것이다. 이는 〈그림 23〉에서 제시한 구조-물류 복합형 네트워크 내의 주요 행위자가 지방정부에서 중앙정부로 바뀌었음을 의미한다. 정확히 말하면 '공간(空間)'은 여전히 해당 지방정부의 지리적 위치이지만, 구조 네트워크의 주요 행위자가 ('네트워크 국가'의 규범을 정하는 프로그래머인) 지방정부에서 중앙정부로 바뀜으로써 해당 지역 개발에 더 큰 탄력을 받게 되었다.

이후 관련 지역에 대한 북중 간 중앙정부 네트워킹과 국가 기관 간 네트워킹의 사례로, 2012년 8월 14일 당시 장성택 부위원장이 베이징에서 열린 '나선경제무역지대와 황금평·위화도경제지대 공동개발·공동관리를 위한 조중(북중)공동지도위원회 제3차 회의'[8]에 참석하면

---

8   박민희, 「북 장성택, 대표단 50여 명 이끌고 전격 방중, 김정은 체제 이후 북·중관계 정상화 주목」, 한겨레신문, 2012. 8. 13.

서 북중 경협의 급물살을 탔다는 점을 주목할 필요가 있다. 이는 중국의 중앙정부와 중국 상무부나 국무원 산하의 국가발전개발위원회 같은 국가기관이 본격적으로 움직이고 있음을 의미하는 것이다. 여기서 주의할 점은 중국의 외교가 제도화를 거듭하고 경제가 성장함에 따라 이익집단의 목소리가 커지면서 이를 대표하는 국가 기관이 다양화되었는데, 이러한 요소가 외교활동에도 영향을 준다는 것이다. 다시 말해, 결국은 중국의 공산당이 중국 국내 네트워크의 중심성을 여전히 가지고 있지만, 중국 국내에서 형성된 다양한 이익집단으로 말미암아 외교 변인의 다원화가 내포되어 있다. 이에 따라, 지방정부 측의 움직임도 중국 중앙정부가 설정해놓은 '표준(혹은 규범)'하에 자율적으로 활동하고 있다.

〈그림 23〉에서 지방정부와 붙어 있는 '기업'은 지방 정부 내의 기업을 의미하는 것으로, 다른 노드와의 연결에 있어 지방정부가 마련하는 공간과 제도하에 움직이는 행위자라 할 수 있다. 중국의 경우, 북중 접경 지역에 국경 지역끼리 세제혜택을 주는 호시(互市)가 존재하는데, 이 호시는 지방정부와 붙어 있는 '기업'의 마당이라 볼 수 있다.

또, 북중 간 이러한 구조-물류 복합형 네트워크 위에 '중국의 투먼과 훈춘·북한의 나선경제특구'에서 추진하는 국제 공단 건설이나 국제 투자 유치의 움직임은 위 그림에서 설명하는 '불특정 다수 국가'의 행위자들이 활동(외교·개발·투자)하는 것에 해당한다고 볼 수 있다. 다시 말해, 구조 네트워크를 통해 물리적으로 함께하는 공간은 없지만 다양한 수단으로 해당지역과 관계를 맺는 시스템을 의미하는 것이다. 이로써 필자가 그림을 통해 설명하고자 한 '구조-물류 복합형 네트워크'의 특성을 모두 설명했다.

다시 말해, 〈그림 23〉의 중앙에 점선으로 표시된 지방정부와 지방정부가 인프라에 의해 연결되어 형성되는 곳은 변방과 변방이 연결되어 창조적 네트워크를 형성하는 공간을 의미한다. 신영복 교수의 표현을 빌리면, '변방의 동력'이 꿈틀대는 곳이다. 단순히 A 국가와 B 국가뿐만 아니라, 그 이외의 다수 참여자가 이와 같은 네트워크를 형성할 수 있다. 환동해 경제권이 대표적 예라 할 수 있으며, 아세안의 메콩강위원회도 그 예가 될 수 있다. 이렇듯 지방정부 간의 인프라 공간이 해양이면 그 행위자의 수가 더 늘어남을 알 수 있다. 이런 방식으로 네트워크 국가와 네트워크 국가가 복합 네트워크를 형성하면서 구조 네트워크를 완성하고, 물류 네트워크 부분에서는 각자의 국가를 통과하여 대륙으로 혹은 해양으로 진출할 수 있는 길이 마련된다. 중국의 경우는 '저우추취(走出去)'의 전략이 이에 해당하며, 이는 제1도련선에 둘러싸인 해양 고립라인을 주변국과 연결하는 방식으로 해양에 진출하는 것도 이에 해당한다. 또, 항구를 빌려 바다를 나간다는 '차항출해(借港出海)' 전략과도 일맥상통한다. 하지만 이렇게 새롭게 형성된 변방끼리의 네트워크는 국제사회의 제3의 행위자들에 의해 참여 공간이 형성되는 것을 의미하는 것이기도 하다. 물론 이때 변방과 변방의 네트워크가 새로운 노드의 참여를 허용할 호환성을 갖추고 있는지가 그 관건이라 하겠다.

그 예로 중국의 훈춘과 러시아의 포세이트 같은 경우에 이미 국제공단을 형성하여 각국의 투자 및 개발 유치에 적극 나서고 있다. 심지어 북한의 나선특별시의 경우에도 2012년 9월 26일~28일 날짜로 발표된 「조선민주주의인민공화국 투자환경소개」에 따르면, 1조 1항의 '조선민주주의인민공화국의 외국투자정책'의 내용 중 조선민주주의인민공화국은 외국투자가들이 투자한 재산과 리익, 투자로 하여 이루어진 합법적 소득을 법적으로 보호하며 외국투자가가 투자한 재산은 국유화하거나 거두어들이지 않는다[9]고 명시하고 있다. 이는 변방과 변방을 잇는 두만강개발지역도 어느 정도의 호환성을 갖추고 있음을 의미하는 것이기도 하다. 이러한 네트워크의 개방성과 호환성은 물류와 직접적으로 연결된 국가들 이외에도 다른 네트워크 국가의 투자 여지를 마련해준다. 앞 절에서도 이미 설명했던 아시아개발은행과 국제부흥개발은행의 펀드 투입, 그리고 유엔개발계획 기구의 참여 등 국가 상위 참여자들이 개입할 수 있고, 앞으로 재개될 6자회담이나 광역두만강개발계획(GTI)의 확대 등으로 다양한 네트워크 프로그램을 짜서 관련 지역에 대한 투자 및 개발을 촉진시킬 수도 있다. 이러한 나선특별시의 한계적 개방정책은 차후 남한과 경제협력이 실시될 경우에 서해안의 개성공단과 신의주, 동해안의 금강산 관광단지 개발과 더불어, 원산-김책-청진-나선특별시 개발 등이 이루어질 경우에는 네트워크의 유연성을 통해 전체의 네트워크 프로그램을 바꿀 가능성을 가지고 있다.

요컨대 구조적 네트워크와 물류 네트워크 간의 접맥(接脈)[10]을 통한 새로운 네트워크 의미를 '공간'에 부여한다 하겠다. 이는 다시 '다양화된 참여자들의 관계'와 '시간의 결정체인 공간'(Mauel Castells)의 앙상블이라 할 수 있다. 『3차 산업혁명』의 저자인 제러미 리프킨은 인프라에 대해 다음과 같이 정의한다.

---

9   노컷정보, 「북한 '투자환경소개' 문건 첫 입수 공개」, 2012. 9. 27.(관련 문건 출처는 남북포럼으로 되어 있음.)

10 김상배는 '접맥(接脈)'이라는 용어를 "단순 연결이나 중개의 경우는 달리 '호환성'의 문제가 관건이 되는 융복합의 의미를 담고" 있다고 설명하면서, 기존 네트워크의 표준을 중개/복합하는 의미로 용어를 활용하였다. 김상배, 「한국의 네트워크 외교전략 행위자-네트워크 이론의 원용」, 『국가전략』 2011년 제17권 3호, 세종연구소, 2011, p.33.

인프라를 보다 심오한 차원에서 말하면 경제활동을 위한 모종의 고정된 토대로 역할을 하는 일련의 정적인 집짓기 블록이 아니라(통속적인 경제 설화에서는 늘 그렇게 간주했지만 말이다.) 살아 숨 쉬는 경제를 창출하는 커뮤니케이션 기술과 에너지원 사이의 유기적 관계를 뜻한다. 커뮤니케이션 기술은 경제적 유기체를 감독하고 조정하는 중추신경계 역할을 하며, 에너지는 정치적 통일체를 순환하며 경제가 살아서 성장하도록 자연의 산물을 재화와 용역으로 전환하는 데 필요한 자양분을 공급하는 혈액 역할을 한다. 결국 인프라는 갈수록 많은 수의 사람이 보다 복잡한 경제적·사회적 관계를 맺도록 돕는 살아 있는 시스템과 유사하다.

— 제러미 리프킨(Jeremy Rifkin), 안진환 옮김, 『3차 산업혁명』, p.45.

필자가 제시한 '구조-물류 복합 네트워크'는 제러미 리프킨의 인프라에 대한 정의를 전제로 한다. 제국주의가 만연하던 19세기나 20세기 초의 상황과 21세기 현재에는 시대적 흐름에 큰 변화가 있다. 과거에는 민족주의가 앞서고 서민들의 희생이 뒤따르던 영토팽창주의가 우선이었다면, 이제는 경제적 이익을 따지고 국민의 복지를 우선시하는 시대가 열렸다는 의미이다. 총과 칼을 앞세워 지구 위의 공간이 제공하는 수송라인을 타고 사람이 사람을 죽이는 시대는 점차 저물어가고, 그 수송라인이 제러미 리프킨이 말하는 인프라, 즉 "살아 숨 쉬는 경제를 창출하는 커뮤니케이션 기술과 에너지원 사이의 유기적 관계"로 진화하고 있으며, 서로의 비교우위적 장점을 살려 자본, 재화, 용역, 그리고 문화가 살아 움직이는 시대를 앞당기고 있음을 의미한다. '구조-물류 복합 네트워크'는 국내시장이 해외시장과 연계가 되고, 에너지의 공급처와 소비처가 다양하고 복합적인 형태로 네트워크를 형성하며, 정보와 문화의 교류가 활발히 이루어지는 물류 인프라 위에 다양한 행위자들이 활동하는 네트워크를 의미하는 것이다.

3. 삼각축 해양 네트워크 각 노드의 소개 및 현황

이미 이 장을 시작하면서 삼각축 해양 네트워크라는 개념을 제시했다. 그러면 어떻게 다롄(단둥)-부산-나선(훈춘 · 블라디보스토크)의 연결을 추진할 것인가가 관건이라 할 수 있다. 그리고 서로 간의 관계를 어떻게 설정하고 그 파급효과가 어떻게 될 것인가도 중요한 문제라 하겠다. 각각의 노드 상황을 설명하기에 앞서서, '합동자유경제구역(Pair FEZ, Pair Free Economic Zone)'의 도입과 인천시의 축구공장 사례를 들어 그 관계 설정을 기술해보고자 한다.

먼저 '합동자유경제구역(Pair FEZ)'라는 용어를 두고 김석철은 두 나라의 경제특구가 하나의 자유무역지대(Free Economic Zone)를 형성하는 곳으로 인천경제특구와 진저우 항만공단이 처음 시도함이라 정의한다.[11] 이는 한국과 중국 간에 전면적인 자유무역협정(FTA)를 실시하기 이전에 양국의 경제무역지대를 연결하는 방안을 제시한 것이다. 한국경제자유구역기획단의 홈페이지 자료에 의하면, 2012년 6월을 기준으로 1차 3개 구역('03년: 인천, 부산 · 진해, 광양만권)과 2차 3개 구역('08

---

11 김석철, 『한반도 그랜드 디자인』, 창비, 2012, p.465.

년: 황해, 대구·경북, 새만금·군산)의 총 6개 경제자유구역을 지정하여 운영 중이라 밝히고 있다.[12] 특히 부산·진해 지역은 2003년 10월 27일에 경제자유구역으로 지정되었고, 2004년 3월 30일 부산·진해 경제자유구역청을 개청하였다. 중국의 경우는 선전(深圳), 주하이(珠海), 샤먼(廈門), 산터우(汕頭), 하이난다오(海南島), 카스(喀什: 신장위구르지역 2010년 경제특구 지정)[13] 등 6개의 경제특구와 다롄(大連), 진황다오(秦皇島), 텐진(天津), 옌타이(煙台), 칭다오(靑島), 롄윈강(連雲港), 난퉁(南通), 상하이푸둥(上海浦東), 닝보(寧波), 원저우(溫州), 푸저우(福州), 광저우(廣州), 짠지앙(湛江), 베이하이(北海) 등 14개의 연해개방도시가 있다.[14] 또, 중국 국무원은 이들 도시를 1992년 중국 14곳의 중국 변경경제합작구[15]

---

12 한국 경제자유구역기획단은 "경제자유구역(Free Economic Zone)은 외국인투자기업의 경영환경과 생활여건을 개선하고, 각종 규제완화를 통한 기업의 경제활동 자율성과 투자유인을 최대한 보장하여 외국인 투자를 적극적으로 유치하기 위한 특별경제특구를 의미"한다고 정의한다. Korea Free Economic Zones 홈페이지 자료 참조, ⟨http://www.fez.go.kr/kr/what-is-free-economic-zone.jsp⟩.(검색일: 2012년 11월 20일.)

13 신장위구르지역 카스가 경제특구로 승급한 내용과 중국 중앙정부의 관련 지역 전략에 대한 정보는, 國務院辦公廳, 「國務院關於支持喀什霍爾果斯經濟開發區建設的若干意見」, 國發(2011) 33號, 中國中央政府門戶網站, 2011年10月8日, ⟨http://www.gov.cn/zwgk/2011-10/08/content_1963929.htm⟩.(검색일: 2012년 11월 20일.)

14 필자가 경제 특구에 카스가 추가된 것을 위의 정보를 참고하여 넣음. 중국의 경제특구와 연해개방도시 관련 상세 정보는, 穀月, 「經濟特區與開發區,」, 新華網, 新華資料, ⟨http://news.xinhuanet.com/ziliao/2003-01/24/content_705238.htm⟩.(검색일: 2012년 11월 15일.)

15 중국의 관련 변경협력구 지역은 다음과 같다. '접경국가-중국변경지역' 형태로 필자가 직접 정리함. 북한-랴오닝성 단둥(丹東)/지린성 훈춘(琿春; 훈춘의 경우 북한/러시아 접경), 러시아-헤이룽장성 헤이허(黑河), 쉐이펀허(綏芬河), 네이멍구 만저우리(滿洲里), 몽골-네이멍구 얼롄하오터(二連浩特), 카자흐스탄-신장위구르자치주 이닝(伊寧), 보러(博樂), 타청(塔城), 미얀마 - 윈난성 완딩(畹町), 루이리(瑞麗), 베트남-광씨쫭주자치구 핑씨앙(憑祥), 둥씽(東興), 윈난성 허코우(河口.) 중국 변경 지역과 관련 지역 발전 계획 관련 정보는, 陳新, 王魁, 鄭向陽, 「轉形跨越時期沿邊城市可持續發展規劃探討」, 《城市》2011年 第10期, 29頁.

로 지정하여 관리하고 있다. 이러한 한국의 자유경제구역과 중국의 경제특구 및 연해개방도시들과의 제도적 연계 모색은 서로의 물적·인적 교류의 토대를 마련해줄 뿐만 아니라, 동북아 네트워크의 새로운 '의무통과점'을 이루는 중요한 계기가 될 것이다. 한중 간의 자유무역지대 연계설정뿐만 아니라 러시아의 블라디보스토크 지역과 연계를 모색하는 것도 가능하다. 또, 현재 진행 중인 황금평·위화도 개발 지역은 단둥-황금평·위화도-신의주를 연계하여 국경 경제특구 지역이 설정될 경우, 남한의 중앙정부나 지방정부 차원의 참여 혹은 기업의 적극적 진출로 남한-북한-중국 간의 제도적 협력 공간으로 활용이 가능하다. 나선특별시의 경우는 광역두만강개발사업을 바탕으로 나선-훈춘-포세이트의 소삼각 지역, 청진-연길-블라디보스토크의 대삼각 지역과 연계하여 남한-북한-중국-러시아의 연계를 구상할 수 있다.

다음으로 인천시의 지린성 단둥 내 축구공장 설립의 예이다. 송영길 인천 시장의 남북 교류 프로젝트로 2011년 11월부터 인천은 단둥 축구화 공장을 준공하여 운영 중이다.[16] 지방도시로서 인천은 기술·자본(한국), 운영·토지(중국), 노동력(북한)의 형식으로 경제의 각 요소를 활용한 방안을 마련하여 새로운 패러다임으로 네트워킹 사업을 진행하고 있다. 중국 랴오닝성 단둥은 중국과 한반도의 관문에 해당하는 곳에 위치하는 매개 중심성을 갖추고 있는 지역이다. 이렇게 한반도와 중국을 잇는 게이트에 해당하는 단둥에서 생산된 축구화는 남북한과 중국에서 판매되고, 러시아와 이라크 등으로 그 시장이 확대

---

16 한만송, 「통일을 경제 블루오션으로 아는 대통령 나오길」, 부평신문 463호, 2012. 11. 14. 〈http://www.bpnews.kr/news/articleView.html?idxno=22739〉.(검색일: 2012년 11월 20일.)

될 계획이다.[17] 이는 상대적으로 저렴한 토지와 거대 시장을 갖춘 중국에 그 생산지가 위치하고 있다는 점, 그리고 중국의 인건비보다 더 저렴한 북한의 노동력을 활용할 수 있다는 점, 한국이 투자를 함에 있어 안보에 의한 불안정한 요소의 영향을 상대적으로 덜 받고 2010년 천안함 사건 이후 실시된 5·24조치를 피해 갈 수 있다는 점 등 다양한 장점을 갖추고 있다고 평가할 수 있다. 특히 통일연구원의 전병곤 연구위원은 단둥-신의주에서의 3자 협력방안 모색에 대해 설명하면서, 단둥 지역에서의 한중 협력을 추진·확대한 후, 북중 경협에 참여하는 중국기업과 협력해 남·북·중이 연계된 3자 협력을 모색하거나, 협력이 더 축적된다면 남·북·중 공동투자 및 개발협력의 모색도 가능하다면서,[18] 남·북·중 간의 경제 협력의 가능성에 대해 긍정적으로 평가했다. 같은 포럼에서 기업은행 경제연구소의 조봉현 연구위원은 개성공단과 황금평 선순환 구조를 제시하면서, 원자재-완제품 연계 생산, 인력 및 기술유출 차단을 통해 개성공단과 황금평 경쟁관계 아닌 공생관계가 될 수 있음을 주장했다.[19] 또한 그는 북중 경협이 한국 측에게도 활용할 수 있는 길이 있음을 제시하면서 '북중 +한국' 모델의 발전 가능성을 제기하기도 했다.

합동자유경제구역(Pair FEZ)과 단둥시의 남·북·중 경협 사업을 살펴보면, [다롄·단둥]-부산-[나선·훈춘·블라디보스토크]의 삼각축 해양네트워크 간의 네트워크 노드들이 다국적 제도를 새로 설정함으로써 삼각축 해양 네트워크 관계가 형성 가능함을 알 수 있다. 먼저

---

17 한만송, 앞의 신문.
18 전병곤, 「단둥-신의주에서 남북한 및 중국의 3자 협력방안」, 2012년 한·중 수교 20주년기념 인천-단둥-한겨레 서해협력 포럼 자료, 2012, p.207.
19 조봉현, 「개성공단의 오늘과 황금평의 미래」, 2012년 한·중 수교 20주년기념 인천-단둥-한겨레 서해협력 포럼 자료, 2012, p.272.

세 노드 간의 Pair FEZ와 같은 자유무역지대 연결을 추진한다. 그리고 남·북·중, 남·북·러, 남·북·중·러, 남·북·중·러·일, 남·북·중·러·일·미 등의 다양한 형태의 복합적 경협 시스템을 만든다. 이 때 주의할 점은 남·북이 주도로 진행해 나아가야 한다는 점이다. 나선특별시의 경우에 한중 자유무역협정(FTA)의 역외가공 특례조항[20]으로 포함시키는 것을 고려해야 한다.[21] 남북 경협 지역과 북중 경협 지역을 한중 FTA의 역외가공지역으로 모두 엮음으로써 한국이 직접적으로 북방경제의 네트워크에 연결될 수 있는 제도적인 길을 열고, 역으로 중국도 한국과 해양경제의 네트워크에 링크될 수 있도록 길을 열어야 한다. 이러한 조치로서 한국 정부는 5·24조치를 폐지하고, 남북 간의 대화를 재개하여 천안함 침몰 사건과 연평도 포격 사건, 그리고 금강산 관광객 피살 사건에 관한 해결을 위한 협상을 개시해야 한다. 5·24조치로 말미암아 잠시 보류상태로 있는 남북해운합의서[22]를

---

20 역외가공에 대한 정확한 정의는 세계관세기구(WCO)의 다자조약에 명시되어 있다. "역외가공(Outward Processing)이란 FTA 영역원칙의 예외로서 어느 관세영역 내에서 자유유통 중에 있는 물품이 국외에서의 제조, 가공 또는 수선을 위하여 일시 수출되었다가 수입관세 및 제세의 전부 또는 일부를 면제받고 재수입되는 세관절차를 의미" WCO(1999), 세관절차의 간소화 및 조화에 관한 국제협약 개정의정서(개정교토의정서) 특별부속서 K 제1장 원산지 규정 정의 2.(재인용: 윤영호·나도성, 「우리나라 FTA 역외가공 원산지규정 표준화의 방향성에 관한 연구-개성공단 역외가공 사례분석을 중심으로」, 무역학회지 제37권 제4호, 무역학회, 2012, p.299.)

21 전병곤 연구위원은 "한·중 FTA의 역외가공 특례조항에는 개성공단만 염두에 두지 말고 장기적으로 북한 내 여타의 경제특구를 고려할 필요가 있다"고 했다. 필자는 여기에 나선특별시가 역외가공 지역으로 포함되어야 하고, 남북경협 지역뿐만 아니라 북중경협 지역도 포함이 되어 제도화와 법제화를 이루어야 한다고 주장한다. 전병곤, 『중국의 한중 FTA 추진의도와 남북관계에 주는 함의』, 통일연구원, 2008, p.116.

22 남북해운합의서는 2004년 6월 체결되어 2005년 8월 남북해운합의서 발표했다. 안병민은 남북해운합의서의 주요 내용을 소개하면서, "용어(선박, 선원, 여객, 해사당국)의 정의, 적용범위, 남북 해상운송, 항로개설(민족 내부항로 인정), 운항선박에 대

활성화시켜야 한다. 이러한 남북 교류를 위한 조치들은 해양 네트워크와 내륙 네트워크가 연결되는 항구-도로 간 노드를 형성할 수 있는 시발점이 될 것이다.

이렇게 연결될 좌측 날개는 다롄·단둥과 랴오닝연해경제벨트-선양개발경제권의 네트워크 형성, 우측 날개는 나선특별시와 창지투 개발 선도구·신 블라디보스토크 광역권과 네트워크 형성, 끝으로 부산은 '부산-낙동강 도시 연합'[23]과 대구-경북 경제자유지대, 그리고 대한해협도시연합[24]을 엮는 네트워크로 확장하여 이 삼각축 해양네트워크의 배후지 연결을 통해 삼각축 해양 네트워크 노드 간의 유대를 확장할 수 있다.

다음은 삼각축 해양 네트워크를 구성하는 각 부분에 대한 현황을 소개하고 이와 관련된 구상의 근거를 마련하고 한다.

1) 좌측 날개, 다롄(大連)-단둥(丹東)

랴오닝성(遼寧省)은 동북아 역사의 상흔과 숨결을 간직하고 있는 공간이다. 1895년 4월 17일 청일전쟁이 마무리되고 시모노세키 조약(下關條約)을 맺으면서 랴오둥(遼東) 반도는 잠시 일본에 할양되었다가, 같은 해 4월 23일에 산둥(山東) 반도에 러시아·독일·프랑스의 군

한 대우, 행정증서의 상호 인정, 해양사고시 등의 상호 협력, 선원 및 여객의 상륙 관련 문제, 선박의 통신, 해운용역 수익금의 송금, 정보 교환 및 기술 교류, 국제협력 및 국제관행의 준용, 해사당국간 협의기구 구성·운영, 분쟁 해결, 효력발생 및 수정·보충" 등을 담고 있다고 하였다. 안병민, 「남북해운합의서상 통항 통제조치의 효과 및 전망」, JPI 정책포럼자료 No.2010-18, 제주평화연구원, 2010, pp.5-6.

23 김석철, 앞의 책, p.99.

24 부산~대마도~후꾸오까를 아우르는 경제권역을 의미, 김석철, 앞의 책, p.109.

〈그림 24〉 랴오닝 연해경제벨트와 선양 개발 경제권
(필자 그림, 배경 지도 출처: bing map, 참고 자료: 遼寧省政府 발표 자료.)

이 집결하면서 삼국간섭으로 일본은 전쟁 배상금만 받고 물러나게 된다. 이후 1898년 러시아는 뤼순(旅順)과 다롄(大連)에 대규모의 해군기지를 건설하고 중국의 동북지역에 대한 영향력 강화와 동시에 조선에서 일본과 세력균형을 이룬다. 1904년 2월 발발한 러일전쟁은 다롄 바로 옆에 위치한 뤼순 항에서 시작된 전쟁으로 '러시아-프랑스'와 '영국-미국-일본'의 대결의 시작점이기도 했다. 결국 1905년 을사늑약(乙巳勒約)이 체결되어 조선의 외교권이 박탈되면서 일본의 중국 동북지역 진출이 본격화되었고, 1932년 일본이 만주국을 건국하면서 본격적으로 식민 물자를 나르는 물류 라인을 형성하였다. 이 당시 뤼순 항과 다롄 항의 근대화를 이루고, 단둥에 현재 존재하는 압록강대교를 완공하기도 하였다. 1945년 8월 15일 일본이 미국에 항복함으로써 곧이어 만주국도 해체되어 중국의 품으로 돌아갔으나, 다롄 항과 뤼순 항은 해군기지로서 소련에 의해 관리되다가 1955년에야 완전 철수하게 되었다. 이러한 역사적 결정체인 랴오닝성은 중국의 수도 베이징과 한반도의 중앙에 위치하고, 자원이 풍부한 중국 동북3성과 다른 경제구로 연결 가능하며, 산둥 반도와 마주하는 중요한 노드이다. 특히 랴오닝성의 다롄은 용의 머리로서 보하이만(渤海灣)과 황해를 잇는 등 지정학적·지경학적으로 매우 중요한 매개 중심성을 갖추고 있다.

〈그림 24〉에서 보는 것과 같이, 랴오닝(遼寧) 연해경제벨트 프로젝트는 "일핵, 일축, 양익(一核, 一軸, 兩翼)"으로, 여기에서 일핵은 다롄(大連)을 핵심 노드로 둔다는 의미이고, 일축은 '다롄(大連)-잉커우(營口)-판진(盤錦)'의 링크를 연해경제벨트의 중심축으로 하며, 발해익[渤海翼(판진盤錦-진저우錦州-후루다오葫蘆島)]과 황해익[黃海翼(다롄大連-단둥丹東 황해 연안 및 주요도서 지역)]을 의미한다.[25] 특히 2011년 5월 16일 발표된 「다롄시 국민경제와 사회발전 제12개 오년 계획 강요(大連市國民經濟和社會發展第十二個五年規劃綱要)」에 따르면, "뤼순 구역, 창하이(長海) 현의 전면적 개방을 비준하고, 연해경제지대의 중점 개발구역 건설을 실시하며, 다롄시가 전역의 개발·개방의 새로운 단계로 진입하게 하며, 보세항 지역을 정식으로 봉쇄 운영한다"[26]고 명시하고 있어, 다롄·뤼순 구역의 개방 수준을 높여 랴오닝 연해경제벨트의 핵심 노드로서 그 역할을 담당하게 됨을 알 수 있다. 랴오닝 연해경제벨트 주요 항만으로는 다롄 항이 중심이 되고, 부심항으로는 잉커우(營口) 항을 운영하며, 주변 항구로 진저우(錦州) 항, 후루다오(葫蘆島) 항, 단둥

---

25 위잉즈, 「랴오닝 연해경제벨트 개발·개방과 북·중 경제 협력」, 『남·북·중 경제 협력과 동북아 평화』, 한·중 수교 20주년기념 인천-단둥-한겨레 서해협력 포럼 자료, 2012, p.175.

26 遼寧省政府, 「大連市國民經濟和社會發展第十二個五年規劃綱要」, 第一節 "十一五" 取得的重大成就, 2011. 5. 16, 〈http://www.ln.gov.cn/zfxx/fzgh/qygh/201111/t20111116_750161.html〉.(검색일: 2012년 10월 8일.)

(丹東) 항, 판진(盤錦) 항을 활용한다. 이와 연결될 지역 철도망은 베이징(北京)-선양(瀋陽), 선양(瀋陽)-다롄(大連), 선양(瀋陽)-단둥(丹東), 동부철도, 진저우(錦州)-츠펑(赤峰) 등이 있다.[27]

인프라의 현황을 통해 확인하였듯이, 랴오닝성의 성도(省都)인 선양(瀋陽)은 랴오닝성의 중간지대에 위치하면서 다롄과 연결되어 해양력을 극대화하는 배후지 역할을 한다. 랴오닝성 네트워크의 중심은 내륙 중심 노드(선양)과 해양 중심 노드(다롄) 등 두 개의 핵심 노드로 구성되어 있다. 다롄은 양익의 중심으로, 좌측에는 톈진(天津)-옌타이(煙臺)와 함께 보하이만 해양 네트워크와 연결되고, 우측으로 북한의 신의주·남포항, 남한의 인천항·부산항까지 해양으로 연결되면서 그 지정학적 가치를 증명하고 있다. 특히 중국 화북지역과 동북3성의 물자가 내륙 핵심 노드(선양)으로 모여 선양-다롄(해양라인) 라인과 선양-단둥(해양 및 북한라인) 라인 등 해양을 향한 두 가지 링크를 형성하는데, 이 두 링크는 일제시대 만주국의 물자가 부산으로 집결해 일본본섬으로 넘어가는 물류 라인과 흡사하다. 이 역시 역사의 라임이라 하겠다.

단둥은 중국 랴오닝성 국경도시로서 태조 이성계가 회군을 결정했던 압록강 위의 위화도를 마주하고 있다. 조선시대에는 조선의 상인들이 단둥의 관문을 넘어 중국과 무역을 했고, 열하일기의 주인공인 박지원도 이곳의 관문을 넘어 베이징(北京)과 청더(承德)를 방문하였다. 현재 단둥의 구도심 지역에는 중조우호철교(中朝友好鐵橋)와 압록강단교(斷橋)라는 다리가 놓여 있다. 중조우호철교는 철로와 도로가 혼재한 철교이고, 그 바로 옆 단교는 말 그대로 끊어진 채로 남겨져

---

27 이기현, 「랴오닝성의 연해경제지역 발전계획과 국제협력 구상」, 배정호·주시엔핑 편
   『중국의 동북지역개발과 한반도』, 통일연구원, 2010, p.109.

있는 교량이다. 압록강단교는 1911년 10월 일제시대 일본이 만주로 진출하면서 건설한 것으로, 군수물자 및 자원의 이동 시 사용된 것이다. 이후, 1950년 한국전쟁이 발발하고, 유엔 연합군이 인천상륙작전을 통해 전세를 역전시키자 중국공산당이 항미원조[抗美援朝, 미국에 대항하여 조선(북한)을 돕는다]의 기치를 내걸고 압록강대교를 건넜다. 이때 미국의 전투기가 철교 한쪽을 폭격했는데, 당시 끊어졌던 이 철교를 중조우호(中朝友好)의 상징으로 남겨놓은 것이다. 이렇듯 단둥의 곳곳에는 역사의 흔적과 상흔이 고스란히 남아 있다.

필자는 2011년 10월과 2013년 3월 단둥에 현지조사를 위해 방문했다. 단둥은 랴오닝성과 북한을 연결하는 지점이자 다롄과 지린성을 잇는 중간지점이기도 하다. 앞서 설명한 대로 북중 간 관문도시인 단둥은 선양(대륙 중심 노드) · 다롄(해양 중심 노드)과 함께 삼각 모양의 랴오닝성 인프라 네트워크를 구축한다. 단둥은 다롄과 지린성을 잇는 동북동부철도 라인과 더불어 선양-북한 라인을 잇는 십자 모형의 인프라 중간 지점에 위치하면서 교통라인의 한 축을 마련할 것으로 보인다. 이러한 단둥의 지정학적 위치는 통일된 한반도 시대에 북방경제 라인을 형성함에 있어 단둥이 매우 중요한 역할을 하게 될 것임을 의미한다. 현재 단둥은 '단둥 특수 경제구(丹東特殊經濟區)' 프로젝트를 통해 개발이 진행되고 있다. 일단 지리적 순서로, 황해-둥강(東港)시-비단섬(북한령)-황금평(북한령)-단둥 신도심-신압록강대교-단둥 구도심[단둥 기차역 · 단둥세관 · 중조우호단교 · 중조우호교(압록강철교)]-위화도 순서이다. 둥강시에 황해로 나아갈 수 있는 항구가 있고, 단둥시에 압록강을 통한 내륙항과 북한으로 넘어갈 수 있는 압록강철교(도로, 철로 복합형)가 있다. 현재 둥강시에서 동쪽으로, 단둥시에서 서쪽으로 개발 범위를 확장하면서 단둥 개발 프로젝트를 진행하고 있다.

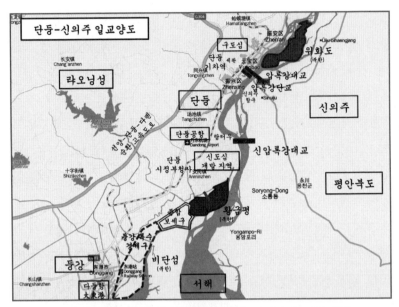

〈그림 25〉 단둥–신의주 일교양도 위치도(필자 그림, 배경 지도: 구글 지도.)

이렇듯 북중 경협의 메카인 단둥에서 다시 주의 깊게 들여다볼 계획은 일교양도(一橋兩島) 프로젝트이다. 현재 건설 중인 신압록강대교는 단둥의 국제공항과 직접 연결될 교량이다. 앞서 말한 단둥 구도심의 중조우호철교가 중국 단둥과 북한 신의주 간의 교량이었다면, 단둥 신도심의 신압록강대교는 중국의 베이징과 북한의 평양을 잇는 국제라인(단둥–신의주–평양–함흥–나선특별시[28]로 연결되는 라인)이라 볼 수 있다. 황금평과 위화도의 경우 2013년 기준으로 아직 개발이 본격적으로 시작되기 전이나, 두 섬과 마주한 중국 지역의 투자가 한창이다. 특기할 점은 둥강시의 국제공단지역에 한국 · 일본 · 타이완 · 홍콩 등

---

28 만하이펑(滿海峰), 「Ⅴ. 단둥~신의주 간 초국경 경제무역 협력의 전개과정 및 개발전략」, 배정호 · 주시엔핑 편『중국의 동북지역개발과 한반도』, 2010년도 KINU KOREA-CHINA 민간전략대화 및 국제적 공동연구 자료, 통일연구원, 2010, p.126.

의 공단 구획이 지정되어 있었으며, 단둥시의 신구 지역에는 홍콩의 가조업일호(佳兆業壹號) 기업이 신압록강대교를 중심으로 단둥 압록강 지역 마천루를 건설하기 위해 계약을 체결하고, 입주 광고를 하고 있다. 또, 베이징과 상하이에 광장을 지어 중국 국내에서도 잘 알려진 완다(萬達) 기업도 역시 단둥에 투자하고 있으며, 한국기업으로는 SK가 단둥 신도심 지역 상업의 거리와 시계공장 사이에 아파트 단지를 한창 건설하고 있었다.

〈그림 25〉를 다시 자세히 바라보면, 단둥은 이미 설명한 대로 구도심과 신도심으로 나뉘는데, 단둥 신도심의 경우 그 발전 정도가 상전벽해(桑田碧海)이다. 2009년 10월 원자바오 전 총리가 북한을 방문하면서 급진전을 이루고 있는 신압록강대교 일대는 신도심에 해당하는 지역으로서, 2011년 기준 부동산 가격 상승이 가장 빠른 지역이기도 하다.[29] 북중 관계를 새로 이을 신압록강대교와 관련한 현황을 살펴보면, 신압록강대교는 단둥의 신도심에 있는 랑터우 항과 북한의 신의주시 남측 용천이 연결되는 교량으로, 총길이는 20.4km이고, 넓이는 33m이며, 왕복 4차선도로라고 되어 있다.[30] 중국 관영 영자신문인 〈차

---

29 중국의 《매일경제신문》 기자는 랴오닝성 단둥시의 자료를 인용, "단둥시의 가장 비싼 가격은 이미 제곱미터 당 1만 위안에 달하며, 신도심의 부동산가격은 이미 제곱미터당 8천~9천 위안이고, 두 도심의 평균 부동산 가격은 제곱미터당 4000위안 선에서 움직인다"며, 단둥시 주택 및 도시건설위원회(住房和城鄉建設委員會) 인사의 말을 인용하여 "가격 상승 속도가 전국에서 가장 빠를 것"이라 보도하였다. 吳豐恒, 「遼寧省丹東房價月漲'10% 新區入夜變空城」, 2011. 7. 22, 每日經濟新聞, 〈http://finance.sina.com.cn/roll/20110722/023010189552.shtml〉.(검색일: 2012년 11월 31일.)

30 사장교(斜張橋) 형식의 신압록강대교는 2013년 11월 이미 상판이 다 연결되었으며, 2014년 7월 개통을 앞두고 주변 지역 개발과 더불어 신압록강대교와 연결될 예정인 신 단둥 세관도 함께 건설 중이다. Baidu Baike, 「新鴨綠江大橋」, 〈http://baike.baidu.com/view/3301989.htm〉.(검색일: 2012년 11월 30일.)

이나 데일리〉는 관련 보도를 통해, 신대교를 건설하는 데 22억 2천 위안을 투자하였고, 2012년 11월 기준으로 신압록강대교는 건설이 순조롭게 이루어지고 있으며, 주 구조물이 대부분 완공이 되었고, 이는 2014년 7월에 완공될 것으로 기대한다고 보도하고 있다. 최근 2012 북중 무역, 문화 그리고 관광 엑스포를 단둥에서 개최하였다면서, 비록 글로벌 경제가 약화되었지만, 20개국의 6,000명이 넘는 기업 대표가 200개 넘는 협력 프로젝트에 서명했다며, 몇몇 72개의 가장 큰 프로젝트는 12억 6천 달러에 달한다고 한다. 〈차이나 데일리〉는 북중 간의 무역 규모도 설명하고 있는데, 중국의 11차 5개년 경제 계획(2006~2010) 5년 동안 북중 간의 총 무역 규모는 30억 달러이지만, 2011년 한 해 단둥과 북한의 수출입 규모는 18억 6천 달러에 달한다고 보도한다.[31] 압록강 위의 황금평과 위화 도는 공동 개발 구역이자 자유경제지대로 정보와 관광, 그리고 제조업이 들어설 것으로 보인다. 기존의 압록강 철교가 20톤 이상의 트럭이 왕래하지 못한다는 점을 고려한다면, 신압록강대교 완공 시에 그 무역 규모의 상승은 당연한 것이라 할 수 있다.

이 신압록강대교를 기준으로 황금평과 위화도의 개발을 "일교양도 (一橋兩島) 프로젝트"라 한다. 왼쪽을 서쪽의 기준으로 삼아, 서해-둥강시-비단섬-황금평-신압록강대교(랑터우항 · 신도심)-압록강대교(압록강단교 · 단둥구도심 · 기차역 · 단둥세관)-위화도 순이다. 단둥의 인프라에 관한 중국 현지의 신문은 다음과 같다. 우선, 해양 물류 관련 보도이다. 2012년 7월 6일자 〈랴오닝일보〉는 6월 13일 단둥 항 장강연선

---

31 Zhu Chengpei and Liu Ce, 「Largest border city poised for trade boom」, China Daily, 2012. 11. 7., 〈http://www.chinadaily.com.cn/m/liaoning/dandong/2012-11/07/content_15887471.htm〉.(검색일: 2011년 11월 30일.)

컨테이너 업무 설명회가 장쑤성(江蘇省) 장인(江陰)시에서 성대히 열렸던 것을 보도한 내용을 확인하면서, 이는 단둥 항이 중국 남방 지역과 대규모 컨테이너 업무를 개시했음을 의미하는 것이고, 단둥 항이 중국 남북 물류의 대통로 역할을 하게 된 것을 뜻한다고 보도했다. 〈랴오닝일보〉는 또, 2012년 초 국가발전개혁위원회가 발표한 '동북지역물류업무발전계획(東北地區物流業務發展規劃)' 중에 단둥 항이 중국 동북지역의 주요한 물류 통로의 포석이라며, 단둥 항은 동북동부의 새로운 해양 대통로가 될 것이며, 동북동부철로를 따라 단둥과 퉁화(通化)까지 개통되면, 중국 동북3성과 내륙지역 화물 통관 출해의 수송 거리가 줄어들 것이라 했다. 황해, 보하이경제구역, 중국 동남해안, 타이완, 홍콩 등 동남아 지역과 세계 지역에 진입하게 될 것이며, 동시에 단둥 항은 역시 남방 물류가 중국 동북 지역의 첫 번째 항구가 될 것이라 보도했다.[32] 이를 통해 단둥 항이 다롄 항과 함께 황해익의 또 다른 항구 노드로서 그 지리적 가치가 더 상승할 것임을 알 수 있다.

　단둥의 내륙 인프라 관련한 소식으로 중국 신화통신은 2012년 9월 27일자 신문에서 2012년 9월 26일 퉁화(通化)-관수에이(灌水) 철로가 정식으로 개통했음을 보도하면서, 중국과 인접한 중국-러시아, 중국-북한의 변경지역을 연결하는 동북동부철로의 길이 열렸다고 보도했다. 전체 길이 1,380km의 동북동부철로는 동북아의 가장 중요한 철로가 될 것이며, 남쪽으로는 랴오닝성(遼寧省) 다롄(大連)시-좡허(莊河)시-단둥(丹東)시, 지린성(吉林省)의 퉁화(通化)시, 투먼(圖們)시, 북쪽으로 헤이룽장성(黑龍江省) 무단장(牡丹江)시를 연결하게 된다고 보도했

32　遼寧日報,「丹東港南下開展集裝箱業務」, A10, 2012年07月06日, 〈http://epaper.lnd.com.cn/html/lnrb/20120706/lnrb1017248.html〉.(검색일: 2012년 10월 11일.)

다.[33] 단둥 내륙 인프라 관련 보도 중에 2013년 1월 2일 중국신문망(中國新聞網)은 "(북중 간의) 매주 4차례 왕복하던 여객열차는 이미 수요를 만족할 수 없다. 이를 해결하기 위해 북한-중국 간의 철도 관련 기관이 2013년 1월 1일부터, 단둥-평양 간 국제 여객 열차를 매일 운행하기로 결정했다"[34]고 보도하고 있다. 이는 곧 중국과 북한 간 열차가 매일 운행하게 됨을 의미하는 것이고, 북중 간의 교류가 새로운 단계로 진입했다는 것을 의미한다. 이에 더해, 랴오닝 사회과학원 세계경제연구소 연구실 주임인 위잉즈는 향후 단둥이 물류 허브도시가 될 것이며, "모스크바-베이징-평양을 잇는 국제 복합운송열차도 출입국시 단둥을 통해 연결된다. 단선(丹深), 단다(丹大) 고속철도 여객 운송 라인 및 둥베이 동부철도, 단둥에서 하이청으로 연결되는 고속도로, 통화시를 포함하는 12차 5개년 발전계획의 단통(丹通) 고속철도 및 단둥 공항은 국가 중점 프로젝트로 포함되었다"[35]고 전한다. 이는 다롄을 기점으로 지린성으로 이어지는 횡적인 철로 라인과 베이징-평양으로 이어지는 철로 라인에서 단둥이 그 중앙 노드가 됨을 의미하는 것이고, 내륙 교통 인프라에서 단둥의 가치가 상승함을 의미한다.

대외경제정책연구원의 연구보고서의 황금평 개발 전망에 따르면, 황금평의 현재 1~4호까지의 부두 가운데 1~2호가 공사 중이며 이들은 2012년 말에 완공될 예정이다. 3~4호는 1~2호가 지어진 이후 개발될 예정이며, 이들은 수심이 18~24m이며 30만 톤급 선박이 접안할 수

33 廖慧, 「我國東北東部鐵路通道打通 全長1380公里」, 新華通信, 2012. 9. 27, 〈http://politics.gmw.cn/2012-09/27/content_5222875.htm〉.(검색일: 2012년 10월 25일.)

34 司曉帥·呼興寶·張文波, 「中朝開行每日國際聯運旅客列車」. 中國新聞網, 2013年01月01日, 〈http://news.sina.com.cn/o/2013-01-01/142725939717.shtml〉.(검색일: 2013년 1월 3일.)

35 위잉즈, 앞의 글, p.179.

있는 부두로 개발될 예정이라고 한다. 부두 화물처리 능력의 전망에 관해서는 "중국은 황금평 부두를 연간 3억 톤 규모의 물동량을 처리할 수 있는 시설로 건설한다는 입장이며, 이는 대련 부두의 화물처리 능력이 연간 2.5억 톤임을 감안할 때 황금평지대를 요령지역과 연관된 주요 산업기지로 개발하려는 중국의 의지를 반영하고 있다"고 분석했다.[36] 이외에 북중 간에 발표된 「조중라선경제무역지대와 황금평경제지대 공동개발총계획요강(2011)」[37] 자료 중에 황금평 기초시설 건설 관련 부분은 다음과 같다.

제8장 기초시설건설

(30) 항구: 황금평과 신의주 사이의 려객 및 화물운수수요를 만족시키기 위하여 려객 및 화물부두를 건설하며 중국 단동 대동항을 리용하여 화물의 수상운수수요를 만족시킨다.

(31) 도로: 황금평경제지 대안에 그물형식의 도로망을 건설한다. 황금평에 2개의 출입도로를 건설하여 중국 단동신구와 련결하며 또한 린접의 압록강새다리통과능력을 리용하여 황금평지대와 조선 사이를 오가는 수요를 만족시킨다.

---

36 대외경제정책연구원 전문가 간담회 회의자료, 2011. 11.(재인용: 정형곤·김지연·이종운·홍익표, 「북·중 투자협력 정책: 나선무역지대와 황금평지대」, 『북한의 투자유치정책 변화와 남북경협 방향』, KIEP 대외경제정책연구원 연구보고서 11-21, 2011, p.174.)

37 "조중라선경제무역지대와 황금평경제지대 공동개발총계획요강(2011)"의 자료에는 〈조선민주주의인민공화국 정부와 중화인민공화국 정부사이의 라선경제무역지대와 황금평, 위화도경제지대 공동개발 및 공동관리에 관한 협정〉(2010년 12월 체결)에 따라 두 경제지대 공동개발 및 공동관리를 위한 조중공동지도위원회 계획분과위원회가 작성했다"고 명시되어 있다. 관련 자료는 세계법제정보센터(World Laws Information Center) 자료 참조, 〈http://world.moleg.go.kr/fl/download/21453/11N7HQW3JF93T96CLFZZ〉.(검색일: 2012년 12월 5일.)

(32) 기타: 중국단동비행장을 리용하여 대외항공교통을 실현한다. 중국 단동에서 직접 해당한 전력선로를 끌어들여 배전망을 건설한다. 개발방도에 따라 급수, 가스공급, 열공급능력을 증가한다. 오수, 오물 처리시설을 건설한다.

인터네트망, 고정통신망, 이동통신망을 건설한다.

— 조중라선경제무역지대와 황금평경제지대 공동개발총계획요강 2011[38]

이상의 랴오닝성의 물류 네트워크를 정리하면 다음과 같다. 랴오닝 연해경제벨트의 구성은 다롄(필자의 판단으로 뤼순을 포함한 다롄)을 중심으로 하는 일핵과 다롄-창씽다오-잉커우-판진을 잇는 일축, 그리고 발해익(渤海翼: 판진-진저우-후루다오)와 황해익(黄海翼: 다롄-창허-단둥)의 양익으로 이루어졌다. 랴오닝성과 주변성을 잇는 핵심적 매개 중심성을 지닌 곳은 선양 개발경제권이다. 선양은 서쪽으로는 베이징·허베이, 북쪽으로는 러시아·몽고·헤이룽장성을 연결하며, 동쪽으로는 지린성과 연결된다. 3개의 방향에서 모인 물자는 다시 다롄으로 운반되며, 다롄과 해양이 연결되어 주변의 항구와 다시 연결이 된다. 즉, 랴오닝성에서 내륙의 중심은 선양이며, 해양의 중심은 다롄인 것이다. 여기에 '일교양도'를 통한 단둥의 부상은 다롄·뤼순과 단둥의 두 축으로 형성될 길을 열었다. 즉, 선양-다롄-[산둥반도·해양]의 라인과 선양-단둥-[해양·북한]의 라인이 두 축으로 형성될 것이며, 다롄-창허-단둥의 황해익은 동북동부철도의 연결에 따라 지린성의 연변자치주와 헤이룽장성의 무단장까지 연결되면서 그 물류라인으로서의 가치가 상승할 것으로 보인다. 이리한 자료들을 보고 판단하건대, 국외

---

38 세계법제정보센터, 앞의 자료.

로는 몽고·러시아의 물자가, 국내로는 화베이·네이멍구·헤이룽장성·지린성의 물자가 선양으로 모이거나 통과하고, 선양의 물자는 다시 다롄·뤼순과 단둥으로 분산되는 흐름을 형성할 것이다. 그리고 역으로 다롄·뤼순과 단둥으로 들어온 물자가 선양으로 집중되어 주변지역으로 퍼지는 기제가 발생할 것이다.

마크 트웨인은 역사에 라임이 있다고 했다. 현재 이루어지고 있는 랴오닝성의 물류 네트워크는 1930년대 만주국이 랴오닝성에서 일본으로 물자를 나르는 물류 네트워크와 비슷함을 알 수 있다. 이러한 기제 속에서 우리가 주목할 점은 발해익의 가치이다. 발해익의 가치 상승은 한국의 새만금-평택-인천 해양라인과 북한의 개성-해주-남포 해양라인과 연결되어 그 시너지 효과가 배가될 것으로 보이기 때문이다. 한국과 북한의 경우, 남북경협에 있어 북한리스크라는 정치요소가 크게 작용한다. 다시 말해, 한국은 북한의 리스크에 따라 대북 사업에 영향을 받고, 집권 정당의 성향에 따라 그 리스크의 차이가 크다. 한국 정부가 프로그래밍하는 표준에 따라 대북 사업의 부침(浮沈)의 정도가 크다는 것인데, 랴오닝성의 발해익 같은 경우 북한 리스크에서 상대적으로 안정된 중국의 표준을 준수하는 국가 네트워크 범위 안에 있어 안정적이라 하겠다. 앞에서 다루었듯이, 중국 네트워크 국가 내부에서도 호환성이 높아지는 황해익에서 한국의 구조 네트워크 행위자들이 남·북·중의 경협활동에 참여할 수 있는 공간은 더 열릴 것으로 보인다.

황해익은 북한 리스크에 비교적 안정적인 중국의 정치 환경과 비교적 저렴한 토지 임대, 그리고 중국 동북3성의 풍부한 자원을 모을 수 있는 지경학적 장점이 있는 곳이고, 북한과 인접한 곳에 있어서 현재 캄보디아보다 싼 북한의 노동력을 활용할 수 있다는 장점도 있다. 뿐만 아니라, 황해익은 남한의 인천항-북한의 남포항과 링크를 이룰 수 있다는 점에서도 그 장점이 있다. 황해익을 중심으로 좌로는 보하이만 (渤海灣) 경제구, 우로는 지린성(吉林省)-러시아, 북으로는 선양(瀋陽)-헤이룽장성(黑龍江省)-몽골-러시아로 이어지는 네트워크의 노드로서 자원의 공급처와 중국의 다른 지방시장과 해외시장을 잇는 네트워크 위치권력[39]을 발휘하는 곳이 될 것이다.

이 지역을 〈그림 23〉의 구조-물류 네트워크의 틀로 바라보면, 한국의 지방정부와 중국의 지방정부 간의 해양 인프라를 통해 연결을 실현하고, 한국의 기업이 중국에 진출 및 투자하여 중국의 토지 위에 중국의 '규범'에 맞추어 운영된다. 다시, 중국과 북한 간의 지방 정부 간 교류(북한의 경우, 북한 중앙정부)를 통해 북한의 노동력이 북한 인근의 중국 지방으로 진출하게 된다. 이러한 해양을 통한 한중 접점과 내륙을 통한 북중 접점에 또 다른 교집합이 발생하게 되어, 새로운 네트워크가 형성된다. 그리고 향후 남한과 북한 간에 남북경협이 다시 이루어지고, 개성공단의 2단계 건설 단계로서 해주 항만과 해주 경제특구가 개발되어 인천-개성-해주의 삼각 벨트가 완성되면,[40] 신의주-단둥

---

39 김상배는 Grewal과 Castells의 '네트워크 권력'의 개념을 인용하며, "밀접한 상호의존의 관계를 형성하고 있는 행위자들 사이에서 발생하는 복합적인 권력의 행사방식"을 이해하는 데 유용하다면서, '집합권력(collective power) · 위치권력(positional power) · 설계권력(programming power)'의 차원으로 구분할 수 있다고 설명하고 있다. 집합권력이란, "여럿이 모여서 네트워크를 구성한 행위자들이 그렇지 못한 행위자들에 대해서 행사하는 권력"(p.22), 위치권력이란, 지리적 요충지를 차지하거나 상이한 언어를 번역하는 행위 등과 같이 "중개권력을 행사하는 데 있어 좋은 '자리'를 잡는 것이 중요하다는 의미(p.24)"이다. 설계권력은 번역의 과정을 통해 확장된 네트워크의 내구성 강화와 유지, 그리고 네트워크 내부 전체가 수용할 수 있는 표준 설정의 권력(p.30)을 의미한다. 김상배, 「한국의 네트워크 외교전략 행위자-네트워크 이론의 원용」, 『국가전략』 2011년 제17권 3호, 세종연구소, 2011, p.4; 22; 24; 30.

40 김번욱 · 김운수 · 심진범, 「인천시의 환황해권 연계협력 방안」, 『남 · 북 · 중 경제 협

간의 노드가 국가 변방지역에서 새로운 창조적 공간으로 더욱 격상될 것임은 자명한 사실이다. 이 경우, 랴오닝 연해경제벨트의 황해익 지역은 남·북한과 중국 간의 교량 역할을 하게 되어 한반도 네트워크와 중국 내륙 네트워크를 연결하는 핵심 노드가 될 것이다.

2) 우측 날개: 나선특별시-훈춘-블라디보스토크

나선특별시를 중심으로 한 '우측 날개' 지역은 네트워크 구조로 연구하기에 가장 흥미로운 곳이다. 우선, 이 지역의 지리적 특징에 따른 역사를 살펴보면, 두만강 하류 일대 지역은 기후조건에 따라 범선(帆船)을 타고 일본으로 가기에 매우 좋은 위치에 있다. 두만강 하류 일대 지역은 이런 기후 조건뿐 아니라 매력적인 해양력의 '물리적 조건'도 갖추어 해양 진출을 원하는 대륙세력과 대륙진출을 원하는 해양세력 간의 교착지점이기도 했다.

1860년 러·청 간 베이징 조약이 맺어지면서 중국은 연해주를 잃고, 동해 진출 통로를 잃게 된다. 이후, 1917년에는 제정러시아에 소비에트 혁명이 일어나고, 다음 해인 1918년에 블라디보스토크는 일본을 포함한 미국·영국·이탈리아·프랑스·체코슬로바키아군에 의해 점령당했다가, 일본을 제외한 다른 군은 1920년에 철수하고, 일본은 1922년 10월에 철수했다. 일본은 제국주의 시기에 만주지역에 만주국을 세우면서 수도를 창춘(長春: 현재 창지투의 '창'에 해당하는 지린성 성도)으로 삼았다. 일본이 만주국의 수도를 선양이 아닌 창춘으로 삼았던 이유는 현재의 나선특별시에 해당하는 지역이 랴오닝성의 다롄 역할

력과 동북아 평화』, 한·중 수교 20주년기념 인천-단둥-한겨레 서해협력 포럼 자료, 2012, p.115.

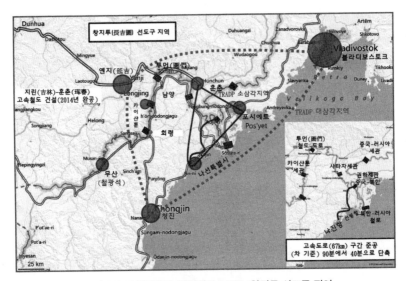

〈그림 26〉 나선특별시, 블라디보스토크, 창지투 선도구 지역
(필자 그림, 배경 지도 출처: bing map, 북중 세관 관련 참고 자료: 남문희, 시사IN Live, 2011.)

을 담당해줄 것이라 보았기 때문이다.

1991년 소련이 정식 해체된 뒤, 이 지역은 UNDP에 의해 개발지역
으로 지정되었고 TRADP가 진행되었다. 〈그림 26〉처럼, 북한 나선-
중국 훈춘-러시아 포시에트 지역의 연결로 소삼각 개발 지역을 형성
하였으나 참가하는 국가들의 소극적 자세와 개발 지역의 낙후로 인
해 발전을 이루지 못하다가 2005년 TRADP에서 '광역두만강이니셔티
브'를 형성하면서 북한 청진-중국 엔지-러시아 블라디보스토크를 연
결하여 대삼각 개발 지역을 지정하였다. 이러한 프로젝트는 기존의 북
한-중국-러시아의 참여 구도에서 한국-일본-몽골까지 아우르는 개
발 프로젝트로 범위를 확장하였다.

이후, 북한의 도발과 미국 부시 정권의 대북 강경책, 북한-일본 간
납치자 문제 해결 갈등 등이 복합적으로 엮이며 관련 사업이 부진했

으나 2009년 10월, 원자바오 중국 전 총리가 북한 평양에 방문한 이후 본격적으로 창지투 선도구와 나선특별시의 연결이 이루어졌다. 2012 년 8월에는 북한 국방위원회 부위원장인 장성택이 중국에 방문하면서 황금평·위화도 개발과 나선특별시의 개발에 관한 북중 간의 경협이 급물살을 타게 되었다.

중국은 창리그룹이 2008년 10월 나진항 1호 부두의 10년 사용권을 획득하였으며,[41] 2010년 말에는 중국 지린성 국제경제기술합작회사 가 북한의 합작투자위원회를 통해 나진항의 4·5·6호 부두 신설 및 50년 사용권과 청진항의 사용권을 획득하였음을 밝혔다.[42] 그 결과, 2011년 1월 14일에는 '국내무역화물초국경운수(內貿貨物跨境運輸)(지린 성해관공고 2010년 49호)'[43]에 의거하여, 중국 훈춘시의 석탄 1만 7천 톤 이 북한 나진항에서 환적되어 동해를 거쳐 상하이 와이까오챠오(外高 橋) 부두로 운송되었고, 훈춘에서 출발했던 중국 화물은 중국의 국내 화물로 인정되었다.

중국 지린성 훈춘시 정부의 2012년 9월 28일 발표자료에 의하면, 훈춘은 「중국두만강구역합작개발계획강요(中國圖們江區域合作開發規劃 綱要)」의 '1호 공정'을 실천하여 '통로' 건설을 하고 있다면서, 차항출

---

41 2008년 중국 창리기업이 나진항 1호 부두 10년 사용권을 획득한 뒤에 2009년 11월 에 개발권을 확보하고, 1기 정박지 보수를 완료했다. 2010년 3월에는 추가적으로 10년 사용권 방안을 검토한 것으로 밝혀졌다. 김영윤·추원서·임을출, 「라진·선봉 지역의 지리적 조건 및 지경·지정학적 의미」, 『라진·선봉지역 물류분야 남북 협력 방안 연구』, 통일연구원, 2010, pp.95-108.

42 남문희, 「중국의 나진·청진항 접수규모 최초 공개」, 시사IN 210호, 2011. 9. 21. 참 고, 荇九晨, 「签下30年使用权, 获得东北亚出海口-中国使用朝鲜港口引韩媒议论」, 環 球時報, 2012. 9. 12.

43 「海关总署公告2010年第49号(关于吉林省开展内贸货物跨境运输试点)」, 海关规范 性文件, 总署公告〔2010〕49号, 2010. 8. 4., 〈http://www.customs.gov.cn/publish/portal0/tab516/ info234580.htm〉.(검색일: 2011년 4월 10일.)

해(借港出海: 항구를 빌려 바다로 진출) · 연선출경(連線出境: 내륙의 라인을 연결 국경 외로 진출) · 내무외운(內貿外運: 국내 화물을 외국 운송라인을 통한 운송)의 전략에 맞추어 인프라 건설에 박차를 가하고 있다고 전했다.[44] 이에 더해, 관련 훈춘시 정부자료는 계속해서 전면적인 인프라 건설 상황을 설명하며, 창춘-지린 배후지 초기단계 건설, 동북아를 향한 도로 · 철로 입체적 교통망 형성, 창춘-훈춘 간 고속도로와 훈춘-둥닝(東寧) 도로의 개통, 권하세관에서 나진 도로 전면 개통, 지린-훈춘 철로 개공 및 훈춘-둥닝[45] 철로 전기 개시 순조로움, 훈춘-러시아 카미쇼바야(Kamyshovaya) 철로 운행 실시, 자루비노 항 일기(一期) 개조, 권하세관을 통한 북중 교각 수리, 나진항 1호 부두 개조 및 사용, '국내무역 화물 초국경 운수(內貿貨物跨境運輸)' 상황의 순조로움, 4만 톤의 화물 운송 완수, 러시아 자루비노-부산-니이가타-츠루가 항선 개통, 속초 항선 약 5.4만 컨테이너 운송 달성, 니이가타 항선 15차 출항횟수 달성, 훈춘세관은 소형차량 통로, 호시 무역통로 그리고 항선통로 투입 사용, 훈춘-핫산 주민의 소형차량 통행을 위한 검역 통로 계획 착수, 현재 러시아 측 입경 소형차량 관리 방법 연구 중, 훈춘-북한 샛별군 훈융리(사타자 세관 지역) 철로 기본협정 체결, 주러시아 사무처 전면 개통, 두만강 경계 항로 부두 건설 프로젝트 교통운송부 비준 등의 상황을 명시했다.[46] 필자가 직접 확인한 바로, 훈춘-내몽고의 우란하오

44 中國吉林省琿春市人民政府(중국 지린성 훈춘시 인민정부), 「琿春市貫徹落實《中國圖們江區域合作開發規劃綱要》情況(훈춘시는 "중국 두만강구역 합작 개발 계획 강요"를 철저히 실행한다)」, 政務公開, 2012年09月28日, ⟨http://www.hunchun.gov.cn/user/index.xhtml?menu_id=182&mode=view_content&is_top=0&news_content_id=8548⟩.(검색일: 2012년 11월 4일.)

45 헤이룽장성 무단장시 둥닝현은 지린성과 러시아의 경계 지대 바로 윗부분 헤이룽장 지역이다.

46 中國吉林省琿春市人民政府(중국 지린성 훈춘시 인민정부), 앞의 자료.

터(烏蘭浩特) 간 고속도로도 연결된 상황이다.

다음은 인프라 건설 관련 훈춘 인민 정부 홈페이지 정무공개란의 원문을 번역한 것이다.

(二) 백방으로 노력하여 내외 통로가 잘 통하게 한다. 훈춘시는 시종일관 통로 건설을 〈계획 강요〉의 "1호공정"이라 여겨왔고, 차항출해, 연선출경, 내무외운의 전략목표를 추구해왔다. 근 몇 년간 적극적으로 발전을 쟁취해왔고, 다자회담을 개최해왔으며, 전면적으로 인프라 시설 기초를 강화했다. 대내외의 고속도로 개통을 촉진시켰고, 창춘-지린의 내지와 동북아를 향한 고속도로, 철로, 해상운송 등 기초 단계 입체적 네트워크를 구축했다. 창춘-훈춘 고속도로, 훈춘-둥닝(東寧) 고속도로가 건설되어 개통되었다. 권하세관에서 나진까지의 고속도로 전 구간이 개통되었다. 지린-훈춘 철로가 건설되기 시작했으며, 훈춘-둥닝 철로 건설이 순조롭게 진행되고 있다. 훈춘-카미쇼바야(Kamyshovaya) 철로는 시험운행 중이다. 자루비노 일기 항을 개조 완료했으며, 권하세관 구안의 교각을 수리했으며, 나진항 1호 부두를 개조하여 이용하고 있다. 국내무역화물초국경운수는 순조롭게 진행되며, 이미 운송량이 4만 톤이다. 러시아 자루비노 항에서 부산, 니이가타, 츠루가 항선이 개통되었다. 속초항선은 5.4만 TEU이다. 니이가타 항선은 15차례 운항하고 있다. 훈춘 통상구는 소형차량 통로가 있고, 호시무역 통로와 항선 통로가 사용되고 있다. 훈춘 핫산 주민 소형차량 통행은 이미 전용 검사 통로를 설계하기 시작했다. 현재 러시아 측으로 들어가는 소형차량 관리 방법에 대해 연구 중이다. 훈춘에서 북한 훈융리 철로에 대해 기본 협의를 체결했다. 주 러시아 사무실은 관련 업무를 전면적으로 실시했다. 두만강 경계 지역 항로 부두 건설 프

로젝트는 교통 운수부의 비준을 받았다.

— 中國吉林省琿春市人民政府,「琿春市貫徹落實《中國圖們江區域合作開發規劃綱要》[47]

다음은 중국과 북한 간에 2011년 체결된 「조중라선경제무역지대와 황금평경제지대 공동개발총계획요강」 중 관련 지역 인프라 상황과 관련된 원문이다.

제5장 기초시설건설

(14) 〈1중추, 3방향, 5통로〉의 개방식, 국제화된 대교통망을 구축: 즉 라진, 선봉, 웅상항을 중추로 하여 북으로는 중, 로와 련결되고 남으로는 조선의 청진과 접하며 동으로는 조선동해로 향해 있는 유리한 조건에 맞게 중국 훈춘, 도문, 로씨야 하싼, 조선 청진과 통하는 륙상통로 및 조선동해의 해상통로를 구축한다.

(15) 항구: 라선경제무역지대의 해안선자원을 충분히 리용하며 라진항개발건설을 중점으로 하고 선봉항, 웅상항을 보조로 하여 점차 지역적 교통운수중추를 형성한다.

- 라진항을 짐함 및 산적화물 등을 처리하는 종합적인 항구로 건설한다. 현존 라진항의 1~3 호부두시설을 적당한 시기에 개조하는데 기초하여 단기적으로 5만t급 혹은 그 이상의 선박을 댈 수 있는 다용도배자리를 새로 건설하며 점차 짐함 등 전용배자리를 건설한다.

- 선봉항은 원자재공업건설과 배합하여 현존 배자리에 대한 기술개조와 확장을 진행함으로써 화학제품, 산적화물항으로 건설한다.

---

47 中國吉林省琿春市人民政府(중국 지린성 훈춘시 인민정부), 앞의 자료.

- 웅상항은 부두개조, 설비갱신, 수로준첩, 통과능력제고 등을 진행하여 산적화물항으로 건설한다.

(16) 도로: 단기적으로 원정-라진, 선봉, 웅상항도로망 및 원정-권하 중조국경인도교를 개조하여 통과능력을 높이며 관광도로로 개조한다. 앞으로는 라진-원정고속도로, 라진-청진고속도로, 라진-두만강고속도로를 새로 건설한다.

(17) 철도: 단기적으로 라진-선봉-남양철도를 기술개건하고 부분적구간 및 설비에 대하여 적당히 기준을 높인다. 항구건설요구에 따라 적당한 시기에 항구역 내의 현존철도를 항구역 밖으로 이설한다. 장기적으로는 중국 훈춘-조선 훈륭철도를 건설하며 라진-남양철도, 라진-청진철도능력을 확장한다.

(18) 비행장: 장기적으로 청진시 삼해리에 민용비행장을 계획하며 라진-청진고속도로를 통하여 라선경제무역지대와 련결시켜 본 지역 민항운수의 수요를 해결한다.

(19) 전력: 당면하게는 석탄을 리용한 전기 및 열생산용발전소를 건설하여 최대한 선봉화력발전소의 중유발전기를 대신하도록 한다. 앞으로는 100만kw 발전능력을 조성하며 풍력발전, 태양열발전 등 새 에네르기의 가능성도 연구한다. 개조 및 신설을 결합하는 원칙에서 단기적으로 부하중심지역에 110kv 변전소 및 해당 송전선로를 배치하고 적당한 시기에 건설할 것을 계획하여 110kv 전압등급의 골간전력망을 구성한다. 장기적으로는 부하증가에 따라 적당한 시기에 220kv 변전소를 건설할 것을 계획하여 점차 220kv 위주의 송전망을 건설한다. 또한 주변전력망과의 련계를 강화한다.

(20) 급수: 점차적으로 수원능력확보 및 관망갱신개조를 밀고 나가 급수체계를 완성하며 급수관망수압을 높이고 직접급수지역범위를 확

대하며 옥상물탕크의 수량을 줄인다. 급수능력, 수질 및 안전성을 제고한다.

(21) 정보 및 통신: 단기적으로 고정전화망, 이동전화망, 수자전송망 등 통신기초시설건설을 강화하여 초보적으로 전지역을 뒤덮는 통신망을 형성한다. 점차적으로 빛섬유망호상련결운영, 관리쎈터 등 망기초시설을 건설하며 순서있게 국제출구를 개발하고 국제호상련계를 실현한다.

— 조중라선경제무역지대와 황금평경제지대 공동개발총계획요강 2011[48]

이 지역에 관련된 새로운 소식은 이뿐만이 아니다. 2012년 9월 8~9일에 걸쳐 러시아 블라디보스토크에서는 제20차 아시아·태평양 경제협력체(APEC) 정상회담이 열렸다. 이 정상회담을 통해 알 수 있듯, 중국의 지린성 일대의 개발뿐만 아니라 러시아의 극동 블라디보스토크의 개발 역시도 이 지역에 대한 가치를 상승시켜주고 있다. 우선, 러시아는 현 수도인 모스크바와 1713년부터 1918년까지 제정 러시아의 수도였던 상트페테르부르크를 중시했고, 아시아 지역보다 유럽 쪽에 소속되기 위해 노력했다. 1991년 소련이 공식 해체되고, 한국의 북방외교(北方外交)에 의해 한국-러시아 간 외교가 정상화되었으나 러시아는 동북아시아 내에 영향력이 전보다 못했고, 역시 러시아의 내부사항 때문에 극동지역에 대한 개발을 전진할 수도 없었다. 그러나 블라디미르 푸틴이 러시아의 대통령으로 집권하면서 러시아는 에너지 자원을 중심으로 한 경제성장을 이루게 된다. 중국과의 관계에 있어서도 2001년 6월 정식으로 출범된 '상하이협력기구(Shanghai Cooperation

---

48 세계 법제 정보 센터, 앞의 자료.

Organization)'를 통해 매년 화평사명(和平使命) 훈련을 통한 안보 공조 체제를 구축하고, 정치·경제를 포함한 다양한 분야의 협력 관계를 유지하고 있다.

이러한 러시아의 극동지역 개발 움직임에 대해 홍완석은 "블라디미르 푸틴은 자신의 두 번째 대통령 임기 시절인 2007년, 이번 APEC 회의를 블라디보스토크에 유치하면서 '2013 극동·자바이칼 사회경제개발 연방 특별 프로그램'이라는 장기부흥계획을 세워 철도, 에너지, 도로, 항만 등 사회간접자본 재정비와 확충을 위해 무려 223억 달러를 투입했다. 올 5월엔 대통령 취임과 동시에 '극동개발부'까지 신설했다"며, 제20차 APEC 정상회담이 블라디보스토크에서 개최된 것은 '푸틴의 강한 러시아'가 국가 발전 대전략의 목표를 달성하기 위한 '신(新)동진(東進)' 정책이며, 자원의 보고(寶庫)인 시베리아의 자원을 확보하기 위한 것이라 분석했다.[49] 홍현익은 블라디보스토크에서 개최된 APEC 정상회담의 배경에 대해 설명하면서, 푸틴 총리는 2010년 극동·바이칼지역개발기금을 창설하였고 2011년 11월에는 시베리아·극동을 개발하는 '자치국영공사' 설립을 추진했으나 재무장관이나 부총리 등 고위 관료들의 집단적인 반대에 부딪혔다며, 결국 2012년 5월 재집권한 푸틴은 시베리아·극동 발전을 전담하는 극동개발부를 설치하고 재무부에 비견되는 막강한 권한을 주었으며, 하바로프스크 주지사를 네 번이나 역임하고 극동연방관구 대통령 전권대표를 맡고 있는 빅토르 이사예프를 겸임·임명했다고 설명하였다. 이에 더해, 홍현익은 러시아는 이번 APEC 정상회담 준비를 위해 6800억 루블(24.5조 원)

---

49 홍완석, 「[시론/홍완석]새로운 기회의 땅 러시아를 다시 보자」, 동아일보, 2012. 9. 12, 〈http://news.donga.com/3/all/20120912/49329816/1〉.(검색일: 2012년 11월 28일.)

의 자금을 투입했고, 현재 아르촘과 나홋카를 포함한 블라디보스토크를 광역도시화하여 동부의 수도이자 경제 수도로 건설하자는 제안이 나오고 있다고 전했다.[50]

이상, 두만강 개발 지역에 대한 인프라 건설 현황 및 개발 전망을 설명했다. 두만강 유역은 1990년대의 개발 프로젝트 상황과 2010년대의 상황에는 큰 차이가 있다. 우선, 중국이 2001년 WTO 가입 이후 꾸준한 경제성장을 하면서 경제 강국이 되었다는 점이다. 본 저서의 서론에서도 이미 논했듯이, 중국은 저렴한 노동 집약적 경제로 세계의 공장이 되었고, 자원 공급처-중국-해외시장의 해외 네트워크를 형성하며 대외개방형 국가가 되었다. 대외 네트워크 이외에도 중국은 각 지방 경제지역의 연결 네트워크 내 흐름의 속도가 가속화되면서 물류 기초시설 관련 수요가 급증했다. 하지만 서브프라임 모기지 사태 이후 지속된 세계 경제위기로 인해 중국 상품의 최대 시장인 미국과 유럽 시장이 침체되자, 내수시장 확장을 위해 노력하면서 중국 동북3성 지역의 개발을 가속화시켰다. 특히 지린성과 헤이룽장성의 개발로 인해 과부하된 다롄 항을 대신할 수 있는 지리적 여건을 갖춘 두만강 하류 지역의 개발은 중국 동북3성 개발에 필수적 조건이 되었다.

북한의 경우, 이명박 정부 이후 박근혜 정부까지 대부분의 남북경협이 담보상태로 빠졌고, 북한은 핵실험과 미사일 시험 등으로 국제사회에서의 고립을 자초했다. 또, 2010년 발생한 천안함 침몰 사건과 연평도 포격 사건 등으로 국제사회에서 더 고립되었던 북한은 경제 방면에서 중국에 경제적으로 의존할 수밖에 없었다. 2011년 12월 19일, 김정일 위원장의 사망으로 2012년에 김정은 노동당 제1비서가 북

---

50 홍현익, 「블라디보스토크 APEC 정상회의와 한·러협력」, 정세와 정책 2012년 10월 호, 세종연구소, 2012, pp.13-15.

한의 지도자가 되면서 북한 경제정책의 방향이 개방화로 바뀌고 있는 것도 주목할 점이다. 김정일 집권 시기에 박봉주 내각총리는 친시장적인 모습을 보여 뒤로 밀려났다가 김정은의 집권으로 전면에 나서게 된 인사이다. 김정은 시기에 4개의 특수경제지대와 7개의 특구, 3개의 관광특구, 그리고 13개의 지방급 경제개발구를 지정했던 것을 보면, 현재 김정은 체제의 북한이 전면적이지는 않지만 나선특별시와 신의주 일대 등의 노드를 활용하여 대외개방을 모색하고 있음을 알 수 있다. 그리고 북한 내의 투자 활성화를 위해 다양한 법규[51] 및 제도도 마련했다 발표하고 있다.

이와 더불어, 2012년 9월의 블라디보스토크 APEC 정상회담 개최는 두만강 하류 지역의 개발 환경이 크게 변했음을 알 수 있으며, 이는 한반도 주변 환경에서 피해 갈 수 없는 전략적 환경임을 알 수 있다. 이러한 전략적 환경 속에서 한국의 기업인 중국 포스코는 이미 1억 5000만 달러를 투자해 훈춘의 국제물류단지를 건설하였고,[52] 이명박 전 대통령은 APEC 정상회담 개최 시 포시에트 개발에 대한 관심을 표하기도 하면서 두만강 하류지역의 개발이 한국에게도 중요한 과제

---

51 외국인투자법, 합영법, 합작법, 외국인기업법조선민주주의인민공화국 외국투자은행법, 외국투자기업 및 외국인세금법, 외국인투자기업파산법, 외화관리법, 외국인투자기업재정관리규정, 외국인투자기업로동규정, 외국인투자기업회계검증규정, 외국인투자기업 최신기술도입규정, 외국투자법률사무소 설립운영규정, 라선경제무역지대법, 라선경제무역지대 관광규정, 라선경제무역지대 외국인출입 및 체류규정, 라선경제무역지대 세관규정 등. 2012년 9월 26일~28일 발표된 「조선민주주의인민공화국 투자환경소개」 제2조 6항, 노컷정보, 「북한 '투자환경소개' 문건 첫 입수 공개」, 2012. 9. 27.(관련 문건 출처는 남북포럼으로 되어 있음.), ⟨http://www.nocutnews.co.kr/info/?NewsCD=2270534⟩.(검색일: 2012년 10월 4일.)

52 이장훈, 「훈춘 개발 돈 쏟아붓는 중국 동북아 거점기지 오랜 꿈 실현」, 주간동아 843호, 2012. 6. 25, ⟨http://weekly.donga.com/docs/magazine/weekly/2012/06/25/2012062505000015/201206250500015_1.html⟩.(검색일: 2012년 10월 17일.)

로 등장하였다.

두만강 개발 구역은 네트워크 틀로 분석하기에 매우 흥미로운 곳이다. 필자는 중국이 경제적 성장을 매년 거듭하고 러시아에 의해 동해 진출이 가로막힌 상황에서 나선특별시라는 노드가 한반도의 지정학적 가치를 집약하고 축소한 그 위치적 중심성을 갖고 있다고 생각한다. 필자가 제시한 구조-물류 네트워크 구조로 분석해보았을 때, 두만강 개발 구역은 중국 중앙정부-중국 지린성-북한 나선특별시-해양으로 나아가는 전형적인 '차항출해(借港出海)'의 전략적 위치를 가지고 있다. 반대로 두만강 하류 일대 지역은 중국의 남방에서 올라오는 해양라인과 일본, 미국 등의 해양경제, 그리고 남한까지 대륙으로 들어갈 수 있는 관문이다. 필자가 나선특별시가 한반도의 지정학적 가치를 나선특별시에 집약되었다고 주장하는 이유는 한반도의 전체 위치 역시 대륙경제와 해양경제가 교차되는 지리적 장점이 있는데 나선특별시는 '시(市)' 단위의 행정구역으로 이 모든 가치를 간직하고 있기 때문이다. 창지투 선도구 지역이 지속적으로 발전하고 중국 동북3성에 건설 중인 인프라까지 완성된다면 나선특별시의 가치는 더 상승할 것으로 본다.

물론 중국이 나진항 1호 부두의 사용권을 획득하고 4·5·6호 부두까지 건설하여 사용할 수 있게 되었으나 러시아 역시 3호 부두의 사용권을 가지고 있음을 주목할 필요가 있다. 즉, 경제적 비대칭 상호의존이 이루어질 경우 정치적 영향력이 커진다는 것을 생각하면, 나진항 내에 중국과 러시아 간의 경제적 세력 균형이 이루어지고 있음을 알 수 있다. 그리고 비록 북한이 나선특별시에 대한 '표준 설정'을 느슨하게 갖추고 부두의 사용권을 타국에 건네주어 나진항이라는 노드의 개방성과 호환성을 높이긴 했지만, 이곳이 여전히 북한의 영토임은 주목할 부분이다. 즉, 북한이 법적으로 50년의 사용권을 보장한다고 하더라도 불안정한 정치 상황에 따라 발생될 수 있는 변수를 고려해야 한다는 의미이다. 더 나아가 나선특별시 자체 노드가 네트워크의 스위처로서 어떤 네트워크 형태로 'translation'[53]을 하게 될지도 관심을 가질 부분이다. 중국 동북지역의 재화가 나선특별시를 통과할 때 북한이 어떤 통관세를 매기는가, 나선특별시로 연결되는 인프라가 어떻게 형성되었는가, 나선특별시 내 제도가 어떻게 변화하는가에 따라 그 재화의 의미가 달라질 수 있다는 것이다. 역시 반대로 북한이 북한 네트워크 내의 표준을 변환하여 혹은 주변 네트워크 환경이 변환되어 남한과 일본, 그리고 미국 등의 투자자가 나선특별시를 통해 중국 대륙과 몽골 등으로 연결될 경우에도 나선특별시는 더 거대 규모의 흐름(flows)을 관리하는 스위처의 역할을 담당하게 된다.

중국과 러시아가 나진항의 사용권 및 개발권을 차지하게 됨으로써, 나선특별시라는 스위처로서 가치가 상승하게 된 것은 역시 동해로의 진출권 때문이다. 특히 국제법상 일본 홋카이도와 본섬 사이의 쓰가루(津輕) 해협과 러일 간의 영토분쟁이 있는 소야(宗谷) 해협의 자유통항이 가능하다는 점은 이미 이 책 2장에서 논한 바 있다. 즉, 중국이 제1도련선에 의해 태평양으로 진출하는 데 난점이 있었는데, 이를 극복할 수 있는 '스위칭(Switching)'을 나선특별시가 할 수 있다는 것을 간

---

53 김상배는 translation(번역)의 정의를 "인간 행위자가 인간뿐만 아니라 비인간 행위자를 포함하는 다양한 요소들을 동원하고 배열하며 하나로 유지하면서 네트워크"를 형성하는 과정라 정의한다. 또, 번역에 대한 더 구체적 설명으로 "권력의 과정인 동시에 질서를 만드는 과정"이라며, 네트워크 내부의 핵심 노드가 다른 네트워크 안의 노드를 끌어들이고 기존의 네트워크와의 관계를 끊게 한다거나, 내부의 노드를 통제하면서 네트워크를 촘촘히 하고 확장하는 과정이라고 설명한다. 김상배, 「한국의 네트워크 외교전략 행위자-네트워크 이론의 원용」, 『국가전략』 2011년 제17권 3호, 세종연구소, 2011, pp.10-11.

과해서는 안 된다. 이는 중일 간의 갈등이 센카쿠 열도(댜오위다오) 지역을 두고 갈등이 격화되었다는 점, 이로 인해 일본이 우경화되었다는 점 등을 고려할 때, 나선특별시의 스위칭 성격은 매우 중요해진다고 하겠다. 필자는 중국의 나진항 사용권 획득과 항만시설 개발은 한국의 미사일 방위 시스템(MD System) 도입과 비슷하다 생각한다. 한국 측이 미사일 방위 시스템 기지 건설을 두고 북한의 공격에 대비하는 것이라 주장해도, 중국 측은 미사일 방위 시스템이 중국에 위협을 줄 수 있는 것이라 판단한다. 마찬가지로 중국이 나진항 부두의 사용권을 획득하고 개발할수록 주변국이 걱정하는 것은 당연하다.

중국에게는 나선특별시가 양날의 검이다. 그 장점을 먼저 살펴보면, 기존에 중국은 동북지역의 물류에 있어 내륙의 도로 및 철로 비용을 지불하며 다롄시에서 환적하고 중국의 남방지방으로 가거나 한반도를 돌아 해외시장으로 나가야 했다. 그러나 북한의 항구 사용권을 확보하면서 이러한 운송비용을 절감하고 국내 무역의 효율성을 높일 수 있다. 그리고 나진항을 통해 동해로 진출하게 되면서 환동해 경제권에 편입될 수 있다는 장점도 있다. 하지만 북한의 정치적 불안정성 변수를 감내해야 한다는 단점이 있다.

다시 말해, 나선특별시라는 노드는 중국 동북3성과 동해 사이의 스위처 역할을 하게 되는데, 나선특별시라는 노드를 제한하는 표준은 북한의 중앙정부가 규정짓는다. 그러므로 나선특별시라는 스위처가 호환성을 제한할 것인지, 통과하는 링크의 내용을 어떻게 변환할 것인지는 북한의 표준설정에 의해 결정된다는 것이다. 이런 점에서 나선특별시에 세계 각지의 구조 네트워크 행위자들이 나선특별시에 참여하게 하여 관련 리스크를 절감할 필요가 있다. 국제적 표준을 형성하여 북한 정부의 불안정한 표준을 대체하게 함으로써 해당 지역의 호환성을 유지하자는 것이다. 이러한 다자의 경쟁적 참여는 협조적 세력 균형(Associative Balance of Power)을 이루어, 위에서 언급했던 나진항을 군항으로 사용할 것이라는 주변국의 걱정을 경제 교류를 위한 희망으로 바꿀 수 있을 것이다.

중국이 청진항의 개발권을 획득한 것은 나선특별시와 다른 상황이다. 청진항의 경우 광역 두만강 개발 프로젝트 지역이고, 나선특별시에 비해 거리상으로는 중국과 멀지만 동해상의 항구라는 점에서 그 지리적 장점이 나선특별시와 비슷하다고 할 수 있다. 하지만, 청진시는 나선특별시와 같은 경제특구가 아님을 주목해야 한다.[54] 나선특별시가 다소 대외 개방적인 특성을 갖춘 노드라면, 청진시는 중국과 러시아 측에 더 개방된 곳이고, 이것마저 북한의 정치적 불안정성에 의해 크게 좌우될 수 있기 때문이다. 중국에게 있어 청진시의 장점은 북한의 남쪽으로 더 내려감으로써 김책, 함흥, 원산, 금강산 지역까지 링크를 연결할 수 있다는 점이다. 그리고 중국의 단둥-북한의 황금평-신의주-평양-원산-함흥-청진-나진특별시-[중국의 훈춘 · 투먼]으로

---

54 청진시의 경제특구 지정 관련한 정보를 입수했다. NK News는 주로 북한에 있는 북중 사업 관계자의 인터뷰를 인용하여 청진시가 곧 경제특구(SEZ; Special Economic Zone)로 지정될 것이라 보도했다. 나선특별시와 더불어 청진항 역시 경제특구로 지정될 경우 두만강 개발 프로젝트의 대삼각권역(Tumen River Economic Development Area: TREDA)의 한 축이 공고화되는 것이다. 러시아가 블라디보스토크 개발을 진행하고 있고, 중국 역시 옌지(延吉)가 포함된 창지투 지역 개발에 박차를 가하고 있기 때문에 청진시가 경제특구로 지정되는 것에 무리는 없을 것이라 본다. 청진시가 경제특구로 지정된다면 나선특별시/청진시로 이어지는 라인에 대한 개발이 가속화될 것이고 관련하여 중국의 자본이 더 침투해들어갈 것으로 판단할 수 있다. 이 경우 북한 내부에 경제적 개방 정도에 영향을 줄 것이라 판단된다. Trad Farrell, 「SOURCE: A SPECIAL ECONOMIC ZONE FOR CHONGJIN」, *NK NEWS*, June 12, 2012. 〈http://www.nknews.org/2012/06/exclusive-a-special-economic-zone-for-chongjin/〉. (검색일: 2013년 1월 3일.)

돌아가는 순환형 철로와 연결이 될 수 있다는 점도 있을 것이다. 하지만 나선특별시에 이은 청진시의 경제특구 지정은 그 지정학적 가치만큼이나 실현 여부가 여전히 불투명한 것이 사실이다.

요컨대, 중국의 창지투 선도구 지역 개발과 동북3성 3종 5횡 개발 지역 인프라 건설 등의 국가급 개발 프로젝트, 그리고 러시아의 블라디보스토크 개발과 신 동진 정책 등이 톱니바퀴처럼 맞아떨어지면서 북한의 나선특별시에 대한 개발 및 투자는 보다 안정화될 것이고, 다른 행위자들에게도 참여의 기회가 만들어질 것이다. 특히 중국의 투먼(圖們), 량쉐이(凉水) 그리고 훈춘 지역 부근에 국제공단이 조성되고 북한의 노동자들이 유입되어 랴오닝성의 단둥에서처럼 [남한]자본·기술, [중국]토지·운영, [북한]노동력의 복합적 공단의 형성이 가시화될 것으로 보인다. 이러한 두만강 하류 지역의 경제적 변화로 한반도 주변의 정치적 환경도 변화될 것임을 알 수 있다.

3) 삼각축의 정점: '부산–낙동강 도시 연합'[55]

지구의 표면에 존재하는 해양과 육지 중에 그 끝은 어디이고 그 시작은 어디일까? 오히려 시작과 끝이 하나가 아닐까라는 생각도 해본다. 부산은 육지의 시작이자 끝이고, 해양의 시작이자 끝이다. 해양과 해양의 만남이고 육지와 해양의 만남이다. 부산은 고금(古今) 이래 변방이었지만, 한국전쟁 당시에 '원 부산항'을 중심으로 한국의 수도의 경험이 있는 시간의 결정체이다. 부산은 당장 살펴보아도 최고의 항만 조건을 가지고 있다. 태평양의 거대 조류를 일본의 본섬과 대마

---

55 김석철, 『한반도 그랜드 디자인』, 창비, 2012, p.99.

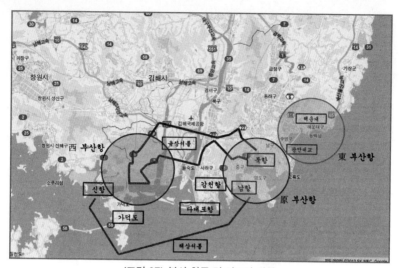

〈그림 27〉 부산 항구 및 인프라 상황
(필자 그림, 배경 지도: 구글 지도, 참고 자료: 김석철,『한반도 그랜드 디자인』, 창비, 2012;
『부산항 중심 물류흐름과 비전의 이해 〈물류백서 2011.4〉』, 부산지방해양항만청, 2011.)

도가 막아주고 있고, 경상도의 젖줄인 낙동강이 부산에서 바다와 만
나고 있으며, 동해와 남해를 잇는 대한해협의 중심에 위치한다. 부산
은 지정학적 위치 때문에 해양 세력의 침투 출발점이었고, 대륙 세력
의 침투 출발점이었다. 조선 통신사가 일본으로 가기 전 머물던 조선
의 끝이었고, 반대로 일본에서 돌아올 때 조선의 처음이었다. 부산에
는 왜관이 있었고, 조선과 일본의 네트워크 교착지역으로서 그 역할
을 했다. 임진왜란과 정유재란의 시작점이자 마지막이었으며, 일제시
대에는 물류 거점도시이기도 했다. 한국전쟁 때는 역전을 위한 최후
보루이자 근거지가 되었다. 한국이 대외개방형 경제 건설을 추진할
때, 부산은 경제적으로 일본과 미국으로 진출하는 산업 전선의 첨병
이 되었고, 중국이 경제 강국으로 성장하면서는 중국, 아세안, 일본,
러시아, 미국 등지를 잇는 핵심 항만 노드로 자리를 잡았다.

삼각축 해양네트워크의 정점이 왜 부산이어야 하는가의 질문에 대

한 답을 위의 〈그래프 1〉에서 찾을 수 있다. 부산의 화물처리 실적은 광양항·인천항과 비교해도 월등한 차이를 보인다. 그래프의 2007년 ~2011년까지 부산은 어느 정도의 부침을 보였지만, 여전히 광양항이나 인천항의 7~8배 정도의 화물처리 실적을 보이고 있다. 2011년 기준, 전국물량은 21,611 천 TEU를 기록한 가운데, 부산항(16,185 천

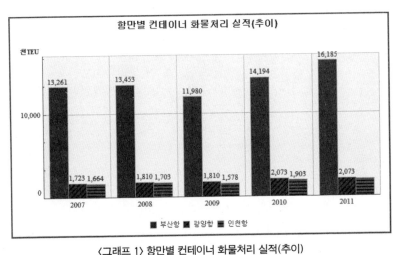

〈그래프 1〉 항만별 컨테이너 화물처리 실적(추이)
[출처: 국토해양부 (Port-MIS: 항만관리정보시스템), 컨테이너 화물 처리현황, e-나라지표.]

부산항의 항로수		광양항의 항로수	
America	36	America	8
Europe	13	Europe	4
Asia	141	Asia	39
Japan	45	Japan	11
China	23	China	15

〈표 11〉 부산항과 광양항의 항로수 비교(출처: 국토해양부 국가물류통합정보센터)

TEU), 광양항(2,073 천 TEU), 인천항(1,998 천 TEU), 울산항(326 천 TEU), 평택·당진항(530 천 TEU)[56] 순으로 나타났다. 더 나아가 부산항과 광양항은 항로수에서도 그 차이가 크다. 2011년 부산항은 16,185 천 TEU의 컨테이너 화물을 처리하면서, 명실상부한 한국 내 물류 허브이자, 세계 5대 컨테이너 항만으로 동북아에서 해양 노드의 다른 항만들과 대등한 항구로서 그 기능을 다하고 있다.

특히, 부산항의 원 부산항에 위치한 북항-남항-감천항은 전통 항구로서의 기능과 도심으로서 도시 내 핵심 축을 담당하고, 부산의 서 부산항 지역의 신항은 부산이 물류 중심지가 되도록 하는 기지 역할을 담당한다. 동 부산항은 포항-울산과 연결되는 부산 내 노드이고, 서 부산항은 진해-창원시와 연결되는 물류 핵심 노드이다. 이를 통해 낙동강 유역의 도시와 도시가 연합하게 되어 '부산-낙동강 도시 연합'을 이루고, 일본의 대마도와 후쿠오카, 시모노세키 등과 함께 대한해협을 끼는 지역의 네트워크를 만들 수도 있다. 부산의 동쪽으로는 러시아-북한-남한의 다른 동해안 지역-일본을 포함한 환동해 경제권의 일원이 되고, 부산의 서쪽으로는 넓은 의미의 황해 경제권에 포함이된다.

네트워크 세계정치이론의 핵심은 어떤 노드와 링크를 맺고 네트워크를 형성하며, 연결망을 튼튼하고 촘촘히 유지하는가이며, 어떻게 네트워크의 중심성을 제고할 것인가에 있다고 설명한다.[57] 이 중심성의 종류로 '연결 중심성(degree centrality), 근접 중심성(closeness centrality), 매

---

56 항만별 컨테이너 화물 처리 실적 통계표, 국토해양부 국가물류통합정보센터(재인용: e-나라지표), ⟨http://www.nlic.go.kr/nlic/freeTrade0040.action⟩.(검색일: 2012년 12월 15일.)
57 김상배, 앞의 논문, p.20.

개 중심성(betweenness centrality)'[58] 등을 제시한다. 부산은 이런 모든 중심성을 갖춘 지방정부이자 동북아 네트워크의 중심 스위처이다. 부산은 서울·인천과 연결된 경부선과 연결되고, 대구·경북지역을 비롯한 한국 제조업의 중심지와 연결된다. 동해상에서 네트워크의 노드와 남해·황해 상의 노드이기도 하고, 일본을 통과해 태평양으로 나아갈 수 있는 노드가 되기도 한다. 크게는 동북아를 중심으로 미국-유럽을 연결하는 교량의 위치이고, 작게는 아세안과 미국을 연결하는 중앙에 있으며, 더 작게는 중국-일본-러시아를 연결하는 중앙에 있다. 현재 한국은 삼면이 바다이고 북한과의 교류가 막히면서 정치적 섬 국가이지만 철로가 연결되고 TKR과 TMR이 TKR과 연결이 되면, 부산이 대륙의 시작점이 되고 종점이 될 것이며 내륙 네트워크와 해양 네트워크 사이의 의무통과점으로서의 역할이 더 커질 것이다. 요컨대 네트워크와 네트워크가 접맥이 되는 변방의 공간에 중심으로서의 부산이 있다.

---

58 김상배는 Freeman의 주장을 인용하여, "연결 중심성이란 네트워크에서 다른 행위자들과 연결된 관계의 숫자를 가능한 많이 늘림으로서 발휘하게 되는 중심성"이라 정의하고, "근접 중심성이란 네트워크상에서 행위자와 행위자들 간의 거리를 가능한 가깝게 함으로써 발휘하게 되는 중심성", 끝으로 "매개 중심성이란 네트워크상에서 어느 행위자가 다른 행위자들의 사이에 놓일 수 있는 정도"라 정의했다. 필자는 부산의 네트워크 중심성을 설명하기 위해 본 개념을 활용했다. 관련 내용은 앞의 논문, pp.20-24.

4. 삼각축 해양 네트워크 각 노드 관계 설정

삼각축 해양 네트워크는 앞서 말한 세 개의 노드를 해양선을 통해 연결한 것을 의미한다. 즉, 왼쪽 날개(랴오닝 경제개발벨트의 다롄-단둥)-정점(부산)-오른쪽 날개(북한 나선특별시-러시아 블라디보스토크)의 연결에 의한 네트워크를 의미하는 것으로, 이는 흡사 랴오닝 경제개발벨트의 '일핵(一核)-일축(一軸)-양익(兩翼)'의 확대판과 같다. 랴오닝 경제개발벨트의 일핵(一核)이 다롄·뤼순이고, 일축(一軸)이 다롄-판진 라인, 양익(兩翼)이 발해익과 황해익을 지칭하는 것이라면, 필자가 주장하는 삼각축 해양 네트워크의 일핵(一核)은 한국의 부산이고, 일축(一軸)은 한반도, 양익(兩翼)은 다롄-단둥라인과 나선특별시-훈춘-블라디보스토크이다.

필자가 부산항의 잠재적 가치를 높게 보는 것은 주변 노드의 가치 상승과도 관련이 있다. 첫 번째 주변 노드는 양산(洋山) 항을 포함한 상하이 항이다. 상하이 항은 중국의 장강과 해양의 교차지역에 위치함으로써 그 가치가 돋보인다. 장강 경제구는 장강의 연안인 충칭(重輕), 우한, 장인, 난징을 장강의 내륙항으로 활용 가능하면서 그 가치를 발하는 곳이기도 하다. 상하이 항은 중국 중앙 정부의 막강한 지원과 중국의 성장에 따른 막대한 물동량에 힘입어 2010년에 홍콩과 싱가포르를 제치고 세계 물류 시장 1위를 차지했다.[59] 세계 물류 시장 5위 규모의 부산항과 비교가 되는 부분이기도 하다. 다음 주변 노드로 창지

---

59 조슬기나, 「[한중20년, 중국을 다시본다]양산 항 '글로벌 물류 허브' 야심」, 아시아
경제신문, 2012. 5. 9.

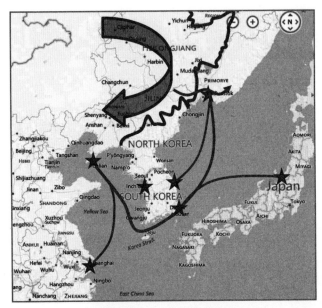

〈그림 28〉 창지투 선도구 개발 전

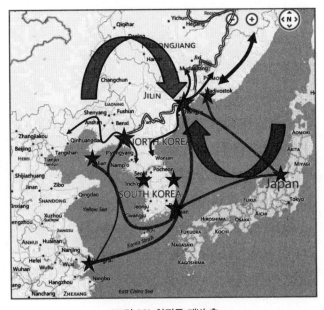

〈그림 29〉 창지투 개발 후

투 개발 선도구가 '차항출해'의 전략지로 운용 중인 북한의 나선특별 시다. 앞서 말했듯이, 2011년 1월 14일 '국내 무역화물 다국 수송(지린 성해관공고 2010년 49호)'에 의거해 중국 훈춘시의 석탄 1만 7천 톤이 북 한 나진항을 거쳐 상하이 와이까오챠오 부두로 운송되었고, 그 화물 은 국내 화물로 인정되었다. 다시 말해, 〈그림 28〉이 보여주듯 기존에 는 내륙의 인프라를 활용하여 다롄 항으로 집결하여 상하이 항으로 운송되었던 라인이 〈그림 29〉처럼 북한의 나선특별시로 그 운송 라인 을 옮기면서, 부산이 있는 대한해협을 거치게 되었다는 것을 의미한 다. 그리고 이 운송라인은 나진항을 통해 운송되지만 중국의 제도상 국내 무역에 해당한다. 상하이는 주로 화력발전에 의존하여 에너지를 충당하며, 이의 원료인 석탄은 주로 중국 동북3성에서 운송된다. 기존 의 지린성과 헤이룽장성의 에너지자원이 북한의 나진항을 통과하면서 그 비용이 절감된다는 것인데, 이러한 매력으로 중국 동북3성-북한 나진-동해-대한해협-상하이 라인이 더 활성화될 것임은 분명하고, 한 국의 부산항에도 해양력의 '지리적 요소' 환경이 바뀌는 것임은 자명 해 보인다. 〈그림 23〉을 통해 제시했던 구조-물류 네트워크의 틀을 빌 려 설명하면, A국가(중국)의 지방정부(지린성)-B국가(북한)의 지방정부 (나선특별시)-동해-A국가(중국)의 지방정부(상하이)로 이어지는 라인이 지만, 북한 네트워크의 표준에 거치지 않고 게이트를 통과하여 중국의 국내 화물로 인정을 받으면서, A국가(중국)의 지방정부(지린성)-A국가 (중국)의 지방정부(상하이)의 효과를 보되 동해를 활용하게 되면서 운 송 시간과 비용을 절감하는 효과를 갖게 된다는 것이다. 이러한 라인 위에 위치적 매력을 지니는 부산은 매개 중심성을 통해, A국가(중국) 의 지방정부(지린성)-B국가(북한)의 지방정부(나선특별시)-동해-C국가 (한국)의 지방정부(부산)-남해-A국가(중국)의 지방정부(상하이)로 연결이 된다. 이때, C국가(한국)의 지방정부(부산)가 한국의 시장에 연결하면서 상품의 또 다른 흐름이 발생하게 되고, 이로 인해 A정부(중국)의 지방정부(지린성)는 또 다른 수익을 거둘 수 있다.

즉, '지린성'이라는 상인이 '상하이(브로커; 게이트)-중국남방(손님; 시장)'과 '부산(브로커; 게이트)-한국(손님; 시장)'으로 연결됨을 의미한다. 2012년 8월 20일, 부산경남본부세관은 부산항의 지경학적 가치와 환적 프로세스 활용을 위해 'PPP(Pusan Platform Project) 환적물류' 절차를 마련하고 일본의 내국운송 화물을 부산항으로 유치했다고 발표했다.[60] 부산지방 차원의 이런 제도 개선과 적극적 물류 유치는 새로운 주변 노드를 연결하는 매개자로서의 부산이 동북아 해양네트워크의 새로운 '표준'을 제시할 수 있음을 의미하는 것이기도 하다.

두 번째, 상하이와 나선특별시의 해양 라인과 더불어 러시아의 블라디보스토크가 2012년 APEC 정상회담 이후 새로운 중심 노드로 부각되고 있는 것도 간과해서는 안 될 사실이다. 시베리아의 막대한 자원이 TSR의 라인을 통해 블라디보스토크까지 연결된다는 것과 두만강 개발 지역의 백업을 해줄 수 있는 역할을 담당하게 된다는 점에서 부산은 물론, 중국의 남방과 일본, 그리고 미국까지 연결될 수 있는 네트워킹 능력을 갖추고 있다. 블라디보스토크의 개발로 다음과 같은 삼각 네트워크를 형성하게 된다. A국가(러시아)의 지방정부(블라디보스

---

60 기사자료에 따르면, "'PPP(Pusan Platform Project) 환적물류'는 승객들이 정거장 플랫폼을 통해 열차에 타고 내리듯 부산항과 신항 배후물류단지를 국제물류의 플랫폼으로 고도화하고 일본 지방항의 콘솔화물(소량화물을 의미)을 부산항으로 유치·집하해 세계시장간을 묶는 신개념 물류서비스"라고 PPP 환적물류에 대해 정의하고 있다. 강재순, 「부산세관, 환적물류 설계로 부산항에 日 내국운송 물품 유치」, 부산=뉴시스 기사자료, 2012. 8. 20., 〈http://article.joinsmsn.com/news/article/article.asp?total_id=9089773&ctg=1213〉.(검색일: 2012년 11월 30일.)

토크)-B국가(중국)의 지방정부(지린성)-C국가(북한)의 지방정부(나선특별시)-A국가(러시아)의 지방정부(블라디보스토크) 형태의 관계를 맺으면서 다시 변방 연합 네트워크가 형성된다. 이 삼각 형태의 네트워크는 인프라 건설을 통해 네트워크의 근접중심성을 이뤄, 탄탄한 네트워크를 형성하게 된다. 중국 동북3성 자원과 상품이 나선특별시로, 시베리아-블라디보스토크-나선특별시로 이어지는 라인이 한 노드로 집중되면서 나선특별시에 의한 북한 네트워크의 변화도 예상할 수 있는 부분이다. 이 두만강 유역의 삼각(북·중·러) 네트워크형 노드가 다시 동해에서 네트워크를 만들게 되면서 남한-일본-중국 남부-타이완-아세안-유럽 라인으로 나가거나, 일본-미국으로 링크를 이어갈 수 있게 된다.

세 번째로, 랴오닝성 연해경제벨트는 중국의 화베이지역-몽골-러시아와 동북3성을 연결하는 라인이자, 중국-북한-한국을 연결시켜주는 환황해 경제권과도 맞물리게 된다. 랴오닝성의 남·북·중 경협의 경우, A국가(남한)의 지방정부(인천·부산)-B국가(중국)의 지방정부(랴오닝성)-C국가(북한)의 지방정부(황금평·위화도-개성) 등의 네트워크를 형성할 수 있으며, 남북 경협을 통해 내륙 네트워크(철로)까지 연결될 경우, A국가(중국)의 지방정부(랴오닝성)-B국가(북한)-C국가(한국)의 지방정부(부산)로 연결되며 새로운 라인이 형성되고, 중국 화베이-랴오닝성-한반도로 이어지는 라인으로 확장될 수 있다.

끝으로, 고려해야 할 변수는 북극해의 개방이다. 인간이 탄소에너지를 소비함으로써 지구의 온난화가 발생하였고, 그 결과로 지구 극지방의 빙하가 녹아내리는 것은 매우 안타까운 현실이다. 하지만 물류 분야에서는 황금어장이 열리는 계기가 되었다. 기존의 남아시아와 중동, 지중해를 거쳐 유럽으로 가던 라인에서 벗어나 북극해를 통과하는 운송라인이 열리면서, 부산의 지경학적인 가치도 상승할 것이다. 예를 들어 상하이 항에서 발생된 화물들이 유럽 시장으로 운송될 경우 기존에는 싱가포르를 경유하는 해양 라인을 선택했다면, 북극해가 열린 경우 상하이-부산-[쓰가루·소야 해협]을 통과해서 북극해로 나아가는 라인을 선택하여 물류 시간과 비용을 절감할 수 있게 된다.

이러한 주변 노드의 성격 변화는 새로운 물류 해양네트워크의 방향을 바꾼다. 기존에는 〈그림 28〉의 물류 네트워크처럼 동해로 진출할 수 없었던 중국 동북3성의 물자가 랴오닝성의 다롄 항으로 몰리면서 다롄 항 노드가 한반도와 상관없이 중국 연안을 중심으로 교류를 하고, 부산항을 거쳐 일본으로 링크하는 라인을 형성했다. 특히 2005년 11월 터미널이 개장하여, 1단계에 이어 2006년에는 2단계 그리고 2007년 3단계 터미널이 개발되며 연간 물동량이 2005년에는 1800만 TEU를 기록하던 상하이 항이 2010년에는 2900만 TEU로 세계 1위 항만[61]으로 부상하면서 동북아 물류 중심의 부산항의 위상이 흔들렸던 것도, 중국 동북3성의 물자가 다롄으로 집중되면서 한반도를 거치지 않고 상하이로 바로 갈 수 있었던 것이 그 원인으로 작용한 것이라 분석된다. 하지만 동북3성의 물자가 창지투 선도구 지역과 북한 나선-청진으로의 링크를 통해 항구를 빌려 동해로 나아가게 되고, 이 지역의 화물이 상하이 항으로 해양라인을 통해 운송되면서 네트워크의 모양 또한 변화하게 된다. 〈그림 29〉처럼 중국 동북3성의 지하자원을 포함한 재화가 다롄 항으로 집중되던 것이 나선특별시와 분담하게 되면서 동북 3성의 물류의 부담이 선양-[다롄·단둥], 창춘-[나선·블라디

---

61 상하이 양산항 관련한 기사정보 인용은, 박관종, 「세계 물류 전쟁의 중심 상하이 양산항을 가다」, 2012. 12. 5, 뉴스토마토, 〈http://www.newstomato.com/ReadNews.aspx?no=313119〉.(검색일: 2012년 12월 12일.)

보스토크]로 분담됨을 알 수 있다.

이러한 현상이 가능하게 된 것은 중국이 경제성장을 거듭하면서 불어난 물류 규모에 따라 다롄 항이 과부하 상태가 되었다는 점, 그리고 중국 동북3성의 물자가 동해로 나아가지 못하고 육로 운송 비용이 발생하면서 운송비용 및 시간의 낭비가 생긴다는 점 등이다. 이러한 해양 네트워크의 변화와 함께, 좌측 날개에는 중국 단둥과 북한 황금평·위화도 개발, 신압록강대교의 건설 등이 맞물려 중국 단둥-[북한 황금평·위화도]-북한 신의주 네트워크가 형성되고, 이는 다시 개성까지 연결되면서 남한과 인프라 연결이 이루어질 것으로 전망된다. 우측 날개에는 [중국 창지투 개발계획 지역·러시아 극동지역]-나선특별시-청진시-원산-금강산으로 이어지는 내륙 물류라인이 형성될 것이며, 남한의 속초와 연결될 가능성이 열렸다. 좌측 날개와 우측 날개에서 시작된 내륙 링크는 다시 평양-원산 라인으로 연결되며 북한 안에서 순환할 것이고, 남북 경협이 적극적으로 추진될 경우, 좌측 날개는 [인천·서울]-부산의 경부라인, 우측 날개는 [속초·강릉]-울산-포항-부산 TKR 라인으로 이어지며 그 정점은 역시 부산이 될 것이다.

이렇게 부산을 정점으로 하는 삼각축 해양 네트워크를 중심으로 서쪽으로는 중국의 환발해 경제구, 산둥 경제구, 장강 경제구, 양안 경제밀집구, 주강 경제구와 새로운 네트워크가 형성되고 동쪽으로는 블라디보스토크, 일본과 연결된다. 이는 모두 중국의 태평양 진출 저지선인 제1도련선 내에서의 해양 활용 범위가 넓어짐을 의미하는 것이다. 〈그림 30〉에서 알 수 있듯이, 삼각축 해양 네트워크는 더 넓은 의미로는 삼각축 해양 네트워크의 부산을 중심으로 유럽-아프리카·중동-인도-아세안-중국남부-〈부산〉-일본-러시아-미국·북극해를 통한 '유럽·미국' 라인으로 이어지는 물류 라인이 형성될 수 있음을 보

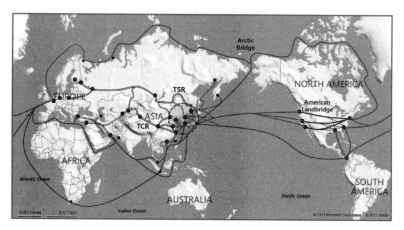

〈그림 30〉 세계 속의 삼각축 해양 네트워크(필자 그림, 배경 지도: bing map.)

여주는 위치도이다. 이러한 중국의 경제력과 해양력의 확장은 곧 중국의 대 동북아 영향력을 넓히는 계기가 되고, 중국-일본 관계와 그 사이에 위치한 한반도가 중국과 일본이라는 서로 크기도 다르고 굴러가는 속도도 다른 톱니바퀴 사이에 맞물리면서 한반도 통일 정세의 변화도 불가피해진다. 중국의 해양범위 확대와 한반도의 경협 가속화는 미국의 '재균형(Rebalancing)' 전략에도 변화를 줄 것이다. 미국의 오바마 1기 정부는 '전략적 인내(Strategic patience)'를 통한 북핵 포기나 체제의 붕괴를 목표로 삼았다면, 오바마 2기 정부가 들어선 이후인 2012년 12월 12일 북한의 대륙 간 탄도 미사일(ICBM) 변경 가능한 위성 발사 성공과 2013년 2월 12일 제3차 핵실험 감행은 미국의 대북 정책 전반에 대한 비판을 면치 못하게 했다.[62] 이로써 미국 내부의 여론은 대

---

62 조엘 위트 전 미국 국무부 북한담당관은 연합뉴스와의 인터뷰에서, 오바마 1기 정부가 추진한 '전략적 인내'와 '관리전략' 등이 "실패라는 데 의심의 여지가 없다"고 말했다. 한겨레 신문은 "한반도 근현대사 연구의 권위자인 브루스 커밍스 미국 시카고대 교수"와의 인터뷰를 통해, "성공적인 미사일 발사는 오바마 행정부의 '전략적 인내' 정책의 빈곤을 보여준다"고 말한 인터뷰 내용을 보도했다. 이승관, 이치

북 정책에 있어 한국의 아웃소싱 형태의 기존의 전략을 수정할 가능성이 높아졌다. 이후, 미국은 미얀마의 케이스처럼 북한에 관여정책(engagement)를 펼칠 가능성이 높고, 동북아 내의 영향력을 잃지 않기 위해 앞서 필자가 말한 삼각축 해양 네트워크에 〈그림 23〉에서 제시한 외교·투자·개발 등의 행위자로서 참여할 가능성이 커진다.

5. 필자가 주장하는 통일 정책

필자가 생각하는 통일 정책의 시작은 삼각축 해양 네트워크 노드 내의 구조 네트워크 변화에서 시작한다. 즉, 랴오닝 경제벨트의 황해익은 다롄-단둥 라인으로서, 해당지역에 국가뿐만 아니라 가계, 기업, 지방정부, 국가기관, 중앙정부, 국제기구 등 넓은 스펙트럼의 구조적 네트워크 행위자들이 복합형 네트워크를 이룬다. 물론 네트워크의 '근접 중심성'에 따라 순서와 연결 거리가 결정되며, 네트워크의 내구성이 결정된다. 이로써, 한국의 자본·기술, 중국의 토지·운영, 북한의 노동력이 복합된 기업형태를 갖출 수 있게 된다. 또는 다른 해외 자본이 투입되어 각종 제도와 규범에 맞게 다양한 종류의 구조적 네트워크를 형성한다. 이는 비단 좌측 날개에만 국한된 것이 아니라, 우측 날

동, 「〈인터뷰〉 위트 美, 강력한 대북제재 불가능」, 연합뉴스, 2012. 12. 10., 〈http://media.daum.net/politics/dipdefen/newsview?newsid=20121210070212844〉.(검색일: 2012년 12월 15일); 박현, 「북한은 이란과 달리 대화로 풀 수 있다」, 한겨레신문, 2012년 12월 17일 자료.

개와 네트워크의 정점에 해당하는 부산 지역도 해당한다. 삼각축의 각 노드 위에서 구조 네트워크를 형성하고 규범을 마련하여 네트워크형 노드가 된다. 즉, 지방의 네트워크가 더 큰 네트워크 연결을 위한 노드가 된다는 의미이다.

예를 들면, 부산이라는 지방정부 안에도 각각의 행위자들이 이익집단을 형성하고 각 주변국이나 투자국과 관계를 맺으며 한국의 중앙정부와 부산 지방정부가 마련한 규범·제도(프로그래밍)에 따라 부산 자체가 행위자들 사이의 네트워크 공간을 이룬다. 하지만 이 네트워크 자체가 하나의 커다란 노드가 되어 좌측 날개·우측 날개와 함께 호응하며 삼각축 해양 네트워크를 이룬다는 것이다. 이런 삼각축 해양 네트워크는 Pair FEZ의 방식이나 자매결연 도시 체결 등으로 연결하여 네트워크의 견고함을 높인다. 두만강 개발 프로젝트 관련 지역의 경우, 한국의 기업이 직접 훈춘에 투자하여 물류기지를 건설(중국 포스코)한다거나 러시아 극동에 위치한 포시에트 항구 개발에 나서는 방법, 그리고 한국인이 사장으로 있지만 홍콩 법인회사의 자격으로 참여하여 남북한 합작회사를 설립한 '칠보산매리유한기업'의 경우처럼 북한과 합작회사를 설립하면서 나선특별시 개발에 투자하는 방법도 있다. 이러한 방식 이외에 가장 직접적으로는 남북 경협을 본격적으로 실시하여 나선특별시나 청진시를 중앙정부 차원에서 접근하고 기업들에게 개발권을 넘겨주는 방식도 가능하다.

이런 삼각축 해양 네트워크의 개발은 중국 북방 지역-[다롄·단둥]-부산-일본-미국의 축과 [중국 동북3성·러시아 극동지역]-[북한 나진·청진]-부산-중국 남방-아세안 등의 교차형 거시적 네트워크를 형성하게 되고 그 교차점에 부산을 위치시킴으로써 삼각축 해양 네트워크의 방점을 찍는다. 이러한 주변 물류 환경의 변화로 인해 부산은

매개적 중심 허브의 역할을 하게 될 것이라 본다. 이 경우 환적의 개념
에서 '항로 교차형 환적'이나 '우회로 회피형 환적'[63] 등의 환적항 기능
이 더 강화될 것이다.

　이러한 거시적인 연결 부분 이외에 미시적인 연결도 중요하다. 이는
우선 한반도 내의 항구끼리 해양 네트워크를 형성하는 것을 의미한다.
이와 관련하여, 남한의 항구 노드로는 서해권(인천-인천송도-안산-평
택-아산-서산-새만금-목포), 동해권(속초-양양-강릉-동해-삼척-포항-울산-
부산), 남해권(부산-창원-거제-진주-사천-광양-순천-여수-고흥-장흥-해남-
목포), 그리고 제주도로 이어지는 라인과 울릉도, 독도가 있다. 북한
의 경우에 서해권(황금평-신의주-남포-해주-개성), 동해권(나선-청진-김
책-단천-함흥-원산)이 이에 해당한다 할 수 있다. 이는 지방 항구 노드
와 노드 간의 직접적인 교류와 환적의 종류 중에 '분산/피더형 환적'
을 통한 상호간의 연결 등 두 가지 방식으로 네트워크를 형성할 수 있
다. 첫 번째 연결방식을 도식화하면, A항구(남한/북한)-B항구(북한/남
한) 형태의 교류이고, 두 번째 연결방식은 A중소항만(남/북/해외)-B모
항(남/북/해외)-C항구(해외/남한/북한) 형태의 연결이라 할 수 있다. 남
한의 속초항과 북한 원산항의 교류, 그리고 [북한/나진항]-[남한/부
산]-[중국/상하이]의 연결라인이 해당 예시라 하겠다.

　이렇듯, 거시적 네트워크 연결-삼각축 해양 네트워크-미시적 네

63　항로 교차형 환적이나 우회로 회피형 환적의 정의에 대해 부산해양항만청의 자료를
　　인용하면, "항로 교차형 환적: 서로 다른 항로가 교차하는 항만에서 모선과 모선 사
　　이에서 이루어지는 환적을 말한다. 이러한 형태의 황적은 동일 선사 내의 다른항로
　　및 전략적 제휴 등으로 계약된 다른 선사의 개별 상로가 상호 연계되도록 하는 것
　　이 특징이다"라 설명하고, "우회로 회피형 환적: 모선이 주요 기항지를 차례로 순항
　　(round trip)할 경우 운송기간이 많이 소요되기 때문에 이를 회피하기 위한 수단으로
　　이용한다"고 정의하고 있다. 관련 자료는, 『부산항 중심 물류흐름과 비전의 이해〈물
　　류백서 2011. 4〉』, 2011, 부산지방해양항만청, p.30.

트워크 연결 등은 각각의 독립적 형태의 해양 물류 네트워크가 아니다. 이 세 유형의 네트워크는 서로 복합적 형태로 각 층위별 네트워크 안의 노드 간에 연결이 이루어지면서 복합형 네트워크가 된다. 즉, 미시적 해양 네트워크 안에서도 [다롄·단둥]-부산-[나선·블라디보스토크]와 연계가 되고, 주변의 다른 경제구들과도 복합적으로 반응하며 새로운 네트워크 형성이 얼마든지 가능하다. 즉, 노드 간의 호환성과 개방성이 높아져 관련 복합형 네트워크 형성이 이루어진다는 의미이다.

이를 현실적으로 이루기 위해서는 두 가지 선행조건이 전제가 되어야 한다. 첫 번째 전제는, 2010년 천안함 사건에 의해 실시되었던 5·24 대북 제재 조치를 거두어야 한다는 것이다. 즉, 북한의 남한 해로 사용에 대한 제한을 풀고, 남북 간의 대화를 시작해야 한다.[64] 이는 결코 금강산 관광객 피랍 사태, 천안함 침몰 사건과 연평도 포격 사건에 대한 사과를 받지 말자는 의미가 아니다. 오히려 적극적으로 북한과의 양자 혹은 다자 회담을 통해 이에 대한 사고 방지와 협력을 이루어내고, 관련 책임에 대한 사과를 받아내어 협의에 도달해야 한다는 의미이다. 북한의 김정은 체제는 권력 승계의 안정화 과정에 있는 가운데, 최근 경제특구를 지정하며 적극적인 대외투자 유치를 위한 움직임을 보이고 있다.[65] 앞서 이미 논했듯, 북중 관계는 이미 급물살을 타

---

64 필자의 생각으로 남북 경협의 전제조건은 막강한 국방력, 안정적 경제력(경제 민주화 실현), 신속한 정보능력 등이 우선되어야 하는 것이다.

65 북한은 국가경제개발위원회를 신설하여 경제 발전을 위한 움직임을 보이고 있다. 노컷신문은 북한 노동신문을 인용하여 나선경제무역지대와 황금평·위화도경제지대, 개성공업지구, 금강산국제관광특구와 같은 4개의 특수경제지대에 추가하여 개성첨단기술개발구를 포함한 신의주, 평성, 남포, 강령, 해주, 온성 7개 특구와 원산, 칠보산, 백두산 3개의 관광특구가 지정되었다고 전했다. 이외에 13개의 지방급 경제개발구가 새로 지정되었다고 전했다. 안윤석 대기자, 「북한, 경제특구 어디에 만드나?

고 있으며 2020년쯤에는 북중 간 대다수 인프라가 완성될 것이다. 이는 다시 중국과 북한의 경제 협력관계가 더욱 발전을 이룰 것이라는 의미이고, 북한의 대중 경제의존도 상승 단계를 넘어갈 경우 북중 간의 호혜적 상호의존관계를 이룰 것으로 보인다. 이러한 과정 속에서 한국과 미국이 지속적으로 이명박 정부 시기의 '그랜드 바겐' 정책이나 오바마 1기의 '전략적 인내'를 지속한다고 해도 그 실속은 없을 것이다. 먼저, 남북 간의 합의를 위한 회담을 개최하고, 대외적으로 중국이 의장국으로 있는 6자회담의 활성화를 모색해야 한다. 다시 말해, 남북 간의 교류 확대를 통해 북중 경협지대와의 연결을 모색해야 한다는 것이고, 이는 다시 주변의 4개 강국과 네트워킹을 통해 관련 물류 네트워크에 외교·투자·개발의 주체자로 참여하는 길을 열어야 한다는 것이다. 6자회담의 주체자들 간의 조약이나 협정을 체결하여 6자회담 국가 내 정권이 교체되더라도 관련 정책들이 유지될 수 있도록 제도화해야 한다. 그리고 그 결과로 그동안 사장되었던 남북해운합의서(2004년 체결)를 다시 부활시켜야 한다. 남북해운합의서는 남북 해상운송과 민족 내부항로를 인정하는 의미의 항로 개설 등의 내용을 담고 있다. 이 합의서의 활성화와 해상 교류를 통해 '과정'으로서의 통일을 위한 첫걸음을 뗄 수 있다.

두 번째 전제는 더 강한 지방자치제도의 실현이다. 현재 한국의 중앙세와 지방세의 비율이 8대 2 정도이고, 4대강 사업과 같은 무리한 토목 사업과 국제 경기 유치로 말미암은 관련 시설 유지비용 등이 지방세에서 지출되고 있으며, 한국 대다수 인구가 서울로 집중되는 현상 등을 고려한다면, 걷히는 지방세 세원도 부족해지는 형편이라 지방정

"전국 14개 특구와 지방급 13개 경제개발구 추진"」, CBS노컷뉴스, 2013. 10. 29.

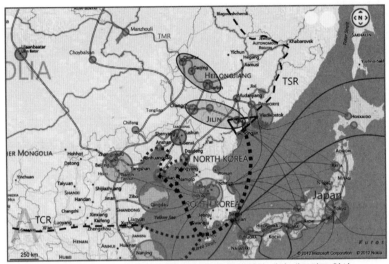

〈그림 31〉 삼각축 해양 네트워크와 항구 중심 복합형 해양 네트워크 형성

(필자 그림, 배경 지도: bing map.)

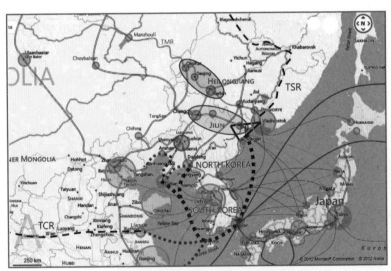

〈그림 32〉 삼각축 해양 네트워크와 항구-내륙 복합형 네트워크

(필자 그림, 배경 지도: bing map.)

부의 활성화에 한계가 있다. 특히 지방권의 공동화 현상과 수도권 밀집현상은 한국의 고질적인 문제이다. 이 현상을 타개하기 위해, 중앙세의 비율을 다소 줄이고, 지방이 부담하는 지출비용을 줄이도록 유도하기 위해서, 중앙세와 지방세의 비율을 6대 4 정도로 균형을 이루도록 해야 한다. 특히 각각의 지방이 지방 특색을 살려 주변국의 네트워크 행위자들과 교류를 하는 구조 네트워크의 장을 마련해주고, 한국 내 지방정부들 간의 활발한 교류가 이루어지도록 유도하기 위해 기존의 서울 중심의 거미줄형 인프라 네트워크에 더해 동서(東西) 간의 인프라 구축을 위해 노력해야 한다. 특히 필자가 제시한 부산의 지리경제학적 장점을 최대화시키고 경제 중심 도시로 성장하도록 중앙정부 차원에서 지원해야 한다. 이러한 점에서 가덕도 신공항 건설, 해양수산부 부활, 북항 재개발, 문현 금융단지 조기 활성화, 남북 협력을 통한 대륙관문 육성, 그리고 선박해양투자은행 설립과 선박해양금융특구 지정 등의 방안[66]은 반드시 이루어져 부산이 그 자체로의 지경학적 네트워크 이점을 모두 발휘하게 해야 한다.

이 두 가지 전제를 바탕으로 지방정부가 네트워크 확장을 위한 동력을 얻게 되고, 특히 지방정부 중 항구도시는 필자가 이야기한 복합적 해양 네트워크를 활용할 수 있게 된다. 통일의 시작은 해양에서 시작되어야 한다는 것이 필자의 의견이다. 북한의 내부 철로 상태는 일제시대 중국 원조에 의해 건설된 것들이 남아 있고 상태가 양호하지 않아 속도도 많이 느리며, 도로의 경우 북중 경협에 의해 연결된 구간이나 평양 내 지도자들이 활용하는 도로 이외에는 인프라 환경이 녹록치 않다.[67] 북한 내의 도로와 철로 연결이 이루어지지 않아서 평양

---

66 정민규, 「민주당 부산 공약 발표 '사람이 중심'」, 오마이뉴스, 2012. 12. 10.
67 북한 인프라 관련한 정보는 부산 동아대 원동욱 교수와 2012년 8월 부산 동아대 부

과 지방 간의 인프라 네트워크가 매우 열악하다. 이를 통해 생각건대, 남북 경협이 본격화되더라도 해양을 통해 항구 간의 교류를 실현하고 북한 항구를 개발하는 것을 우선으로 하여, 남북 경협이 활성화될 때 발생하게 될 비용을 줄여야 한다.

북한 항구 개발 프로젝트는 남한·중국·러시아·북한과의 제도화를 통해 중앙정부 차원에서 안전을 보장하고 국내의 대기업이 진출하여 개발할 수 있도록 해야 한다.[68] 이와 동시에 개성공단을 활성화시켜 2단계 건설 단계로 제고시키고, 해주 항만과 해주 경제특구를 개발하여 인천-개성-해주 간의 교류 네트워크를 형성함으로써, 해양 네트워크의 새로운 일원이 되는 것을 목표로 한다. 강원지역은 금강산 관광을 재개하고 환동해경제권을 활용해 동해권의 남북한 노드 간 교류·투자·개발을 추진한다. 이렇듯, 해양을 중심으로 한 통일 정책은 남

민캠퍼스에서 인터뷰한 내용을 토대로 작성했다. 원동욱 교수는 물류를 혈액순환과 비교하며 북한의 인프라상황은 동맥경화의 상태와 같다고 묘사했다. 또, 대외경제정책연구원의 자료에서도, "북한 내 화물운송의 90% 이상을 담당하는 철도도 설비노후화 등으로 효율성이 크게 저하된 상태"라고 설명하고 있다. 정형곤·김지연·이종운·홍익표,『북한의 투자유지정책 변화와 남북경협 방향』, 연구보고서 11-21, KIEP 대외경제정책연구원, 2011, p.76.

68 북한이 2012년 9월 26~28일 기간 작성한「조선민주주의인민공화국 투자환경소개서」에 따르면, "4.2. 기업소득세(법인세) 우대제도-장려 대상들에 대한 기업소득세 면제 또는 감면 장려대상에 속하는 외국인투자기업의 소득세률은 결산리윤의 10%로 적용한다. 철도, 도로, 비행장, 항만 같은 하부구조건설부문의 외국인투자기업에 대하여서는 기업소득세를 리윤이 나는 해부터 4년간 면제하며 그다음 3년간은 50% 범위에서 덜어줄 수 있다."고 명시하였다. 남북경협이 재개되고, 한국 대기업들이 관련 인프라 사업에 참여하게 될 경우 인프라 건설을 통한 일자리 창출 및 투자 이익이 발생할 수 있고, 미국이 서부로 향했던 골드러쉬나 현재 중구이 서부대개발을 통해 자원을 확보했던 것처럼 북한 자원 개발권에 접근할 수 있을 것으로 보인다. 노컷정보,「북한 '투자환경소개' 문건 첫 입수 공개」, 2012. 9. 27.(관련 문건 출처는 남북포럼으로 되어 있음.), 〈http://www.nocutnews.co.kr/info/?NewsCD=2270534〉(검색일: 2012. 10. 4.)

한과 북한의 지방정부가 활성화된다는 점, 북한 내 인프라 비용 부담을 줄일 수 있다는 점, 새로운 네트워크형 노드를 만들 수 있다는 점, 갑작스런 교류로 발생할 수 있는 문제점을 해양이라는 제한적 교류를 통해 방지할 수 있다는 점[69] 등의 장점을 가지고 있다.

이러한 해양 네트워크 우선의 통일정책은 북한에게도 큰 유인책이 될 것이다. 한국은 삼면이 바다이고 북으로는 DMZ에 막힌 정치적 섬 국가이지만, 북한의 경우 북으로는 압록강-두만강을 국경으로 하는 중국·러시아와 접해 있고, 남으로는 DMZ 라인으로 군사적 대치중인 남한과 접해 있어 항구 개발에 불리한 입장에 있기 때문이다. 예를 들어, 5·24 조치대로 한국 내륙과 제주도 간의 항로를 북한이 활용하지 못하는 상황이 지속되면, 북한은 나진항에서 실은 물품을 남포항으로 나를 경우 너무 돌아가야 하고 해양을 활용했을 경우 중간항의 노드가 없는 상황에서 비용만 들기 때문에 내륙 인프라를 활용할 수밖에 없게 된다. 북한 내의 지하자원이 결국 항구를 적극 활용하지 못한 채, 내륙 인프라를 통해 중국으로 유입되는 원인도 항만시설의 열악함과 지원 및 투자의 부진함에서 오는 것이다. 중국이 동북3성 개발에 박차를 가하고 인프라 네트워크를 확장하고 있으며 두만강 개발 프로젝트에 적극 참여하면서, 나선시와 청진시의 가치가 더욱 상승하고 있다. 동시에 중국 단둥-[북한 황금평·위화도·신압록강대교]-신의주-남포-개성으로 이어지게 될 서해안 벨트가 연결될 경우, 동해와 서해 간의 항구의 연결 노드가 분산되는 현상이 나타난다. 내륙의 인프라가

---

69 내륙 간의 갑작스런 개방은 세관을 통과한다고 해도 위험요소가 있다. 해양의 경우, 선박을 이용해야 한다는 제한적 교통수단으로 갑작스런 개방에 따른 안정장치 역할이 가능하다. 남북해운합의서에도 남북 당국의 허락을 받지 않은 선박은 입항이 제한된다. 해양을 통한 교류는 그 다음 경제협력을 위한 단계이다.

막힌 상황에서 항구만의 개발이 이루어질 전망인데, 이러한 상황에서 남한이 삼각축 해양 네트워크의 연결과 미시적 항구 노드 간 네트워크를 북한에 주장하고, 남한 정부 차원에서 다양한 행위자들이 안정적 제도하에 개발에 참여하여 투자금을 회수할 수 있게만 한다면 해양을 통한 통일 정책의 1단계가 완성되는 것이라 볼 수 있다.

통일 관련 네트워크는 1단계 해양 네트워크, 2단계 해양-내륙 복합형 네트워크를 형성해야 한다. 궁극적으로 남북한 간의 바둑판 형식의 내륙 인프라 건설을 위한 노력을 해야 한다. 〈그림 31〉은 그동안의 모든 설명을 담은 1단계 해양 네트워크 위치도이다. 필자가 주장한 삼각축 해양 네트워크에 대한 위치와 부산-롄윈강-TCR 라인, 그리고 상하이항으로 연결되는 라인 등을 표시한 개념도이다. 한반도를 지형적으로 둘러싼 노드들과 연결되는 라인을 보여준 것이라 설명하겠다. 〈그림 32〉는 TKR을 포함한 한반도 내의 내륙 인프라의 현대화가 완성되고 해양-내륙 복합형 네트워크가 완성단계에 도달했을 때의 위치도이다. 이 경우, 부산이 물류 복합 도시의 기능과 해양 금융 중심 도시 기능이 극대화되어 그 경제적 동력으로 필자가 논했던 동북아 해양 네트워크의 중심이 되어야 한다. 서울·인천·경기권과 부산·경남권이 두 축이 되고, 대전·세종시가 균형축으로서 내륙 중심이 되며, 대구·경북이 부산의 배후 산업지대가 되도록 만들어야 한다. 전라도는 농수산품 특화지대 및 해양 관광지대로 특화시키고, 강원도는 한국식 장가계로 관광자원을 개발하고 강원도 경제자유지대를 형성하여 환동해 경제권의 노드로 적극 참여할 공간을 열어줘야 한다. 제주도는 동북아의 경제·문화 중심도시가 되도록 제도적 개선을 추진해야 한다.

이렇듯 남한 내의 지방 특색 맞춤 균형을 완성하고, 삼각축 해양 네트워크와 더불어 신의주-평양-서울-대전-세종-전주-목포, 신의주-평양-서울-대전-세종-대구-부산, 나선-청진-원산-속초-포항-울산-부산, 나선-청진-원산-속초-대전-세종-목포 등의 '⊠'형 인프라 건설과 함께, 궁극적으로 한반도 내 항구의 노드가 바둑판형 내륙 인프라와 연결되어 한반도 지방균형 발전의 밑그림을 완성해야 한다. 또, 이러한 인프라 건설을 통해 한반도 자체가 대외 개방성과 호환성이 높은 동북아 네트워크 교량형 노드가 되도록 설계해야 한다.

6. 해양력의 관점에서 바라본 삼각축 해양 네트워크

이런 구조-물류 네트워크가 동북아시아 내에서 형성된다면, 이는 중국이 한반도의 서해와 동해를 보다 유연하게 활용할 수 있는 방안이 되고, 중국-북한-남한을 한 축으로 삼아 더 큰 해외시장과 연결될 공간을 마련하게 된다. 우리는 여기서 다시 제2장에서 소개한 알프레드 마한의 해양력 개념을 상기할 필요가 있다. 중국의 해양력 기본 요소를 살펴보면, 매우 열악한 '지리적 요소'를 갖추고 있다. 예를 들면, 베트남, 인도, 러시아, 북한을 비롯한 14개의 국가와 육지를 통해 국경을 이루고 있어 마한이 주장한 '지리적 요소', 즉 해양에만 집중할 수 있는 지리적 상황은 아니다. 그리고 넓은 영토면적에 맞게 연안을 갖추고 있고, 그 연안 위에 다롄 연해경제벨트-환 보하이만 경제구-산둥반도 경제구-장강 경제구-양안 밀집구-주강 경제구-광시 북부만 경제구에 이르기까지 훌륭한 '물리적 환경'을 지니고 있다. 그러나 마치 스페인이 지브롤터라는 섬을 영국에게 빼앗겨 유럽 지중해의 통제권에 대한 위치적 권력을 상실했던 것처럼, 중국은 이러한 '물리적 환경'을 갖추고는 있으나 제1도련선의 한계로 다시 해양에서 위치적 권력의 한계에 봉착했다. 그 예로 중국이 황해에서는 접근억제 전략(Anti-Access Strategy)을 구사하고, 센카쿠 열도(댜오위다오) 관련 중일 갈등을 첨예하게 전략적 분쟁지로 격상하여 벼랑 끝 전술을 펼치고, 남중국해에서 해양항로 및 석유개발권에 관한 분쟁에 참여하는 것은 모두 중국 해양력의 '지리적 환경'이 제1도련선 내에 갇혀 있기 때문이다. 물론, 해양법상 '무해통상'과 관련하여 인근 국가 해역에서 '해(害)'를 끼치지 않는 경우 통항할 수 있기에 해양선의 범위는 제한이 없지만, 제1도련선 자체가 중국의 태평양 네트워크의 관문이 되면서 '구조적 공백(Structural Holes)'을 형성한다. 여기서 우리가 주목할 점은 센카쿠 열도(댜오위다오)가 태평양으로 진출하기 위한 도련선의 가장 약한 부분임과 동시에 역사적 갈등도 존재하는 노드라 볼 수 있다는 점이다. 그리고 중국 대륙과 타이완의 항로 개설 및 통일 정책 역시 중국이 태평양으로 나아갈 수 있는 네트워크형 노드라 할 수 있다.

이런 중국의 해양력 관련 배경하에, 두만강 개발 사업은 중국에게 활용 가능한 해양의 범위를 넓히는 계기가 되었다. 나진항과 청진항의 개발과 함께, 항구를 활용할 수 있게 되면서 관련 지역의 중국에 대한 높은 개방성과 호환성을 통해 중국 남방 항구 노드와 연결시키며 '경제적 방어체계(Economic Shield System)'를 형성 중이라 필자가 주장한 바 있다. 필자는 중국이 한반도의 동해 지역에 해상교통로를 마련하면서 한국에게 더 큰 기회를 제공해준다고 판단했다. 그 이유는 중국이 동북3성 개발과 그 일환인 창지투 선도구 개발이라는 대형 프로젝트를 가동하고 인프라를 건설 중이며, 관련 프로젝트가 원활히 이루어질 수 있도록 북한의 나진·청진항의 사용권을 획득하였고, 창지투 지역과 나진항의 인프라 건설을 통해 관련 지역의 일체화를 이루고 있으며, 이는 다시 〈그림 23〉의 구조-물류 네트워크 구조에 따라 중국 훈춘-북한 나선-동해로 연결되는 라인을 완성하면서 간접적으로 해양력을 발휘하게 되었다고 본 것이다.

이러한 중국의 전략적 움직임 속에 한국은, 안보는 미국의 축에, 경제는 중국의 축에 의존하는 '이중적 구성(Dual Configuration)' 상황에 있다. 북한의 도발에 맞서 미국과의 동맹으로 안보는 튼튼히 하되, 중국과 지리적 근접성을 십분 활용하여 대중 무역 흑자를 보고 있다는 것이다. 이때 중국이 경제적 영향력을 통해 나진항의 사용권을 획득하고, 지리경제학적으로 매력적인 부산 부근을 경유하여 상하이 항으로 연결한 것은 한국에게 새로운 통일방안과 함께 다자적 경제상호의존의 형성을 유발하기도 한다는 것이다. 그래서 필자는 삼각축 해양 네트워크를 통해 그 효과를 극대화해야 한다고 주장한다.

앞서 제3장에서 언급하였듯이, 중국은 갇혀 있는 지리적 해양력을 해결하기 위해 막강한 경제력을 바탕으로 위치적 매력을 갖춘 항구를 지닌 주변국가에 지원·원조·개발을 제공함으로써 새로운 해양력 개발에 박차를 가하고 있다. 특히 미국이 오바마 2기를 시작하면서 미얀마를 방문하여 경제적 원조를 약속한 것은 앞 문장에서 언급한 중국의 영향력을 축소하고 미국이 중국 영향력 감소의 한 축이 된다는 의미로 '재균형' 정책을 펼치는 것으로 볼 수 있다. 기존의 미국이 중동과 아시아의 양분된 외교정책으로 분산된 외교력을 발휘했다면, 이러한 재균형 정책은 오바마 행정부가 들어서서 태평양·아시아 정책에 집중하게 되면서 시작된 전략이다. 이런 미중 간의 관계 속에서 우리가 주목할 점은, 삼각축 해양 네트워크를 통한 다양한 층위의 복합 네트워크가 형성된 동북아가 한·중·일, 그리고 러시아의 상호 의존과 유대를 가져올 수 있다는 점이다. 이는 동북아에서 미국의 영향력이 약화될 수도 있다는 것을 의미한다. 북중 경협에 따른 북한의 대 중국 경제의존도 상승, 한반도 동해상에 중국의 해양력 확장, 한반도 내 삼 각축 해양 네트워크 형성 및 다양한 네트워크의 접맥, 남북경협 시작 등의 현상이 다양하게 펼쳐질 경우 미국이 한반도 내의 프로젝트에 관여(Engagement) 전략과 재균형(Rebalancing) 정책을 통해 영향력 확대를 위한 움직임을 보일 것으로 보인다. 앞서 이야기했듯이, 서해지역 에서는 남북 경협이 한 축을 이루고, 북중 경협이 또 다른 한 축을 이루어 이는 상호 연결이 되어 육지-해양네트워크를 이룬다.

동해에서는 나선특별시를 중심으로 남한·북한·중국의 경협지대와 남한·북한·러시아의 경협지대를 상호 경쟁이 가능하도록 구성하는 것도 잊어서는 안 될 일이다. 이러한 네트워크형 노드가 형성되는 동안, 미국과 일본을 포함한 다른 국가들이 주도적으로 국제 컨소시엄을 이룰 수 있도록 한국이 중개자 역할을 담당해야 한다. 한반도는 어느 일방의 해양력으로 편중된 곳이 아닌, 다양한 국가들이 공동으로 이익을 볼 수 있는 매우 고도의 지리경제학적 위치로 역할을 조정해야 하며, 필자는 그 프로젝트의 중심이 다시 삼각축 해양 네트워크라 주장한다.

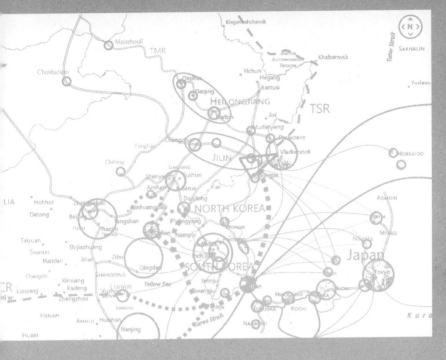

6장   **결론 및 전망**

1. 변방이 중심이 되는 새로운 동북아 네트워크

필자는 변방이 중심이 되는 동북아의 새로운 네트워크를 꿈꾼다. 기존의 네트워크는 자신 주변 노드의 개방성과 호환성, 유연성을 모두 낮추어 네트워크의 존재를 지키고 더 탄탄한 네트워크를 지향했다. 하지만 변방이 중심이 되는 새로운 네트워크는 변방에 해당하는 노드의 개방성과 호환성을 높여 주변의 네트워크와 교류하게 된다. 이런 변방을 축으로 한 주변 네트워크 국가와의 교류는 비교우위를 통해 네트워크 국가의 경제적 발전을 이루게 하고, 해당 네트워크 내의 변방 노드가 표준을 제공하는 본 네트워크의 중심 노드에 네트워크의 새로운 동력을 제공한다. 이러한 기존 네트워크의 변방에 있던 노드가 다른 복합형 네트워크와 다시 호응하고 교류하여 발전을 이룬다. 이 변방에 해당하는 노드는 다른 복합형 네트워크의 표준에 익숙해져 자신이 해당한 네트워크의 표준을 변화시키는 원인이 된다. 즉, 변방에 해당하는 노드가 자신이 소속된 네트워크를 변화시킬 유연성을 갖추게 된다는 것이다. 다시 말해, 변방을 중심으로 하는 새로운 네트워크는 그 창조성을 바탕으로 새로운 패러다임으로 변환하는 추동력을 머금고 있다.

변방이란 중심이 아닌 곳을 의미한다. 새로운 곳을 향하는 시작이며, 기존의 중심에서 멀어진 끝이기도 하다. 필자가 논했던 곳은 실제로 변방의 노드들이다. 동북아 각 국가들의 수도는 한국의 서울, 중국의 베이징, 일본의 도쿄, 러시아 모스크바 등이다. 이는 각각 네트워크 국가들의 핵심 노드이며, 다시 중심이다. 필자가 논한 삼각축 해양 네트워크의 노드들은 [다롄·단둥]-부산-[나선·훈춘·블라디보스토크]이다. 다롄은 랴오둥 반도 끝자락에 걸쳐져 있는 변방이고, 단둥은 중국-북한 간의 관문 역할을 하는 변방이다. 중국의 훈춘 역시 북한·러시아와 변경 기준으로 마주 보는 변방이며, 블라디보스토크는 '동방을 점령한다'는 의미이지만 러시아의 모스크바와 상트페테르부르크에서 시베리아를 넘어 존재하는 변방이다. 북한의 나선특별시 역시 해양력에서 말하는 물리적 요소가 뛰어나고 중국·러시아의 변경지역과 마주하는 변방이다. 그리고 이 노드들 사이에 존재하는 부산 역시 단지 중심의 경험을 간직한 한국의 변방이다. 그들은 국제무대 내에서는 변방이지만, 그들 각자는 스스로를 중심이라 생각하고 주변을 변방이라 생각하며, 우주 속에 한 별을 중심으로 도는 행성들처럼 물류라는 일률적인 법칙을 갖추고 네트워크를 형성하고 있다. 필자는 단지, 이러한 변방들이 새로운 출발점을 만들고 의무통과점으로 작용하여 협조적 상호의존관계의 게이트웨이가 되기를 희망할 뿐이다.

2. 결론 및 전망

미국은 대 동북아 전략 차원에서 군사·안보 영역의 지배적 패권 (dominant hegemony)과 경제 영역의 지도적 패권(leadership hegemony)을 혼합한 그람시안 패권[1]을 통해 힘을 투영하고, 동맹국과의 관계를 공고히 하여 세력 유지와 연결(link)을 강화하고 있다. 또, 인도를 포섭하여 세력균형 정책을 펼치면서 아시아 내 재균형(New balancing)을 주장하며 중국을 견제하고 있다. 이와 동시에 미국은 중국을 '협력 가능한 경쟁국(competitor but possible cooperative partner)'으로서 중국의 국력을 인정하여 중국에 국제적 책임을 부가하려는 노력을 보이고 있다.

한편, 중국은 'G2'나 '차이메리카'라는 용어를 부담스러워하면서, 동북아 전략으로 동북아 각국과 선린우호 협력관계를 유지하고, 선린·동반자외교 방침 및 '3린(善隣·安隣·富隣)'정책을 실시하면서 '중국위협론'을 불식시키기 위해 노력하고 있다. 구체적으로 경제적 교류의 확대와 다자협력을 통한 영향력을 확장시키면서 조화를 통해 발전을 이룬다는 '화해발전(和諧發展)'을 추구하고 있다. 또, 중국은 10년간 8% 이상의 경제성장을 통해 세계 제2의 경제대국으로 성장하였고,[2]

---

1 최종철은 카플러니(Alan W. Cafruny)의 패권분류를 통해 미국의 힘이 동북아에 투사되는 과정을 분석하였다. 지배적 패권은 절대적 힘의 우위로 강제적 질서 수립을 말하는 것이고, 지도적 패권은 상대적 힘의 우위를 바탕으로 협력적으로 이끌어나가는 것을 의미한다. 최종철, 「미국의 동북아 안보정책: 지배와 리더쉽의 이중주」, 『새로운 동북아질서와 한반도』, 법무사, 1998, pp.98-154.

2 2010년 상반기, 중국의 GDP는 5조 8,786억 달러를 기록하여 GDP 5조 4,742억 달러를 기록한 일본을 앞질러 제 2의 경제대국의 위치에 올랐다. 「China Overtakes Japan as World's Second-Biggest Economy」, *Bloomberg News*, Aug 16, 2010, 〈http://www.

이러한 상황을 배경으로 "지속가능한 성장"을 위해 주변국 안정에 신경을 쓰고 있으며, 안정적 자원 조달의 통로를 확보하는 모습을 보이고 있다. 나아가 중국은 중국 지방정부의 지역개발을 국가개발계획으로 승격시키고 주변국과의 경제협력과 연계시키면서 공세적 링크 강화를 전개한다.

이러한 미국과 중국의 상이한 동북아 전략 속에서 우리는 다자간 협력하에 서로의 망을 넓혀가는 네트워크 갈등이 펼쳐지고 있음을 알 수 있다. 특히 지속적인 경제발전을 위해 필요한 자원 조달의 통로를 확보하기 위한 경쟁이 미중 간에 펼쳐지고 있고, 해양에 대한 관심이 증폭되면서 해양 상의 네트워크가 국가의 이해관계에 의해 복잡하게 연결되어 있는 양상이다. 그 예로 로버트 카플랜(Robert D. Kaplan)은 중국이 '두 면의 해양 전략(Two-Ocean Strategy)'을 구상하고 있다면서 인도양과 서태평양을 향한 중국의 진출 전략을 주장하였다. 그동안 미국이 내해라고 생각하였던 인도양과 서태평양에 있어 급부상된 경제력을 갖춘 중국의 출현은 국제정치 상의 새로운 게임이 진행할 것을 예고하는 것이었다.

이런 배경에서 터진 천안함 침몰 사건은 미국과 중국 간의 해양 갈등에 큰 전환점이 되었다. 2010년 7월 중국의 격렬한 반대에도 미국은 핵 항공모함인 조지워싱턴 호를 동해로 파견하였고, 훈련을 마친 조지워싱턴 호는 8월 초순에 실시되는 베트남과의 훈련을 위해 중국이 영해라 주장하는 동중국해를 지나 베트남 다낭 항에 정박하여 영토분쟁으로 인해 중국의 압박을 받고 있는 베트남을 지원하였다. 결국 미국은 2010년 11월 23일 연평도 포격 사건에 대한 항의 훈련으로 동년

---

bloomberg.com/news/2010-08-16/china-economy-passes-japan-s-in-second-quarter-capping-three-decade-rise.html〉.(검색일: 2011년 7월 4일.)

11월 28일 한미 군사 훈련을 위해 반경 1,000km를 탐지할 수 있는 레이더 탑재 미 항공모함 조지워싱턴 호를 서해로 진입시켜 미중 간의 갈등이 절정에 달했다.

천안함 침몰 사건 이후, 미국의 대중국 압박이 더 강화되었던 것은 사실이지만, 중국은 이에 대한 방어 전략으로 한반도 서해에 '접근 억제 전략(Anti-access Operation)', 한반도 동해에 '경제적 방어체제(Economic Shield System)'를 전개 및 구축하고 있다. 중국은 지역개발전략을 통해 인근 주변국에 대한 원조 및 지원, 국제적 개발사업과 연계하여 국내적으로는 지역 개발 격차를 줄여나가고, 대외적으로는 주변의 안정을 통한 경제 성장을 위해 노력하고 있다. 창지투 개발 지역에 대한 투자와 북한의 황금평, 어적도, 위화도 등의 지역과 나선특별시에 대한 지원 및 개발은 UNDP가 지원하는 광역두만강개발계획과 연계되어 사회기반시설을 갖추고 있으며, 러시아의 「2013 극동·자바이칼 지역 경제 사회발전 연방특별프로그램」과도 연계되면서 그 파급력이 크다. 중국의 지린성과 북한의 나선특별시의 연결로 대륙과 해양을 연결하는 동북아 네트워크를 형성하게 되었다. 훈춘-나진항-상하이의 해양 물류 라인은 동해상에 중국의 해양력이 확장되는 계기가 되고 있다. 앞에서도 언급하였듯이 중국의 훈춘시와 북한 나진항의 연결은 상하이 항선과 타이완 항선, 북극해 항선, 미국 항선으로 연결되는 중요한 라인이 되고 있다. 물류 분야 및 경제 분야뿐만 아니라 중국은 2011년 3월에 발표한 「2010년 중국 방어 전략」을 통해 원해 전략의 준비를 명시하면서 인도양과 서태평양에 대한 진출을 모색하고, 중국의 동해 진입 가능성 역시 농후해지고 있는 상황이다. 이를 바탕으로 필자는 중국이 황해, 동중국해, 남중국해 지역을 포함한 제1도련선 내에 전략적 억제(Deterrence)를 통한 접근

억제 전략(Anti-access Operation)을 강화하고, 한반도 동해상으로 새로운 국내 무역 해상교통로를 연결하여 경제적 방어 체제를 형성하고 있다고 주장한다.

중국의 이런 전략 구상이 한국에 미치는 영향과 과제를 경제적 분야와 정치적 분야로 나누어 살펴볼 수 있다. 경제적 분야에서 한국은 중국의 동해 무역라인을 광역두만강사업의 일부로 인정하고, 러시아와 중국, 일본, 북한과 함께 동북아의 물류라인을 수용하여 투자를 더 가시화할 필요가 있다. 이미 강원도는 한반도 동해를 중심으로 하는 환동해권 경제구역을 통한 네트워크 형성에 정기적인 학술회를 개최하거나 주변국과 협력을 하고 있다. 하지만 더 나아가 강원도의 속초, 경상북도의 포항, 부산광역시 등을 중심으로 한 개발 및 투자를 강화하여 개방성 높은 물류 통로의 노드로서 동해 해양 네트워크에 참가해야 한다.

또, 훈춘-나진항-상하이 물류 라인에서 이미 살펴보았듯이 대한해협을 지나면서 부산에 정박하여 환적할 수 있도록 하여 부산이라는 노드의 개방성과 호환성을 제고시켜 부산을 동북아의 물류 중심이 될 수 있게 포석을 깔아야 한다. 이와 함께 한국정부는 한국의 각 지방정부가 지방경제 발전을 위한 자유로운 지방자치외교[3]를 발휘하도록 제도 개선을 마련해야 한다. 제도적 개선을 통해 지방세원 확보를 보장해주고 이를 토대로 자유로운 지방자치외교를 발휘하도록 하여, 서울에 지나치게 집중되어 있던 경제 집중도를 지방으로 분산시키고 균

---

3   솔다토스(Soldatos)에 의하면, 지방자치외교는 지방정부가 "국제무대에서 국가외교를 지원, 보완, 시정, 중복 또는 도전하는 일체의 국제적 활동"을 의미한다. 안성호, 「지방자치외교의 성격」, 『한국행정학보』 제32권 제4호(1998 겨울호), 한국행정학회, 1998, p.224.

형 발전을 이루어 전체 국가 성장을 위한 토대를 마련해야 한다. 특히 중국이 지역개발과 주변국의 개발상황 및 국제 개발 사업과의 연계를 추진해나가듯이 한국도 주변국의 개발 사업을 받아들이고 개방성과 호환성을 제고시켜야 한다. 특히 한국은 인천, 군산 새만금, 호남으로 이어지는 서해안 경제벨트와 강릉, 속초, 부산으로 이어지는 환동해 경제권역을 동해안 개발 사업을 포함한 주변국의 개발 상황과 맞추어 연계시켜나갈 필요가 있다.

정치적 분야에서는 중국과의 '전략적 동반자 관계'를 통한 정치적·경제적 협력을 강화하고 상호 간의 신뢰를 회복하기 위한 노력을 해야 한다. 동시에 6자회담을 통해 남북 간의 문제를 본격적으로 논의하되, 남북한 간의 직접적이고 적극적인 대화채널을 개설하여 통일문제를 위한 건설적인 움직임을 강화해야 한다. 구체적으로 나선특별시에 대한 한국 기업인들의 투자를 활성화시켜야 한다. 북한은 2010년 1월 27일 최고인민회의 상임위정령 제583호에 따라 외국인 투자 활성화를 위해 「라진·선봉 경제무역지대법」을 개정하였다.[4] 개정된 「라진·선봉 경제무역지대법」에서 주목할 부분은 신설된 제8조의 내용이다.

제8조(해외조선동포의 경제무역활동): 공화국 영역 밖에 거주하고 있는 조선동포도 이 법에 따라 나진·선봉경제무역지대에서 경제무역활동을 할 수 있다.[5]

그리고 2012년 9월 26~28일에 작성된 북한의 「조선민주주의인민공화국 투자환경소개」의 내용을 살펴보면, '2. 조선민주주의인민공화국 투자환경'의 '2.6. 법률적환경'에서 "외국투자관계의 기초개념:

---

4 통일부, 「최근 라·선경제무역지대법 개정관련 언론브리핑 자료」, 2010. 3. 12.
5 김영윤·추원서·임을출, 「라진·선봉지역의 지리적 조건 및 지경·지정학적 의미」, 『라진·선봉지역 물류분야 남북 협력 방안 연구』, 통일연구원, 2010, p.69.

공화국은 우리나라에 투자할 수 있는 당사자에 대하여 제한을 두지 않는다. 법규에 따라 우리나라에 투자할 수 있는 외국투자당사자는 법인과 개인, 해외동포가 될 수 있다"[6]고 규정하고 있다. 나진·선봉 지역에 대한 한국 기업[7]의 적극적인 투자와 함께 한국 정부는 나선특별시에 대해 북한과 협력하여 제2의 개성공단을 만들어야 한다. 나선특별시에 제2의 개성공단을 만들어 남북한 간의 평화적 협력 관계는 물론이고, 러시아·중국과의 협력도 증진시키는 효과를 낳을 것이다. 또, 현재의 대북 정책을 수정하여 개성공단 활성화를 강화하고 금강산 사업 재개도 서둘러서 나선특별시와 연계하고 경의선 연결 등 평화적 통일을 위한 전략적 움직임을 강화해야 한다.

한국이라는 노드가 동북아의 네트워크상에서 개방성과 호환성을 높여야 할 필요가 있다. 한국은 미국과 일본에 편중되어 있는 네트워크에서 벗어나 개방적이고 균형적으로 중국과 러시아의 네트워크를 받아들여 경제적 발전을 위한 정치적 수단을 발휘해야 한다. 대신 한국은 네트워크 체제의 변화를 위한 유연성을 낮추어야 한다. 미국과의 군사·안보적 동맹관계는 유지시키고, 일본과의 관계도 우호적으로 유지시킴과 동시에 중국과 러시아와의 경제적 협력을 증진시켜야 한다는 것이다. 세계의 복잡한 네트워크 환경 속에서 한국은 중국의 동해진출을 위기에서 기회로 만들어 지방 차원, 국가 차

---

6   노컷정보, 「북한 '투자환경소개' 문건 첫 입수 공개」, 2012. 9. 27.(관련 문건 출처는 남북포럼으로 되어 있음.), 〈http://www.nocutnews.co.kr/info/?NewsCD=2270534〉.(검색일: 2012년 10월 4일.)

7   2009년 12월 18일 북한은 한국인이 사장으로 있는 홍콩 법인회사이자 남북한 합작회사인 칠보산매리유한기업의 북한 내 창설을 인가하였고, 본 기업의 북한 나진항 개발권을 인정한 사례는 북한의 나선특별시에 한국 기업의 진출이 가능함을 보여준다. 칠보산매리기업에 대한 정보와 북한의 창설 승인증 확인은 〈http://tv.shtime.com/index.php〉.(검색일: 2011년 7월 5일.)

원, 체제 차원에서의 다양하고 균형적인 네트워크를 형성해야 하며, 이러한 종합적 네트워크 형성을 통해 한반도의 평화통일을 이루어 야 할 것이다.

참고문헌

1. 국내논문 및 단행본

권영경,「중국의 장길도개발계획과 북중경협의 미래」,『한반도접경지역개발과
　　동북아의 미래』, 남북물류포럼 동북아경제협력회의 자료집, 2010.
김상배,「네트워크 세계정치이론의 모색: 현실주의 국제정치이론의 세 가지 가
　　정을 넘어서」,『國際政治論叢』제48집 4호, 한국국제정치학회, 2008.
_____,「네트워크 권력의 세계정치: 전통적인 국제정치 권력이론을 넘어서」,
　　『한국정치학회보』제42집 제4호, 한국정치학회, 2008.
_____,「스마트 파워의 개념적 이해와 비판적 검토: 중견국 네트워크 권력론의
　　시각」,『國際政治論叢』제49집 4호, 한국국제정치학회, 2009.
_____,「한국의 네트워크 외교전략 행위자-네트워크 이론의 원용」,『국가전략』
　　2011년 제17권 3호, 세종연구소, 2011.
김석철,『한반도 그랜드 디자인』, 창비, 2012.
김성준,「알프레드 마한(A.T. Mahan)의 해양력과 해양사에 관한 인식: 그 의의
　　와 한계를 중심으로」, 해운물류연구 제26호, 한국해운학회, 1998.
김용구,『세계외교사』, 서울대학교 출판부, 2006.
김번욱 · 김운수 · 심진범,「인천시의 환황해권 연계협력 방안」,『남 · 북 · 중 경
　　제 협력과 동북아 평화』, 한 · 중 수교 20주년기념 인천-단둥-한겨레 서해협
　　력 포럼 자료, 2012.
김범중,「북한 항만개발과 남북한 항만교류 협력방안」,『월간 해양수산 통권』
　　제219호, 한국해양수산개발원, 2002.
김영수,「1884년 한러조약에 관한 인식 및 분석」,『러시아의 한국인식 150년-
　　러시아의 한국사 대학교재 분석을 중심으로』한러 수교 20주년 기념 심포지
　　엄 발표자료, 아태지역연구센터(APRC), 2010.

김영신, 「러·일의 滿洲 진출과 淸朝의 對應이 瀋陽의 도시발전에 끼친 영향」, 『중국학연구』 제33집, 중국학연구회, 2004.

김영윤·추원서·임을출, 「라진·선봉지역의 지리적 조건 및 지경·지정학적 의미」, 『라진·선봉지역 물류분야 남북 협력 방안 연구』, 통일연구원, 2010.

김창국, 「마한(Alfred.T.Mahan)의 海洋戰略 思想연구」, 국방대학원 학위논문, 1989.

림금숙, 「창지투 선도구와 북한 나선특별시, 러시아 극동지역 간 경제협력의 현황과 과제」, 『창지투(長吉圖) 선도구와 북한 나선특별시, 러시아 극동지역 간 경제협력 과제』, KINU 통일연구원, 2011.

마야자키 마사카츠(宮崎正勝), 오근영 역, 『하룻밤에 읽는 세계사 2』, 랜덤하우스, 2011.

민병원, 「네트워크의 국제관계: 이론과 방법론, 그리고 한계」, 『國際政治論叢』 제49집 5호, 한국국제정치학회, 2009.

박양호·이상준, 「한반도와 동북아공동시장 차원에서의 서해평화협력 특별지대의 비전과 발전구상」, 『국토정책Brief』 제 159호, 국토연구원, 2007.

박찬호·김한택, 『국제해양법』, 지인북스, 2009.

배정호·주시엔펑 편, 『중국의 동북지역개발과 한반도』, 2010년도 KINU KOREA-CHINA 민간전략대화 및 국제적 공동연구 자료, 통일연구원, 2010.

배정호 외, 『21세기 러시아의 국가전략과 한·러 전략적 동반자관계』, 통일연구원, 2010.

배종렬, 「두만강지역개발사업의 진전과 국제협력과제」, 『수은북한경제』 2009년 겨울호, 한국수출입은행, 2009.

____, 「라선특별시 지정배경과 개발과제」, 『수은 북한 경제 리뷰』 2010년 여름호, 한국수출입은행, 2010.

_____, 「라선특별시 지정배경과 개발과제」, 『수은북한경제』 2010년 여름호, 한국수출입은행, 2010.

『부산항 중심 물류흐름과 비전의 이해〈물류백서 2011.4〉』, 부산지방해양항만청, 2011.

서정경, 「동아시아지역을 둘러싼 미중관계: 중국의 해양대국화를 중심으로」, 『國際政治論叢』 제50집 2호, 한국국제정치학회, 2010.

안병민, 「남북해운합의서상 통항 통제조치의 효과 및 전망」, JPI 정책포럼자료

No. 2010-18, 제주평화연구원, 2010.

안병민 · 김선철, 「북한 항만 현황 분석」, 제 2012-25호, 한국교통연구원 동북
  아 · 북한 연구 센터, 2012.

안성호, 「지방자치외교의 성격」, 『한국행정학보』 제32권 제4호(1998 겨울호),
  한국행정학회, 1998.

알프레드 마한, 김주식 역, 『해양력이 역사에 미치는 영향(The Influence of
  Sea Power upon History 1660~1783)』, 책세상, 2010.

양운철 · 유현정, 『창지투(長吉圖) 개발계획과 동북아 경제협력』, 세종정책총
  서 2012-1, 세종연구소, 2012.

Edward Hallett Carr, 김태현 역, 『20년의 위기』, 녹문당, 2000.

오승렬, 「중국경제의 개혁 · 개방과 경제구조: 북한 경제변화에 대한 함의」, 『연
  구총서』 01-31, 통일연구원, 2001.

원동욱, 「중국의 창지투개발계획과 대북협력 확대의 현황 및 과제-초국경 연
  계개발 사업을 중심으로」, 평화재단 평화연구원 특별기획 제50차 전문가포
  럼 자료집 『심화되는 북 · 중 · 러 삼국의 협력관계: 북방삼각의 복원 움직임
  인가』, 2011.

_____, 「동북아, 협력과 공생의 아젠다: '교통물류'분야를 중심으로」, 『동서연
  구』 제21권 1호, 동서문제연구원, 2009.

위잉즈, 「랴오닝 연해경제벨트 개발 · 개방과 북 · 중 경제 협력」, 2012년 한 ·
  중 수교 20주년 기념 인천-단둥-한겨레 서해협력 포럼 자료, 2012.

유현정, 「동북3성 개발계획과 중국의 국경지역 안보」, 『글로벌정치연구』 제4권
  1호, 서울: 한국외국어대학교 글로벌정치연구소, 2011.

윤영호 · 나도성, 「우리나라 FTA 역외가공 원산지규정 표준화의 방향성에 관한
  연구 -개성공단 역외가공 사례분석을 중심으로-」, 무역학회지 제37권 제4
  호, 무역학회, 2012.

李克燦, 『政治學』 第6全訂版, 法文社, 2010.

이기석 · 이옥희 · 최한성 · 안재섭 · 남영, 「나진-선봉 경제 무역 지대의 입지
  특성과 지역구조」, 『대한지리학회지』 제37권 제4호, 대한지리학회, 2002.

이기현, 「랴오닝성의 연해경제지역 발전계획과 국제협력 구상」, 배정호 · 주시
  엔펑 편 『중국의 동북지역개발과 한반도』, 통일연구원, 2010.

이남주, 「동북아 경제협력과 한반도 경제」, 『한반도 통일론의 재구상』, 고려

대학교 민족문화연구원 · 경남대학교 극동문제연구소 학술회의, 2010. 9. 9~10.

이성우 · 김찬호 · 송주미 · 오연선 · 김성야 · 김형태, 『중국 동북지역 진출 신 물류체계 전망-'창지투 개발계획'을 중심으로』, GNL 동향분석 리포트 2010 년 12월 제7호, 한국해양수산개발원(KMI), 2010.

이성우, 「중국 동북 창 · 지 · 투 개발전망과 진출전략」, 『2011년 제4차 KMI 상 해 CEO 물류포럼 자료집』, 한국해양수산개발원(KMI), 2011.

이종석, 『북한 · 중국 관계 1945~2000』, 중심, 2000.

이주연, 「서브프라임 모기지 문제가 중국경제에 미치는 영향」, 한국은행, [BOK] 한국은행 연속간행물 학술기사 『해외경제포커스』 제2007-38 · 39 호, 2007.

이창위, 「중국 영해제도의 역사적 전개와 문제점」, 『법학논총』 제25집, 숭실대 학교 법학연구소, 2011.

이항준, 「러시아 연흑룡총독 운떼르베르게르의 조선이주민 인식과 정책(1905- 1910)」, 『역사와 현실』 64, 한국역사연구회, 2007.

이해정 · 홍순직, 「북중접경지역 개발 현황과 파급 영향」, 『경제주평』, 현대경제 연구원, 2011. 4. 22.

장윤정, 「중국-타이완 해운직항의 영향」, 『인차이나 브리프』 제138호, 인천발 전연구원, 2009.

전병곤, 「단둥-신의주에서 남북한 및 중국의 3자 협력방안」, 『2012년 한 · 중 수교 20주년기념 인천-단둥-한겨레 서해협력 포럼 자료집』, 2012.

_____, 『중국의 한중 FTA 추진의도와 남북관계에 주는 함의』, 통일연구원, 2008.

전상숙, 「러일전쟁 전후 일본의 대륙정책과 테라우치(寺內正毅)」, 『사회와 역 사』 제71집, 한국사회사학회, 2006.

정재정, 『일제의 한국철도침략과 한국인의 대응(1892~1945년)』, 서울대 박사 학위논문, 1992.

정형곤 · 김지연 · 이종운 · 홍익표, 「북 · 중 투자협력 정책: 나선무역지대와 황 금평지대」, 『북한의 투자유치정책 변화와 남북경협 방향』, KIEP 대외경제정 책연구원 연구보고서 11-21, 2011.

제러미 리프킨, 안진환 역, 『3차 산업혁명』, 민음사, 2012.

조성찬,「중국의 제3차 두만강구역 합작개발계획」, KIEP 북경사무소, 2010.

조명철 · 김지연,『GTI(Greater Tumen Initiative)의 추진동향과 국제협력방안』, KIEP 대외경제정책연구원, 2010.

조명철,「화폐개혁 이후 북한 경제상황 평가 및 전망」,『정세와 정책』2010년 2월호, 세종연구소, 2010.

조봉현,「개성공단의 오늘과 황금평의 미래」,『2012년 한 · 중 수교 20주년기념 인천-단둥-한겨레 서해협력 포럼 자료집』, 2012.

주펑(朱鋒),「중국의 소말리아 해역 파병과 미래 해군 육성」, Dokdo Research Journal, 정책리포트, 2009. Autumn. vol.07.

진시원,「동아시아 철도 네트워크의 기원과 역사: 청일전쟁에서 태평양전쟁까지」,『國際政治論叢』제44집 3호, 한국국제정치학회, 2004.

최종철,『새로운 동북아질서와 한반도』, 법무사, 1998.

한주성,『경제지리학의 이해』, 한울아카데미, 2007.

홍웅호,「러일전쟁 이전 러시아의 동아시아정책」,『역사와 담론』제56집, 호서사학회, 2010.

홍현익,「블라디보스토크 APEC 정상회의와 한 · 러협력」,『정세와 정책』2012년 10월호, 세종연구소, 2012.

황진회,「북한 주요 항만의 개발 동향과 시사점」,『수은북한경제』, 2010년 겨울호, 한국수출입은행, 2010.

2. 영문논문 및 단행본

Annual Report to Congress: Military and Security Developments Involving the People's Republic of China 2011, U.S.A. Office of the Secretary of Defense.

Bernard D. Cole, *The Great Wall at Sea: China's Navy in the Twenty-Frist Century*, Second Edition, Naval Institute Press.

Brian Hocking, *Localizing Foreign Policy: Non-Central Governments and Multilayered Diplomacy*, London, UK: The MacMillan Press Limited, 1993.

Cmde Ranjit B Rai, 「China's String of Pearls vs India's Iron Curtain」, *Indian*

Defence Review: defence geopolitics security, Vol 24.4, 29 November, 2010.

Commodore RS Vasan IN, 「China's Maritime Ambitions: Implications for Regional Security」, *Sri Lanka Guardian*, 2011.

Hannah Fischer, 「Pivot to the Pacific? The Obama Administration's "Rebalancing" Toward Asia」, *CRS Report R42448*, March 28, 2012.

David Lague, 「China airs ambitions to beef up naval power-Asia-Pacific-International Herald Tribune」, *The New York Times*, December 28, 2006.

Dr Carlo Kopp, SMAIAA, MIEEE, PEng, 「People's Liberation Army Air Force and Naval Air Arm Air Base Infrastructure」, *Air Power Australia*, 2007.

Gabriel B. Collins et al., eds, *China's Energy Strategy: The Impact on Beijing's Maritime Policies*, Annapolis, MD: Naval Institute Press, 2008.

Linda Jakobson, 「China Prepares For An Ice-Free Arctic」, *SIPRI Insights on Peace and Security*, No.2010/2, 2010.

Lou Kilzer, 「China gains foothold via North Korea Port」, Pittsburghive, 2011.

Manuel Castells, *The Rise of the Network Society*, 2nd edition, Oxford: Blackwell, 2000.

_____, 「Informationalism, Networks, and the Network Society: A Theoretical Blueprint」, in Manuel Castells, ed., *The Network Society: A Cross-cultural Perspective*, Cheltenham, UK: Edward Elgar, 2004.

Ralph A. Cossa, Brad Glosserman, Michael A. McDevitt, Nirav Patel, James Przystup, Brad Roberts, 「The United States and the Asia-Pacific Region: Security Strategy for the Obama Administration」, IDA, Pacific Forum CSIS, INSS, CNA, Center for a New American Security, February 2009.

Richard L. Armitage, Joseph S. Nye, Jr., et al., 「CSIS Commission on Smart Power: A Smart, More Secure America」 (Washington D.C.: Center for Strategic and International Studies, 2007), Department of State, *Quadrennial Diplomacy and Development Review 2010: Leading Through Civilian Power*, 2010.

Robert D. Kaplan, *Monsoon: The Indian Ocean and The Future of American Power*, Random House New York, 2010.

Toshi Yoshihara and James R. Holmes, *Red Star Over The Pacific: China's rise and the challenge to U.S. maritime strategy*, Naval Institute Press, 2010.

The IISS, *The Military Balance 2010*, 2010.

The White House, *National Security Strategy 2010*, 2010.

3. 중국논문 및 단행본

戴秉國,「堅持走和平發展道路」, 中國外交網, 2010. 12. 10.

溫家寶,「關于社會主義初級階段的曆史任務和我國對外政策的幾個問題」, 中國
  外交網, 2007.

崔天凱‧龐含兆,「中國外交全局中的中美關系–兼論中美共建新型大國關系」,
  《中國國際戰略評論2012》, 北京大學國際關系學院編 , 世界知識出版社發
  行 , 2012.

吉林市政府,「長吉圖《實施方案》明確十大重點任務」, 2010年01月15日.

禚寶山‧常慶波 ,「朝鮮半島的地緣戰略價值」,《長春師範學院學報》2004年09
  期.

《海關總署公告2010年第49號 (關於吉林省開展內貿貨物跨境運輸試點)》, 海關
  規範性文件, 總署公告〔2010〕49號, 2010. 8. 4.

潘志華, "蘇聯歸還旅順海軍基地內幕",『文史博覽』2006年09期.

王勝今‧吳昊主編,『中國東北振興與東北亞區域合作研究』,吉林人民出版社,
  2006.

倪樂雄,「海權的昨天_今天和明天_讀馬漢_海權對曆史的影響」,『中國圖書評
  論』, No.8, 2006.

江雨,「島鏈與中國海軍向遠洋的發展」,『艦載武器』, 2008年第12期電子雜誌.

「朝鮮貿易郵輪碼頭」, 中國琿春吉安實業集團公司, 2010. 9. 25.

張琏瑰,「朝鮮舉措無關'改革開放'」,《財經》雜誌 2010年 第6期, 2010年03月
  15日.

「發展改革委解讀國民經濟和社會發展計劃報告」,《關於2010年國民經濟和社會
  發展計劃執行情況與2011年國民經濟和社會發展計劃草案的報告》專題解讀,
  中央政府門戶網站, 2011. 4. 6.

國務院辦公廳,「關於進一步實施東北地區等老工業基地振興戰略的若干意見」,
  國發〔2009〕33號, 中央政府門戶網站, 2009. 9. 11.

李振福,「北極航線地緣政治格局演變的動力機制研究」, 內蒙古社會科學, 第32卷
　　第1期, 2011.

遼寧省政府,「大連市國民經濟和社會發展第十二個五年規劃綱要」, 第一節
　　"十一五"取得的重大成就, 2011. 5. 16.

「海關總署公告2010年第49號 (關於吉林省開展內貿貨物跨境運輸試點)」, 海關
　　規範性文件, 總署公告〔2010〕49号, 2010. 8. 4.

中國吉林省琿春市人民政府, "琿春市貫徹落實《中國圖們江區域合作開發規劃綱
　　要》情況", 政務公開, 2012年09月28日.

후기

제가 이 책을 출판하기까지 정말 우여곡절이 많았습니다. 그 과정에 저에게 아낌없이 비판해주시고 응원해주신 모든 분들에게 감사의 말씀 올립니다. 먼저, 이 책의 전신인 논문 「중국 해양력의 한반도 동해 진출 전략 연구」를 씀에 있어 저를 지도해주신 한국외국어대학교 강준영 교수님께 감사의 말씀 올립니다. 논문 내용이 재밌겠다며 많은 격려와 가르침, 따뜻한 말씀을 주신 것이 아직도 뇌리에서 잊히지 않습니다. 그리고 논문을 평가해주시고 비판을 아끼지 않아주신 최관장 교수님과 지재운 교수님께도 이 책의 영광을 바칩니다. 제가 아이디어를 정제하는 과정에서 아낌없는 비판으로 가르침을 주신 오승렬 교수님과 곽덕환 교수님, 제가 이 자리까지 오는 데 많은 도움을 주신 강진석 교수님께도 감사의 마음을 올립니다. 그리고 제가 자료를 모으고 관련 자료를 학습하는 데 많은 가르침을 주신 통일연구원의 전병곤 박사님과 이기현 박사님께도 학생의 예로써 감사의 말씀 올립니다.

저의 알량한 논문을 좋게 봐주시고 출판을 제안해주신 강수걸 산지니 대표님, 그리고 저의 미숙한 표현들을 글로 재탄생시켜주신 양아름 선생님께도 감사의 말씀드리며, 산지니 출판사 가족분들 모든 분들께도 고개 숙여 감사의 말씀 올립니다. 저의 생각을 책으로 엮는 과정에서 많은 도움을 주신 이종민 교수님과 원동욱 교수님께도 감사의 마음 잊지 않겠습니다. 현재 제가 소속된 상하이 푸단대학교 박사과정에 지도교수님이신 석원화(石源華) 교수님, 그리고 외교학과/역사대학원 교수님들께도 감사의 말씀 올립니다. 저의 상하이 생활을 지도해주신 상하이 사회과학원의 마츠(马驰) 교수님과 왕씽취엔(王兴全), 그리고 한국해양수산개발원 상하이 본부에서 많은 자료와 제안을 주신 김세원 님께도 감사의 말씀 드립니다. 또, 제가 직접 현장 답사를 진행함에 있어 많은 조언을 해주신 김경태 기자님과 손관수 기자님께도 감사의 말씀 드리고, 이 책을 씀에 있어 관련 지역에 대한 문제인식을 갖게 해주신 〈시사IN〉의 남문희 대기자님께도 감사의 말씀 올립니다. 그리고 저의 자료를 누구보다 먼저 알아주시고 많이 격려해주신 이병화 전 총장님과 상하이에 방문학자로 오셔서 많은 말씀과 조언을 주신 송용호 전 총장님께도 감사의 말씀 잊지 못합니다. 베이징에서 자신의 멘토를 만들지 말고 스스로에게 늘 도전하라고 일깨워주신 박한진 선배님께도 감사의 말씀 올립니다.

논문을 작성함에 많은 도움을 준 박세준 군과 최두영 님, 전영균 님, 려림(呂霖) 님, 책을 출판함에 있어 도움을 주신 구성철 님, 최창근 님, 그리고 제가 힘들 때 함께 해준 강의혁 님, 윤준혁 님, 이준영 님, 그리고 장우진 님께도 감사의 말씀 올립니다. 그리고 바쁜 와중에 막바지 편집 작업과 교열 작업에 도움을 준 한재은 님에게도 진심 어린 감사의 말씀 올립니다. 또, 저를 낳아주시고 길러주신 부모님의 은혜에 감사드립니다. 한국외국어대학교 국제지역대학원 원우들, 세종학당 재단 가족들, 대한민국 주중 베이징 한국문화원 원장님과 팀장님들, 상하이 푸단대 교수님들과 함께 공부하는 모든 분들, 저와 인연을 맺고 함께 살아가는 모든 분들께 감사의 말씀 올립니다. 앞으로 학자의 길로 감에 있어 최선을 다하겠다고 다짐하며 이 글을 마칩니다.

도표 색인

그림

찾아보기